KB111452

100배
주식
불변의 법칙

100배
주식
불변의 법칙

토머스 펠프스 지음

김인정 옮김

에프엔미디어

거품의 시대를 뚫고 살아남은 고전

고전을 읽노라면 늘 마주하는 질문이 있다. "여기서 하는 이야기가 지금도 통하나요?"

원래라면 "세상에는 '시대를 관통하는 지혜'라는 것이 있으며, 지금까지 살아남은 고전이라면 그 지혜가 담겨 있을 가능성이 높다"고 답한다. 그러나 1972년에 쓰인 '100배 주식'에 관한 이야기라면 이런 나조차도 한 번은 머뭇거릴 수밖에 없다.

미국의 1960년대는 주식 투자자라면 특히 기억해야 할 시기 중하나다. 1944년, 두 번째 세계대전을 마무리하며 미국은 '세계에서가장 잘사는 국가'에서 '세계 질서를 이끄는 나라'로 완전히 자리매김했다. 1950년대 미국은 전후 부흥기로 불리는 역대급 강세장을 맞이했다. (벤저민 그레이엄의 유명한 발언인 "가격은 언젠가 가치에 수렴한다. 그 이유는 미스터리지만"이 나온 시기도 이때다.) 1960년대에는 세계최강국 미국이 한걸음 더 나아가 전 세계의 모델이 될 이상향, '위대한 사회(The Great Society)'를 만들겠다며 재정정책과 통화정책 양쪽에서 돈을 풀어댔다.

수많은 종목이 급등했고 '성장에는 끝이 없다' '장기 보유하면 결국은 승리한다' 등 수많은 '강세장용' 증시 격언이 진리처럼 설파되었다. 이 당시를 대표하는 50개 종목을 '니프티 피프티(nifty fifty, 멋진 50종목)'라고 부르기도 했다.

그리고 그 직후인 1970년대, 미국은 최악의 인플레이션과 최악의 연준 의장을 동시에 맞이했다. 니프티 피프티는 급락하여 '필티 피프티(filthy fifty, 더러운 50종목)'로 불렸다. 대공황의 충격을 벗어나 자신감 넘치던 새로운 세대에게 이 시기는 악몽이 되었다.

1972년은 증시가 '멋진 1960년대'를 뒤로하고 1970년 급락했다가 전고점을 향해 반등하던 시기, 아직은 '영광의 시기'가 끝나지 않았다는 희망 섞인 믿음이 남아 있던 때다. 이때 나온 책, 심지어 '100배 주식' 운운하는 책이라고 하면, '성장주를 장기 보유하면 결국 돈을 법니다'와 같은, 강세장에 편승한 얕은 내용의 책이 아닐까 하는 의문이 들게 마련이다.

그래서 이 책이 그런 책인가? 대답은 명백히 '아니요'다.

니프티 피프티는 정말 거품이었나

우선 니프티 피프티에 대한 오해부터 걷어내 보자. 흔히 니프티 피프티는 거품의 대명사로 꼽힌다. 50개 종목의 평균 PER이 40배가 넘어가는, 아무리 미국 시장이라 하더라도 과하다는 생각이 드는, 그런 종목들을 좋다며 매수해대던 광란의 1960년대. 그리고 이어진 주가 급락. 여기서 얻을 교훈이란 '아무리 좋은 주식이라도 가치보다 비싸게 사면 안 된다'라든가 '너무 개별 종목만 보지 말고

거시경제 환경도 보아야 한다'라든가 '분위기에 따라서 샀다 팔았다 하는 전략이 필요하다' 등 다양하다. (각각의 교훈이 전혀 다른 맥락으로 읽히는 건 기분 탓일까. 사람들은 어떤 현상을 보든 자기가 원래 하고 싶었던 이야기에 끼워 붙이는 것 같다.)

니프티 피프티에는 잘 알려지지 않은 뒷이야기가 있다. 1970년대를 지난 이후까지 그 주식들을 장기 보유했다면 어떤 성과를 얻었을까? 1960년대의 광란은 정말 그저 '광기'이고 '거품'일 뿐이었을까?

제러미 시겔은 니프티 피프티의 1970년대 이후 성과를 연구했다(8쪽 그림 참고). 1972년 12월부터 1998년 8월까지의 성과를 보면 이들 50종목의 주당순이익 성장률은 11.0%로서 S&P500의 8.0%보다 높았고, 포트폴리오의 수익률은 12.2%로서 S&P500의 12.7%에 그다지 뒤처지지 않았다. (리밸런싱하지 않은 포트폴리오 기준이며, 리밸런싱 포트폴리오 기준으로는 12.5%다.) 당시의 PER은 시장 대비 상당히 높았지만 이는 미래의 큰 폭의 이익 성장을 적절히 반영했던 것으로 볼 수 있다.

2001년 말까지 연구를 확장하더라도 결과는 비슷하다. 니프티 피프티 종목들을 1972년 말부터 2001년 말까지 계속 보유했을 경우, 수익률은 S&P500보다 약간 뒤처지지만 거의 근접한 성과를 냈다. 종목이 고정된 포트폴리오로 30년보다 긴 기간의 성과를 검증하는 일은 의미 없으니 이만하면 대답이 되었으리라 본다. 거품의 대명사로 꼽히던 성장주들은 실제로는 그렇게 비싸지 않았다. 폴라로이드는 파산했지만 월마트는 1,000배 상승했다.

여기서 또 흥미로운 지점이 있는데, 니프티 피프티 종목들 안에

S&P500 대비 니프티 피프티 포트폴리오의 밸류에이션(1970/12~1998/08)

(자료: Jeremy Siegel, "Valuing Growth Stocks: Revisiting the Nifty Fifty", *AAII Journal*, Oct 1998)

서도 당시의 PER과 향후 수익률 간에 꽤 의미 있는 상관관계가 드러난 것이다.

쉽게 예상할 수 있듯이, PER이 낮은 종목일수록 이후의 수익률이 더 높았다. 만약 니프티 피프티 중에서 상대적인 밸류에이션 수치를 고려해 조금 더 합리적인 포트폴리오를 구성했다면, 비록 1970년대에 급락을 맞았을지언정 장기 성과는 S&P500을 충분히 이길 수 있었을 것이다.

니프티 피프티의 진짜 교훈은 '성장주는 위험하다' 혹은 '마켓 타이밍이 필요하다' 따위의 단편적인 이야기가 아니다. '합리적인 전략을 고수하는 자가 초과수익을 거둔다'라는 평범하면서도 묵직한

100배 주식 불변의 법칙

모건개런티가 선정한 니프티 피프티 종목의 1972년 PER과 30년 연평균 수익률

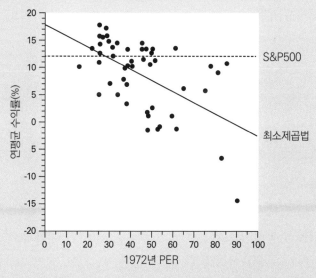

(자료: Jeff Fesenmaier and Gary Smith, "The Nifty-Fifty Re-Revisited", *Journal of Investing*, 2002)

진리가 니프티 피프티에도 통하는 진짜 교훈이다.

니프티 피프티의 진정한 교훈, 퀄리티

합리적인 전략이란 무엇인가? 제대로 된 주식, 즉 장기적으로 주주가치를 복리 성장시켜줄 수 있는 회사를 골라서 장기 보유하면 초과수익을 낼 수 있다. 세상에 합리적인 전략이 하나만 있는 것은 아니겠지만, 워런 버핏을 비롯한 투자자 다수가 이 방법으로 '검증된' 훌륭한 장기 성과를 거두었다.

책으로 돌아가자. 100배 성과를 거둔 주식들의 특징은 무엇인가? 크게 성장했다? 당연히 크게 성장했겠지. 성장하지 않으면서

단순히 싸기만 한 주식으로 100배 수익을 얻기는 어렵다. 문제는 '현재 시점'에서 미래 장기간의 큰 성장을 예측하기가 거의 불가능에 가깝다는 것이다. 해법은 무엇인가?

기업은 스스로의 의지로 성장할 수 있다. 다시 말해 주식은 스스로의 의지로 가치가 커질 수 있는 자산이다. 다른 모든 자산과 다른, 주식만의 독특한 특징이다. 현시점에서 장기간 미래의 성장을 기대하기 위해서는, 현재의 시장 흐름에서 도출할 수 있는 '투자자의 예측'보다는 '기업의 의지'에 기대는 게 오히려 더 가능성이 높다. 그런 점에서 이 책의 15장 '윤리의 이익'은 특히 중요하다.

"가장 크게 섬기는 사람이 가장 크게 성공한다." 내가 투자하는 기업은 더 나은 세상을 만드는 데 기여하고 있는가? 혹은 그저 시스템의 빈틈을 찾아서 다른 누군가에게 가야 할 몫의 일부를 내 것으로 만들면서 연명하고 있는가? 진정을 다해서 고객에게, 직원에게, 사업 파트너들에게 충분한 교환가치를 제공하는 기업이어야 미래에도 (경영 환경이 어떻게 변하더라도) 그러리라는 기대를 할 수 있다.

저자가 제시하는 '에고노미스트(egonomist)'라는 개념은 매우 훌륭한데, 어째서 지금까지 널리 알려지지 않았는지 의문스러울 정도다. 사람은 누구나 스스로의 자아가 소중하다. 그중에서도 특히 기업을 경영하는 사람이라면 자아에 대한 애착이 무척 강하리라고 추측할 수 있다. 사업은 워낙 힘들기 때문에, 그만큼 자아를 사랑하지 않으면 해내기가 어렵다. (일부에서는 이런 사람을 '자아비대증 환자'라고 지칭하기도 한다.)

사업이 궤도에 오르면 경영자는 이해당사자들이 가져갈 이익보다

100배 주식 불변의 법칙

는 규모에 신경을 쓰는 경우가 많다. 더 많은 고객, 더 많은 매출액, 더 많은 언론 노출, 더 강한 스포트라이트… 그것이 그를 무대에서 더욱더 춤추게 하는 원동력이 된다면 대체로 그 끝은 좋지 못하다.

퀄리티 있는 회사란 별다른 게 아니다. 타인에게 좋은 가치를 제공하고자 일상적으로 노력하는 회사라는 뜻이다. 여기서 타인은 고객, 직원, 사업 파트너, 주주 등 모든 이해당사자를 포괄한다. 다양한 이해당사자와의 관계를 조율해나가며 새로운 무언가를 만들어내는 데 능한 조직이라면, 미래에 복리로 주주가치를 성장시켜나가리라고 기대해봄 직하다.

책에서 나온 수많은 사례가 고루해 보일 수 있지만, 책이 출간된 이후에도 큰 폭의 성장을 보인 기업은 많다. 오토매틱 데이터 프로세싱(ADP)은 100배 올랐고 맥도날드도 100배 올랐다. 코닥, 폴라로이드, 제록스는 망했지만 P&G, 머크, 화이자는 지금도 글로벌 탑 레벨 기업으로서 건재하다. 옥시덴탈은 최근에도 버크셔 해서웨이가 지분을 늘릴 정도로 훌륭하게 자리매김하고 있다.

우리가 공부해야 할 것은 개별 사례가 오래되었느냐 아니냐가 아니다. 최신 사례를 원하면 뉴스나 저널, 애널리스트 리포트를 보면 된다. 책에서 얻을 것은 시대를 관통하는 지혜다. 이 책에는 그것이 있다. 그것도 많이.

1960년대의 낭만
한편 1960년대는 그 자체로도 흥미로운 시기다. 제국주의의 지배가 끝나고 식민지들이 독립했고, 미국과 소련의 대립은 핵전쟁

직전까지 인류를 몰아넣기도 했다. 계급, 인종, 젠더 등 다양한 주체들이 해방을 추구하던 시기, 인류가 처음으로 달에 발을 디뎠던 시기, 1960년대다. 중세 프랑스와 독일, 근대 영국, 1990년대의 일본에 이르기까지 모든 나라는 풍요로움의 절정기에 철학적 사유도 깊어진다. 미국의 1960년대는 현시점의 우리가 해봄 직한 고민들로 가득하다.

이 책 또한 1960년대의 감성이 넘친다. 특히 17장 '인플레이션을 통제하는 알약은 없다'는 단락 하나하나가 거대한 깊이감을 보여준다. 인플레이션, 이자, 화폐에 대해서 이보다 간략하면서 명쾌하게 서술한 글은 다른 곳에서 찾아보기 어렵다. '워터게이트' 스캔들을 폭로한 시절의 언론인이란 이 정도의 통찰력을 기본 소양으로 가졌던 것일까.

무릇 좋은 책이 그러하듯, 이 책은 금융 투자 분야 이외의 영역에서도 많은 영감을 준다. 메모해둔 인상 깊은 구절이 한둘이 아니지만, 직접 읽어볼 독자들의 재미를 위하여 여기서 일일이 언급하지는 않겠다. 22장 '젊은 세대를 위한 응원'에서 따온 한 구절을 공유하며 글을 마무리하고자 한다.

"인생에서 운명은 배고픈 늑대와 같다. 운명을 이기려면 핑계를 찾을 것이 아니라 행동에 나서야 한다."

2024년 6월

홍진채
라쿤자산운용 대표

반세기가 지나도 여전히 유효한 명저

이 글을 쓰는 지금(2014년), 《100 to 1 in the Stock Market('100배 주식 불변의 법칙'의 원서)》은 절판되었고 아마존에서 판매되는 미개봉 중고 책의 최저가는 무려 683달러다! 심지어 표지 없이 손상되고 곰팡내 나는 중고 책도 73달러에 팔린다.

시장의 '지혜'를 이해한다면 이처럼 높은 가격이 (그리고 많은 호평이) 이 책에 담긴 대단한 가치를 시사한다는 것을 알 수 있다. 이 책의 저자인 토머스 펠프스의 지침에는 우리가 흡수하고 적용한다면 장기적으로 우리 인생의 재정 상태를 극적으로 개선할 잠재력이 있다. 이런 점에서 이 책은 683달러라고 해도 지나치게 싸다. 재테크에 시속 150킬로미터 직구를 정확히 던지고 치는 수준의 뛰어난 재능이 있는 것이 아니라면, 부를 늘리는 데 크게 성공한 기업의 주식과 이익을 공유하는 것보다 더 좋은 방법은 없다.

이 책이 인상적인 것은 여기에서 제시하는 건전한 지침이 반세기가 지난 지금까지도 놀라울 정도로 유효하다는 것이다. 물론 이책이 나온 1970년대 초반 이후 주식의 가격과 언급된 유명 기업에는 많은 변화가 있었지만 여기에 담긴 조언과 재치는 여전히 공감을 불러일으킨다.

사실 그 어느 때보다 펠프스의 조언이 필요한 시기가 바로 지금이다. 금융 미디어의 공세와 빠르고 광범위하게 전파되는 뉴스에 압도된 투자자들은 이제 투자 방향을 일관되게 유지하기가 그 어느 때보다 어려워졌다. 그러나 이것이야말로 큰 수익을 창출하기 위한 핵심 요건이다. 진정한 부를 이루려면 장기적으로 이기는 주식에 투자하고 비과세 복리 성장을 위해 버텨야 한다. 이것이 바로 투자의 귀재 워런 버핏이 지구상에서 가장 부유한 사람이 된 비결이다.

한 가지 주목할 것은 인터넷으로 인해 투자 정보에 접근하는 방식이 크게 달라졌다는 점이다. 현대의 독자들은 이 책에서 기업의 연례보고서나 기타 자료에 접근하는 방법에 관한 설명은 무시해도 좋다. 기업의 이익과 매출, 실적 전망은 야후 파이낸스, 구글과 같은 주요 검색 엔진과 기타 수많은 금융 웹사이트를 통해 쉽게 찾을 수 있다. 인터넷 덕분에 저자가 나눈 지혜를 적용하기가 훨씬 수월해졌다는 것도 다행스러운 일이다. 중요한 것은 이렇게 손에 넣은 숫자들을 어떻게 활용할지 아는 것이고, 이 책은 바로 이 지점에서 매우 유용하다. 펠프스의 지침은 시대를 초월한다.

수십 년 동안 주식시장에 투자하고 다른 이들의 자산 수백만 달러를 운용해온 나로서는 이 책을 좀 더 일찍 읽었더라면 하는 아쉬움이 남는다. 계획을 세우고 인내하는 것, 다시 말해 신중하고 사려 깊게 투자 대상을 선택하고, 가장 중요하게 여기는 지표가 자신

100배 주식 불변의 법칙

의 기준을 충족하는 한 통찰을 고수할 힘을 기르는 것의 가치를 깨닫는 데는 시간이 필요하다. 명확한 사고와 분별력은 더 큰 보상으로 이어지고 스트레스를 줄여준다는 점에서 주식시장뿐만 아니라 일상의 모든 부문에서 중요하다.

이제 책장을 넘겨 재치와 지혜 그리고 수익을 즐기길 바란다.

2014년 11월

마셜 글릭먼(Marshall Glickman)

에코포인트 북스 & 미디어(복간 출판사) 발행인, 전 주식 중개인

100배는 사실이다

주식시장에서 단 한 종목에 1만 달러를 투자하고 기다리면 100만 달러를 벌 기회가 수백 가지나 있다는 것은 허구가 아니라 사실이다.

단 하나의 종목이나 단 한 번의 시점을 선택할 필요도 없었다. 1932년에 시작해서 32년간 해마다 다른 주식을 선택해도 가능했다. 1달러를 투자했다면 1971년에는 100달러 이상으로 가치가 불어났을 것이다.

가장 최근에 백만장자가 될 기회가 있었던 시기는 1967년이다. 1967년 해당 주식의 가격은 1971년의 1%에 불과했다. 이 책은 1971년을 기준으로 해서 4~40년 전 가격의 100배로 성장한 증권 365개 이상을 소개한다. 주가가 큰 폭으로 상승하기 전 상황을 살펴보고, 앞으로 크게 상승할 주식을 찾는 방법을 알아본다.

이 책은 대형 투자자와 소액 투자자, 초보자와 전문가 모두 투자 성적을 향상시킬 수 있도록 내일을 내다보고 투자 과정을 계획하는 방법을 다룬다.

이 책에 인용한 많은 사람의 도움에 감사를 표한다. 특히 스커더,

스티븐스 앤드 클라크의 도움으로 차트를 소개하고 방대한 리서치 자료에 접근할 수 있었다. 그 자료가 아니었다면 이 책이 나올 수 없었다.

자료를 분석하고 원고를 작성하는 동안 제목을 제안하고 인내하고 영감을 준 아내 크리스틴 리드 펠프스에게 이 책을 바친다.

1972년 1월

토머스 W. 펠프스

차례

일러두기

- 본문에 수록된 차트는 원서 초판이 출간된 1972년의 자료 그대로다. 연도와 숫자 표기 등 형식이 통일되지 않았지만 수정하지 않았다.
- 단행본은 《 》, 잡지(월간지, 비정기간행물)와 신문은 〈 〉, 기사와 논문은 " "로 표기했다.
- 외국 책 중 한국에 번역 출간된 것은 《한국 책 제목(원어 제목)》, 출간되지 않은 책은 《원어 제목(한글 해석)》 형식으로 표기했다.
- 각주로 표시한 것은 옮긴이의 주석이다.
- 외래어 표기법을 준수했으나 일부는 해당 기업이 사용하는 표기를 따랐다.

1장

구하라, 얻을 것이니

가난한 아랍인 다섯 명이 모래 위에서 잠을 청했다. 밝은 빛에 잠에서 깨어나니 빛 속에 천사가 있었다.

"각자 한 가지 소원을 들어주겠다." 천사가 말했다.

"알라께 영광을!" 첫 번째 아랍인이 외쳤다. 그는 숨을 고르고 말했다. "당나귀 한 마리를 주십시오."

곧 그의 곁에 당나귀 한 마리가 서 있었다.

두 번째 남자가 생각했다. '바보 같으니. 더 큰 것을 달라고 했어야지.'

"당나귀 열 마리를 주십시오." 두 번째 남자가 말했다.

말이 끝나기도 전에 그는 당나귀 열 마리를 얻었다.

두 사람을 보고 난 뒤 세 번째 아랍인이 소원을 빌었다.

"전능하신 알라신이여, 큰 마차 한 대와 낙타 100마리, 당나귀 100마리, 천막과 양탄자, 음식과 포도주, 하인들을 주십시오."

100배 주식 불변의 법칙

소원은 순식간에 이루어졌고 남자는 누더기 옷을 입은 자신의 모습이 부끄러웠다. 능숙한 하인들이 그에게 새로운 지위에 걸맞은 옷으로 갈아입혔다.

네 번째 남자도 준비를 끝냈다.

"왕으로 만들어주십시오."

순식간에 왕관이 나타나, 조금 전까지 머리를 긁던 그의 손가락 마디에 멍이 들었다. 궁전의 정원은 시선이 닿는 곳 끝까지 펼쳐졌고 성 꼭대기에 있는 탑은 사막의 먼지 속에서 깃발이 보이지 않을 정도로 높았다.

어리석은 동료들이 시시한 소원을 빈다고 생각한 다섯 번째 아랍인은 똑같은 실수를 하지 않겠다고 다짐했다.

"나를 알라로 만들어라!" 그가 명령했다.

말이 떨어지기가 무섭게 남자는 벌거벗은 몸이 나병으로 뒤덮인 채 모래 위에 덩그러니 놓였다.

적게 요구하면 적게 얻는다. 많이 요구하면 많이 얻는다. 그러나 너무 많이 요구하면 아무것도 얻지 못한다. 이것이 이 이야기의 교훈이다.

하지만 인간의 욕심은 이상한 데가 있어서 대부분 당나귀 한 마리를 바라는 실수를 범한다. 너무 많은 것을 바라는 사람은 오히려 드물다.

투자에서 이보다 더 중요한 것은 없다. 사람들 대부분은 주식시장에 투자해서 단기간에 소액을 벌려고 하거나 예금 이자 4~5%에 만족한다. 돈을 벌기 위해 진지하게 계획하고 행동하는 사람은 극히 드물다. 자신에게는 기회가 없다고 생각한다. 남들이 성공하면 그 비결을 알아내려고 노력하기보다는 '뇌물을 썼다' '내부 정보를 이용했다' '금수저 출신이다'라고 투덜거리며 자존심을 챙긴다. 운명이 귀한 것을 몇 번이나 쥐어주어도 언제나 던져버린다. 작은 이익도 현금화하려는 충동을 참지 못하는 사람도 있다. 좋은 주식을 팔아서 더 좋아 보이는 주식에 투자하기도 한다. 아마도 사려는 주식이 오르고 있기 때문이다. 안타깝게도 그들의 운명은 물에 비친 자기 모습을 보고 고기를 빼앗으려고 짖다가, 물고 있던 고깃덩어리를 물에 빠트리는 이솝 우화의 개와 다르지 않다.

증권가만큼 반쪽짜리 진실과 허울 좋은 격언이 많은 곳도 드물다. 하지만 잘못된 정보와 믿음이 난무하는 이곳에서도 "이익을 실현하면 절대로 망하지는 않는다"보다 나쁜 조언은 찾기 어렵다.

부를 형성하는 방법은 제대로 된 것을 사서 오랫동안 보유하는 것이다. 감당할 수 없을 정도로 수많은 거래가 쏟아지는 지금, 거래가 많을수록 유리한 주식 중개인조차도 믿고 전파하는 복음이다. 고객에게 유리하고 중개인 자신에게도 장기적으로 해가 되지 않기 때문이다. 그러나 이 금언을 실천하는 사람은 거의 없다.

1971년 기준으로 1932년과 비교해 시장가격이 100배 이상 뛴 미국 주식은 360개 이상이다. 해당 기간 중 최고가가 아니라 1971년 가격 기준이다. 많은 종목은 1971년 주가가 해당 기간의 최고가보다 오히려 낮다.

기회가 단 한 번만 문을 두드린다는 것은 말도 안 되는 소리다. 기회는 25년 넘게 모든 사람의 문을 끊임없이 두드리고 있다.

100배 주식 불변의 법칙

1932년 이후 각기 다른 주식에 1만 달러를 투자해 100만 달러를 벌 수 있는 기회는 총 32년이나 있었다. 그중 최근은 1967년이었다. 적시에 매도하는 운이나 기술도 필요하지 않았다. 지난 40년 가운데 32년, 그중 한 해에 특정 종목 하나에 1만 달러를 투자했다면 1971년 현재 시가평가액이 100만 달러를 넘겼을 것이다. 그런 종목이 360개가 넘는다. 제대로 된 주식 수백 개 가운데 단 하나만 선택해서 장기간 보유하기만 하면 되었다.

대형 로펌 설리번 앤드 크롬웰(Sullivan & Cromwell)의 수석 파트너이자 미국법률협회(American Law Institute) 회장인 노리스 대럴(Norris Darrell)이 다음과 같은 이야기를 들려주었다. 실제 사례로 실명을 공개하지 않고 소개한다.

"고령의 고객이 값나가는 부동산을 처분할지 가족에게 증여할지 조언을 구했습니다. 상황별로 세금을 계산해야 하고 자산 승계 계획도 필요한 문제였습니다. 제대로 하려면 고객의 순자산을 알아야 했습니다. 정보를 요청하자 노신사는 대략적인 숫자만 알려주겠다고 고집을 피웠습니다. 그렇게 할 수밖에 없었죠.

일이 만족스러웠는지 얼마 후 유언장 작성, 평생 증여세 면제 한도 등에도 조언을 구했습니다. 얼마든지 돕겠지만 정확한 순자산 정보가 필요하다고 강조했습니다. 그는 여전히 정보 공개를 꺼리면서 생각할 시간이 필요하다고 말했습니다.

그는 몇 주 지나서 중년의 아들과 함께 다시 찾아왔습니다. 평소처럼 인사를 나눈 뒤 나는 노신사의 결정을 기다렸습니다. 긴 침묵 끝에 신사가 아들에게 말했습니다. '그렇게 해야겠지?' 아들이 대답했습니다. '네, 아버지. 그렇게 하시죠.' 노신사는 주머니에서 종이 한 장을 꺼내 건넸습니다.

앞서 대략적인 숫자를 말했을 때도 실제로는 그보다 클 것이라고 생각했습니다만 종이에 적힌 숫자는 굉장했습니다. 포트폴리오 자산의 대부분은 증권이었습니다. 나는 탄성을 질렀습니다. '아무개 고객님. 어떻게 이만한 재산을 일구셨습니까?'

그의 대답은 '나는 절대로 팔지 않습니다'였습니다."

물론 현명하게 판단했거나 운이 좋았던 덕분에, 팔아야 할 것을 애초에 사지 않은 것도 이유일 것이다.

폴 개럿(Paul Garrett)도 '당나귀 한 마리'에 만족하지 않았다. 〈뉴욕 이브닝포스트(New York Evening Post)〉 금융 부문 편집자였던 그를 제너럴모터스(General Motors, GM) CEO 앨프리드 슬론 주니어(Alfred P. Sloan, Jr.)가 홍보 부문 부사장으로 영입했다. 개럿은 거대 그룹 GM의 초대 홍보 부문 부사장이었다. 그의 선구적인 업적은 따로 책 한 권을 쓸 수 있을 정도지만 여기서는 투자만 다루겠다.

1956년, 64세로 연말에 은퇴를 앞두고 있던 개럿은 연금 수급자로서 여생을 보내는 대신 인생 최고의 말년을 보내기로 했다.

첫 번째 목표는 자본을 늘리는 것이었다. 다른 사람을 도울 힘을 키우려면 더 많은 자본이 필요했다. 자녀가 없는 그는 재산 상속에 매달리지 않았다. 나이에 걸맞게 빠르게 돈을 불리는 방법은 빠르게 성장하는 기업에 투자하는 것이라고 판단했다. 개럿은 다음 네 가지 기준을 충족하는 기업을 찾기 시작했다.

1. 작다. 큰 규모는 큰 성장에 방해가 된다.
2. 상대적으로 알려지지 않았다. 인기 성장주는 성장을 계속할 수는 있겠지만 그 대가를 너무 일찍부터 오랫동안 지불해야 하는 경우가 많다. 증권거래소가 아니라 장외에서 거래되는 주식이 이 기준을 충족할 것이다.
3. 핵심 기능을 이전보다 더욱 싼 값에 능숙하고 빠르게 수행하는 제품을 보유하고 있거나, 장기적으로 매출이 크게 증가하리라고 예상되는 새로운 서비스를 제공한다.
4. 경영진이 강하고 진취적이며 연구하는 마인드를 가진다.

이렇게 정리하니 어렵지 않아 보이지만 당시에도 5만 개 이상에서 투자할 주식을 찾아야 했다. 자석으로 건초더미에서 바늘을 찾을 확률과 거의 같을 것이다.

개럿에게는 자석 대신 금융계를 비롯한 여러 업계에 친구들이 있었다. 연금펀드를 자문하거나 운용하는 친구도 있었다. 개럿은 기밀 정보를 묻지 않았다. 기관의 자금이 일반적인 경우보다 적게 투자된 종목이 무엇인지 물었다. 그가 찾는 것은 '전문 투자자들이 좋아하지만 확신하지는 못하는' 주식이었다. 결국 개럿은 50개 종목으로 범위를 좁힐 수 있었다. 목표는 큰돈을 버는 것이었다. 따라서 50개 종목을 각각 소량 매수하는 흔한 실수는 저지르지 않았다. 경마에서 모든 말에게 베팅한다면, 늘 이길 수는 있을지 몰라도 큰돈은 벌지 못한다.

개럿은 재무보고서와 분석 자료를 검토해 세 개 기업을 추렸다.

그런 다음 애널리스트의 현장 탐방처럼 기업 세 곳을 직접 방문해 CEO를 만났다. 마침내 그는 인화지 제조사 할로이드(Haloid, 현 제록스)를 선택했고 1955년부터 1959년까지 13만 3,000달러를 투자했다. 그는 주당 1달러에 산 할로이드 주식을 6만 3,000주 이상 보유하고 있고, 할로이드 주가는 1971년 125달러를 넘겼다.

간단해 보이지만 개럿은 먼저 자신이 원하는 주식을 찾았다. 그런 다음 그 주식을 전혀 모르는 사람, 다른 주식을 더 좋아하는 사람, 무슨 일이 있어도 투자는 분산해야 한다고 믿는 사람들의 반대에도 불구하고 그 주식을 샀다. 마지막으로, 주가가 2배로 오르기도 전에 거듭되는 '매도' 권유에도 불구하고 주식을 계속 보유했을 뿐만 아니라 추가로 매수했다.

혹시라도 내가 개럿이 운이 좋아서 주식을 잘 선택한 덕분에 재산을 불렸다는 인상을 주었다면 개럿에게 부당하고 다른 투자자를 오도하는 일일 것이다. 개럿은 주당 평균 75센트에 산 텔레프롬프터(Teleprompter) 주식 5만 800주를 보유하고 있다(1971년 주가는 30달러가 넘었다). 맥컬럭오일(McCulloch Oil) 주식도 상당량 보유하고 있다. 그의 진정한 부의 기반은 오랫동안 충실히 지켜온 원칙 "제대로 사서 보유한다"이다.

이 원칙은 실제로 효과가 있었을까? 1969년 이후 여러 단체에 거액을 기부했음에도 불구하고 1971년 말 기준으로 그는 시가평가액 1,400만 달러(2024년 환산 1억 600만 달러, 한화 1,460억 원) 이상의 주식을 보유하고 있었다. 1,400만 달러라면 더 이상 토를 달기 어렵다.

80세 노인이 그렇게 많은 돈으로 무엇을 하려는 것일까? 죽을 때 짊어지고 갈 수 없다는 사실을 모르는 것일까?

개럿에게는 이 질문에 대한 답이 있다. 그의 아내는 암으로 세상을 떠났다. 그는 암 연구 기금으로 100만 달러를 기부했다. 개발 프로그램에 속도를 내도 될 만큼 치료제 연구가 '돌파구(breakthrough)'에 접근하면, 신탁관리자의 의견에 따라 원금까지도 연구에 활용할 수 있도록 특수한 조항을 덧붙였다.

두 번째 100만 달러는 워싱턴주 왈라왈라에 있는 모교 휘트먼 칼리지에 기부했다. 젊은 시절 그곳에서 받은 교육에 대한 감사와, 다른 사람들에게 더 나은 기회를 주고 싶다는 의지의 표현이었다.

세 번째 100만 달러는 컬럼비아대학교 경영대학원에 기부했다. 그의 기부로 '사업의 공공성과 책임'을 주제로 연구하는 교수직이 마련되었다. 개럿의 목적과 바람은 경영대학원 학생들에게 기업의 최고경영자가 될 준비를 시키는 것이다. 임원의 자리는 한정되어 있다. 사업의 모든 측면을 알고 모든 문제를 처리할 자격을 갖춘 사람이 그 자리에 올라야 한다. 개럿은 성공한 임원 대부분이 정상에 오르기까지 재무, 마케팅, 제조, 심지어 연구 분야에 이르기까지 전문적인 교육을 받지만 최고경영자가 직면하는 사회적·정치적 도전에 대비하기에는 부족하다는 것을 잘 안다.

지금은 은퇴한 모빌오일(Mobil Oil) 전 회장 조지 홀턴(George Holton)은 말했다. "해외에 진출한 기업은 그 기업이 국유화되어 국가가 직접 운영할 때 기대할 수 있는 수준 이상으로 현지 사람들의 복지와 발전에 기여해야 한다. 그러지 않으면 해당 국가에서 그 기업이 장기적으로 지속 가능하게 존재할 수 없다." 홀턴은 또한 해당 국가에 도움이 되는 방식으로 기업을 운영해야 하고, 현지 사람들이 그 사실을 알아야 한다고 강조했다. 그럼에도 불구하고 기업을 대표하는 인물이 개인적으로 현지인들의 존경을 받지 못하고 그들과 우정을 돈독히 하지 않는다면 어려움에 처할 수 있다고 덧붙였다.

개럿은 한발 더 나아가, 빠르게 변화하는 요즘 세상에서 홀턴의 원칙을 국내 기업에도 적용해야 한다고 생각한다. 위기가 닥치면 집, 자동차, 주식, 채권 등 재산에 대한 소유권보다 더 중요한 것이 그 재산을 지키려는 동료들의 능력과 의지다. 개럿은 더 많은 신세대 경영진이 이 사실을 인식할 수 있도록, 위기가 닥치기 전에 선제적으로 교육받아야 한다고 믿는다.

여든이 된 지금도 개럿은 더욱 풍요로운 삶을 위해 새롭게 정복할 금융의 영역을 찾고 있다. 죽기 전까지 더 부자로 살기 위해서가 아니라 더욱 크게 봉사하기 위해서다. 그의 겸손은 더욱 매력적이다. 첫 번째 만남에서 개럿은 500만 달러를 벌었다고 말했다. 두 번째 만남에서는 1,000만 달러에 가깝다고 털어놓았다. 세 번째 만남이 되어서야 1,400만 달러라는 숫자를 공개했다.

오래 알고 지낸 칼 드라보 페팃(Karl Dravo Pettit)은 다양한 분야에서 두각을 나타냈다. 산업가이자 발명가, 금융가, 재정 자문가인 그는 82세가 된 지금도 매일 뉴저지주 프린스턴 근처의 체리힐 농장 부지에서 뉴욕으로 통근한다. 그가 일하는 것은 생계를 위해서가 아니고 앞으로도 그럴 것이다. 40여 년 직접 설립한 투자자문회사 칼 페팃 앤드 코(Karl D. Pettit & Co.)의 수석 파트너인 그는 프린스턴 지역에서 최대 규모의 토지를 보유했다. 일부 부지를 매입가의 100배에 팔기도 했다. 그러나 금융의 역사에서 "제대로 사서 보유하라" 원칙만큼 유용한 조언은 없을 것이다.

어느 날 점심 식사 중에 나온 이야기다. 그가 과분한 칭찬을 하길래 내가 말했다. "내가 얼마나 바보 같은지 알아요? 중개업을 시작할 자본을 마련하려고 1938년에 4,500달러에 다우존스(Dow-Jones) 주식을 팔았어요. 지금 가격은 100만 달러가 넘는다니까요!"

페팃이 말했다. "경험을 복기해서 공부하려는 것이 아니라면 돌아보며 시간을 낭비해서는 안 됩니다. 나는 1925년에 컴퓨팅 태뷸레이팅 레코딩(Computing-Tabulating-Recording, 현 IBM) 주식 6,500주를 갖고 있었습니다. 당시 발행주식은 12만 주에 불과했습니다. 나는 100만 달러가 넘는 가격에 주식을 팔았습니다. 당시에도 엄청난 금액이었죠. 하지만 지금 가치로는 20억 달러 정도 될 겁니다."

페팃은 그 경험으로 두 가지를 배웠다.

1. 가장 크게 수익이 난 주식이더라도 기업의 실적이 계속 성장하고 있다면 팔지 않는다.
2. 내가 행동에 나서도록 매일같이 설득하는 것은 내 이익과 정반대의 이해관계를 가진 사람들이다. 때로는 말하는 사람이 누구인지가 말의 내용보다 더 중요하다. 나와 이해관계가 일치하는 사람이 누구인지 알아야 한다.

조지 시어(George Shea)와 나는 1930년대 중반 〈월스트리트저널(Wall Street Journal)〉의 뉴스 편집자로 일했다. 조지는 지금까지도 다우존스 주식을 거의 그대로 보유하고 있다. 보유 중인 다우존스 주식 9,520주의 1971년 현재 시가평가액은 최초 투자금 4,200달러의 100배가 넘는다. 또한 두 자녀에게 각각 820주를 증여했다. 그는 매년 총투자금의 2배 이상을 배당금으로 돌려받는다.

이런 이야기가 당혹스러운 사람들도 있다. 저만큼 앞질러 가는 사람들을 보면 자존심이 상하기 때문이다. 그래서 "내부 정보가 있었다, 애초에 1만 달러가 있었기 때문에 투자를 시작할 수 있었다, 자본이득세 부담이 없다, 아픈 가족이 없고 자녀 교육비도 들지 않는다"라고 말한다. 나보다 나은 사람에게는 내게 없는 유리한 점이 있다는 것을 강조하려고 무엇이든 부정한다. 게다가 그런 성공은 옛날이라서 가능했다고 믿는다. 지금은 그렇게 큰 수익을 내는 것이 불가능하다는 것이다.

안타깝지만 기회는 과거에 여러 번 반복되었고 지금도 여전히 존재한다. 기록이 강력히 입증한다. 지난 15년 동안 많은 주식이 성장했다. 그 성장세가 지속된다면 앞으로 15년, 20년 동안 100배의 가치를 창출할 것이다. 너무 오래 기다려야 한다고 생각한다면 미국 금융가이자 자선가 조지 베이커(George F. Baker)의 말을 기억하라. 그는 주식으로 돈을 벌려면 "주식을 알아보는 시각, 매수하는 용기, 그리고 보유하는 인내심"이 필요하다고 말했다. 그중에서 가장 희귀한 것이 인내심이다.

1만 달러가 없을 수도 있다. 많은 사람이 그렇다. 하지만 1932년 이후 가격이 100배 뛴 360개 이상의 주식 가운데 어느 하나에 1,000달러만 투자했어도 현재 시가로 10만 달러가 되었을 것이다.

1,000달러조차 없다면? 그렇다면 안됐지만 희망이 없다. 앤드루 카네기(Andrew Carnegie)가 말했다.

"부자가 될 수 있는지 알고 싶습니까? 답을 알려드리죠. 저축 가능합니까?"

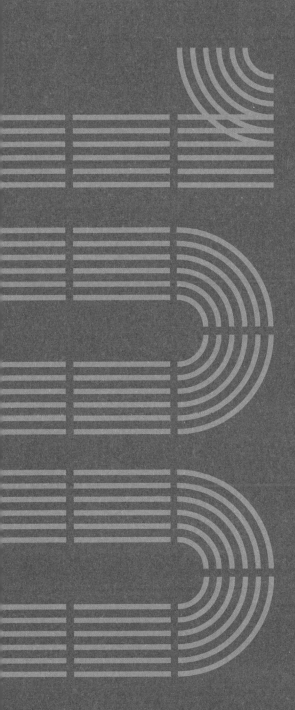

2장

신드바드의 다이아몬드 제국

1932년 초여름, 월스트리트에서 오래 일한 누군가가 내게 말했다. "지금 가격에 1만 달러를 주식시장에 투자할 수 있는 사람은 누구나 부자가 될 거야." 그때 내게는 그 말이 이렇게 들렸다. "햄이 있다면 달걀과 같이 요리하면 좋을 거야. 그러려면 달걀이 있어야 하는데…" 당시 내게 1만 달러는 꿈도 꿀 수 없는 돈이었다. 사실 그때는 1만 달러를 투자할 수 있는 사람이 거의 없었다.

1932년에는 1만 달러를 투자해 지금의 100만 달러 이상으로 불릴 수 있는 주식이 가득했다. 이제는 누구나 아는 사실이다. 굳이 장외에서 찾을 필요도 없었다. 이스트먼코닥(Eastman Kodak)도 그 가운데 하나였다. 1932년 7월, 35.25~45.625달러 범위에서 14만 4,000주가 거래되었다. 7월 최고가인 45.625달러에 샀다고 해도 1만 달러로 이스트먼코닥 주식 219주를 가질 수 있었다. 219주를 사서 지금까지 보유했다면, 단 한 푼도 더 투자하지 않고 자본이득세도 전혀 내지 않은 상태에서 1971년 현재 1만 4,191주를 보유하고 있을 것이다. 이 주식의 1971년 시가평가액은 140만 달러 이상이다.

1932년 7월에 이스트먼코닥 주식을 산 개인은 지금 대부분 세상을 떠났겠지만 주식은 상속되었을 것이다. 1932년 당시 시장에 존재했던 기관 대부분도 마찬가지다. 현재 시장가격의 1% 수준에 매수한 이스트먼코닥 주식을 여전히 가지고 있는 개인이나 기관이 있을까? 내가 틀렸다면 오히려 기쁘겠지만 과연 실제로 있을지 의문이다. 내가 아는 한 1932년 이후 자본을 추가로 투입하지 않고 중개수수료나 자본이득세를 전혀 부담하지 않으면서 보유한 투자 포트폴리오의 가치를 100배 이상 높인 기관은 아직 없다.

이스트먼코닥 주식을 사서 100배 수익을 올릴 기회는 1932년 말고도 또 있었다. 1933년에도 뉴욕증권거래소에서 1971년 시장가격의 1%도 안 되는 가격에 이스트먼코닥을 살 수 있었다.

하지만 이런 생각은 사후 확증 편향적이다. 1932년과 1933년에 이스트먼코닥은 어떤 모습이었을까?

1932년 주당순이익은 2.52달러로 1929년의 9.57달러보다 적었다. 주가 최저가는 1932년 35.25달러, 1933년 46달러였다. 1929년 최고가는 264.75달러였다. 주당순이익은 고점 대비 74% 감소한 반면, 주가는 1929년 최고가보다 1932년 87%, 1933년 83% 하락했다. 주가이익배수(이하 PER)는 주당순이익의 약 28배(264.75÷9.57) 수준에서, 대공황 시기에 기록한 주당순이익의 14배(35.25÷2.52) 수준으로 하락했다.

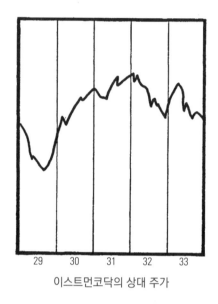

이스트먼코닥의 상대 주가

상대 주가 차트에서 다우지수는 가로축과 수평을 이루는 직선으로 표시된다. 기업 주식이 다우지수와 같이 움직였다면 상대 주가 선은 수평한 직선을 그리고, 상대 주가 선이 우상향하면 주식이 다우지수보다 빠르게 상승했거나 느리게 하락했음을 나타낸다.

그러나 1929~1932년 약세장에서 다우존스산업평균지수(이하 다우지수) 대비 이스트먼코닥의 상대 주가는 매우 좋았다. 상대 주가는 해당 기업의 주가를 같은 날의 다우지수 평균으로 나눈 값이다. 기업 주식이 90에 거래되고 다우지수 평균이 900포인트였다면 상대 주가는 0.10 또는 10%다. 기업 주가가 150까지 상승하고 다우지수가 1,000포인트까지 상승하면 상대 주가는 0.15 또는 15%다.

위에 있는 그림에서 보듯이 1929년부터 1932년까지 이스트먼코닥의 주가는 다우지수 평균 대비 급등했다. 이스트먼코닥은 사진업계에서 경쟁자가 거의 없었다.

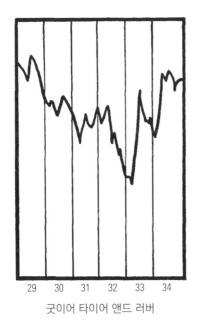

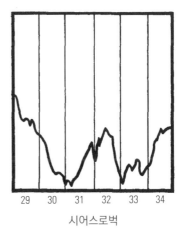

굿이어 타이어 앤드 러버　　　　　시어스로벅

　1932년에 어떤 이유로든 이스트먼코닥에 마음이 끌리지 않았다면 타이어와 고무 업계 선두 기업인 굿이어(Goodyear) 주식을 살 수도 있었다. 굿이어 주가는 1932년 5월에 최저 5.5달러, 6월 최저 6.125달러, 7월 최저 6.25달러에 거래되었다. 주당 9달러로 가정해도 1만 달러로 굿이어 주식 1,111주를 살 수 있었다. 당시 1,111주는 단 한 푼의 추가 투자도 없이 1971년 현재 3만 2,441주가 되었고 시가평가액은 100만 달러 이상이었다. 이스트먼코닥과 마찬가지로 굿이어는 다우지수를 구성하는 종목이었다.

　시어스로벅(Sears, Roebuck)도 마찬가지였다. 1932년 최저점에서 1만 달러로 산 시어스로벅 1,000주는 1971년 2만 4,000주가 되었고 시가평가액은 250만 달러에 이른다.

이스트먼코닥과 달리 굿이어는 1932년에 85만 달러 적자를 기록했다. 그해 소수주주 지분 차감 전 금액 기준으로 고정비용의 1.06배를 벌어들였지만 제1우선주 배당금을 충당하기에는 크게 부족했다.

앞의 그림에서 보듯 이스트먼코닥과 달리 굿이어는 1929년부터 1932년까지 다우지수 대비 크게 하락했다. 그러나 이스트먼코닥과 굿이어 모두 1932년 이후 주가가 100배 상승했다. 실제로 1971년 굿이어 주가는 1942년 최저점 대비 100배 넘게 뛰었다. 시어스로벅도 1932년에 적자를 기록했지만 다우지수 대비 상대 주가는 1930년 수준보다 하락하지 않았다.

1933년 은행 휴업(bank holiday)* 전까지만 해도 1932년과 마찬가지로 100배 주식을 쉽게 찾을 수 있었다. 무작위로 일부만 언급하겠다. 1933년에 1만 달러를 멜빌슈(Melville Shoe), 뉴몬트마이닝(Newmont Mining), 필립모리스(Philip Morris) 또는 피트니보스(Pitney Bowes)에 투자했다면 1971년에 100만 달러 이상으로 가치가 불어났을 것이다. 1933년 1월부터 3월까지 뉴욕증권거래소에서는 멜빌슈 주식 약 2,000주가 8.75~10.875달러 범위로 거래되었다. 대략적인 평균 가격 9.875달러 기준으로 1만 달러를 투자하면 1,000주를 매수할 수 있었다. 매수자는 추가 투자 없이 1971년에 1만 8,800주를 보유했을 것이고 그 가치는 100만 달러 이상이다.

---

* 미국 전역에서 발생한 예금 인출 사태를 진정시키기 위해 프랭클린 루스벨트 대통령은 1933년 3월 당선 직후 은행 휴업을 선포했다.

100배 주식 불변의 법칙

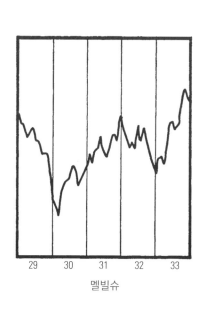

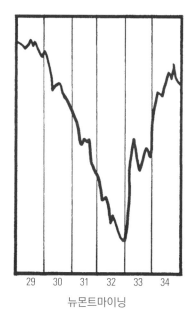

| 29 | 30 | 31 | 32 | 33 |
멜빌슈

| 29 | 30 | 31 | 32 | 33 | 34 |
뉴몬트마이닝

뉴몬트마이닝 사례도 비슷하다. 단, 1932년 저점에 매수한 사람은 1만 달러를 투자해 300만 달러 이상 수익을 올렸을 것이고, 1933년 저점에 매수한 사람의 수익은 122만 5,000달러에 그쳤을 것이다. 1933년 저점에서 뉴몬트마이닝 주가는 11.5달러였다. 이 가격에 1만 달러로 868주를 매수했다면 한 푼도 더 투자하지 않고 1971년에 3만 1,248주를 보유했을 것이다.

1932년과 1933년에 멜빌슈와 뉴몬트마이닝은 어땠을까?

1932년 멜빌슈의 보통주 주당순이익은 1.51달러였다. 1932년 주가 최저가가 7.875달러이니 PER은 5.2배였다. 1932년 뉴몬트 마이닝의 보통주 주당순이익은 22센트였다. 1932년 주가 최저가 4.625달러에서 PER은 21배였다.

1932년 멜빌슈의 다우지수 대비 상대 주가는 1929년 초와 비슷한 수준이었다. 1932년 뉴몬트의 상대 주가는 1929년 대비 급락했다.

다섯 개 기업의 1932~1933년 상대 주가 차트를 비교해보자. 주식 배당과 주식 분할을 조정한 후 이스트먼코닥, 굿이어 타이어, 멜빌슈, 뉴몬트마이닝, 시어스로벅의 주가는 각각 1932년과 1933년의 저점에서 1971년 현재까지 100배 이상 상승했다. 한편 다섯 개 기업 중 이스트먼코닥과 멜빌슈의 상대 주가는 1932년까지 뚜렷한 상승 추세를 보였다. 굿이어와 뉴몬트는 1932년 중반까지 급락했다. 시어스로벅은 1929년의 고점 대비 크게 하락했지만 1930년에 저점에서 지지를 확인했다.

각 기업의 1932년 주가(price) 저점과 이후 보고된 1932년 이익(earnings)으로 계산한 PER은 다음과 같다.

	PER
굿이어	계산 불가
시어스로벅	계산 불가
뉴몬트마이닝	21.0배
이스트먼코닥	14.0배
멜빌슈	5.2배

상대 주가의 움직임과 PER의 괴리는 '시장을 이기는 확실하고 단순한 경험칙은 존재하지 않는다'를 시사하는 것이 아닐까? 물론

결론은 독자의 몫이다. 나는 다만 충분하고 공정하게 실제 기록을 제시하려는 것이다. 불투명한 미래 추정치를 근거로 산출한 데이터에 기반해서 주식 수백만 달러어치가 거래된다. 내가 무슨 자격으로 "산타클로스는 없다!"라고 말해서 소녀 버지니아와 〈뉴욕 선 (New York Sun)〉의 아름다운 문답*을 망치겠는가.

1933년 당시 필립모리스가 100배를 버는 주식이 될 것으로 생각한 사람은 거의 없었을 것이다. 필립모리스 주식은 1933년 첫 3개월 동안 최저 8~최고 9달러에 거래되었다. 최고가인 9달러에서도 1만 달러로 1,100주 이상을 살 수 있었다. 1,100주를 매수한 사람은 추가 투자 없이 1971년 현재 2만 790주를 보유하고 있을 것이며 시가평가액은 150만 달러다. 1934년에도 1971년 수준의 1%도 안 되는 가격에 필립모리스 주식을 살 수 있었다.

필립모리스 주가는 1929~1932년 약세장 내내 다우지수를 크게 상회하는 상승률을 기록했다. 1932년 최저가인 주당 7달러는 그해 필립모리스 순이익의 6배도 안 되는 가격이었다.

피트니보스도 1933년에 1971년의 1%도 안 되는 가격에 살 수 있었다. 부록으로 실은 [표 1] (358~379쪽)과 [표 2] (380~394쪽)에서 보

---

* 1897년, 버지니아라는 소녀가 〈뉴욕 선〉에 편지를 보냈다. "저는 여덟 살이에요. 산타클로스가 없다는 친구들이 있어요. 아빠는 〈뉴욕 선〉에서 있다면 있는 거라고 했어요. 진실을 말해주세요. 산타클로스는 있나요?"
〈뉴욕 선〉의 기자 프랜시스 처치는 고민 끝에 9월 21일 자 신문에 칼럼을 썼다.
제목: 산타클로스는 있나요?
"그래. 버지니아. 산타클로스는 정말 있단다."
이 글은 1949년 〈뉴욕 선〉이 폐간할 때까지 매년 크리스마스에 실렸다.

듯 그 외에도 수많은 주식이 가능했다. 피트니보스 주식은 1933년 1월부터 3월까지 2~3.375달러에 8,500주 거래되었다. 최저가(2달러) 기준으로 1만 달러에 약 5,000주를 살 수 있었다. 피트니보스 5,000주는 1971년 현재 3만 2,000주가 되었다. 주가는 1933년 최저가(조정 후)의 100배 이상이었다.

이처럼 큰 수익을 올린 주식의 이름을 나열하는 것은 지루하다. 남의 일이고 오래전 일이기 때문이다. 뉴네덜란드의 식민지 총재 페터르 미노이트(Peter Minuit)는 1626년에 단돈 24달러로 맨해튼섬을 샀지만 지금 우리에게는 아무런 감흥이 없다. 현재 부동산시장과는 무관하기 때문이다.

[표 1]과 [표 2]는 1만 달러를 투자해 100배 수익을 얻을 수 있는 기회가 지난 40년 가운데 32년이나 있었다는 사실을 보여준다. 가장 최근은 1967년이었다.

지난 40년 동안 100배 이상 가격이 오른 주식은 이 외에도 많다. 그러나 사후 확증 편향을 최소화하기 위해, 매수 시점에 신문 등을 통해 공개적으로 시세를 확인할 수 없었던 종목은 제외했다. 표에는 〈월스트리트저널〉《무디스 주식 편람》〈커머셜 앤드 파이낸셜 크로니클(Commercial and Financial Chronicle)〉〈뱅크 앤드 쿼테이션 레코드(Bank and Quotation Record)〉에서 확인된 가격이 1971년 시장가격의 1% 이하인 종목만 제시했다.

1932년과 1933년은 너무 오래 전이다. 이제 그때와 같은 환경이 반복될 가능성이 거의 없기 때문에, 당시에 1만 달러를 투자했다면 가능했을 결과를 더 이야기하는 것은 유용하지도 않고 성가신

일이 될 것이다. 내가 언급한 주식은 그 시절 풍부했던 기회를 보여주는 예시일 뿐이다. [표 1]에서 보듯 그때는 많은 기회가 있었다. 한편 [표 1]에도 기준을 만족하는 모든 주식이 포함된 것은 아니다. 포함되지 않은 주식이 많을 것이다. 무엇이 되었든 "제대로 사서 보유하는 것"이 부를 형성하는 길이라는 원칙을 더욱 강하게 뒷받침할 것이다.

1만 달러를 투자해 100만 달러를 벌 기회는 1934년에도 많았다. 우선 엑셀오(Ex-Cell-O)와 텍사스퍼시픽 콜 앤드 오일(Texas Pacific Coal & Oil, 이하 텍사스퍼시픽)을 살펴보자.

때로는 청산으로 큰돈을 벌 수 있다. 텍사스퍼시픽은 1934년 7월 뉴욕증권거래소에서 최저 2.5~최고 4달러에 대량으로 거래되었다. 1934년 12월 말에는 최저 2.875달러에 거래되었다. 1948년에는 100% 주식 배당을 지급했고 1955년에 두 번째 100% 주식 배당을 실시했다. 그 결과 1934년 2.5달러에 주식을 매수한 사람은 처음보다 4배나 많은 주식을 소유하게 되었다. 주가가 2.5달러일 때 1만 달러를 투자한 사람은 4,000주를 샀을 것이다. 4,000주가 4배로 늘어 1만 6,000주가 되었다.

텍사스퍼시픽은 1953년과 1964년 청산배당*을 실시해 주주들에게 주당 총 68.53달러를 지급했다. 1964년 이후의 청산배당을 포함하지 않고도 이미 투자금의 100배가 넘는 수익이다. 연복리 5% 이자를 감안하면 주당 이익 68.53달러는 7년 후인 1971년 96.42달러

---

* 회사가 자산을 매각하고 부채를 상환한 후 남은 금액을 주주에게 분배한다.

로 늘어난다. 여기에서 이자에 대한 세금을 차감한다.

매수 시점의 중개수수료도 감안해야 한다는 트집은 사양한다. 투자금의 1971년 시가평가액이 100만 달러를 초과해 커다란 재정적 이익을 달성한 상황에서 중개수수료를 논의하는 것은 무의미하다.

엑셀오는 1933년 2월 24일 1.25달러로 저점을 기록했다. 그다음 저점은 1934년 1월 11일의 3.75달러였다. 1934년 저점에서 1만 달러로 매수한 2,660주는 1971년 현재 약 16배에 해당하는 4만 2,300여 주가 되었다. 보유한 주식의 1971년 시가평가액은 100만 달러를 넘어섰다. 물론 1933년에 샀다면 이보다 3배나 더 큰 수익을 올렸을 것이다.

1935년에도 1971년 시장가격의 1%도 안 되는 가격에 뉴욕증권거래소에서 스켈리오일(Skelly Oil)을 살 수 있었다. 1934년과 1933년에는 같은 기회 혹은 더 큰 기회가 있었다. 1935년 최저가는 1월의 6.5달러였다. 이 가격에 1만 달러로 스켈리오일 1,530주 이상을 샀다면 1971년에 보유한 2만 2,400주의 가치는 100만 달러가 넘었을 것이다.

선빔(Sunbeam Corporation)의 1935년 명칭은 시카고 플렉시블 샤프트(Chicago Flexible Shaft Company)였다. 선빔은 시카고증권거래소에서 1935년 1월 최저 13.5~최고 15달러에 거래되었다. 1월 최고가인 15달러를 기준으로 1만 달러에 666주를 살 수 있었다. 이 주식을 팔지 않았다면 자본이득세도 내지 않고 1971년 시가평가액이 100만 달러 이상인 3만 4,299주를 보유하고 있을 것이다.

주식시장에서 이처럼 100배를 버는 기회를 미리 찾기는 쉽지 않다. 그 기회가 합병의 결과일 때는 더더욱 그렇다. 1935년에 1만 달러에 산 윌콕스 오일 앤드 가스(Wilcox Oil & Gas) 주식의 1971년 시가평가액은 100만 달러로 불어났다. 윌콕스는 1935년 3월에 최저가인 주당 1달러에 거래되었다. 3월 최고가는 2달러였다. 이후 주식 배당이 있었고 1964년에 테네시 가스 트랜스미션[Tennessee Gas Transmission Company, 현 테네코(Tenneco)]과 합병했다.

1935년에 윌콕스 주식 1주를 매수했다면 1971년 테네코 주식 3.8주 이상을 보유하고 있을 것이다. 1971년 시장가격은 1935년 매수가의 100배 이상이다. 테네시 가스 트랜스미션 주식을 산 사람들도 돈을 벌었지만 진정한 행운아는 1935년 윌콕스를 매수한 사람들이었다.

1936년 다우지수는 1932년 저점 대비 4배 이상 상승했다. 사람들은 주식시상에서 돈을 벌 기회를 너무 늦게 알았다며 아쉬워했다. 하지만 4년 전 더 많이 사두지 않은 것을 후회하는 동안에도 1971년까지 1만 달러로 100만 달러 이상을 벌 수 있는 또 다른 주식들이 등장하고 있었다.

지금의 펩시코(Pepsico)인 로프트(Loft)도 그중 하나였다. 로프트는 1936년 4월 23일 뉴욕증권거래소에서 최저 2달러에 거래되었고 그해 내내 2~3.625달러로 움직였다. 1만 달러로는 연중 고점과 저점의 중간인 2.875달러에 로프트 주식 3,475주를 매수할 수 있었다. 로프트 주식 1주는 1971년 펩시코 주식 6.06주에 해당한다. 1936년에 로프트에 1만 달러를 투자했다면 한 푼도 더 들이지 않고 1971년에 150만 달러 상당의 펩시코 주식 2만 1,050주를 보유할 수 있었다.

1935년과 1936년에 잠자던 사람들을 위한 기회는 또 있었다. 로프트는 1937년에 최저 1달러, 최고 3.875달러에 거래되었다. 누구도 이 기회를 놓치지 않게 하기 위해서였는지, 1938년에는 주가가 최저 75센트까지 하락했다. 1만 달러로 100만 달러 이상을 벌 기회가 1932년부터 1938년까지 7년이나 있었지만 투자자들은 로프트에 등을 돌렸다. 인간은 때때로 행운이 가져다주는 기회를 거부하고, 보지 않고서는 믿지 못한다. 이처럼 기회가 꾸준히 있었던 주식은 뒤에서 더 살펴보겠다.

1937년 가을, 주식시장은 큰 폭으로 하락했다. 인플레이션을 통제하기 위해 미국 정부가 다양한 조치를 취한 것이 급락의 원인이었다. 정부는 금 수입을 금지해 통화 공급량 증가를 차단했다. 연방준비은행은 회원 은행의 준비금 요건을 강화했다. 루스벨트(Franklin Roosevelt) 대통령은 원자재 가격 상승을 억제하기 위해 강력히 대처했다.

주식시장의 급락은 대개 두 가지 이유로 설명된다. 하나는 앞서 언급한 것처럼 표면적인 이유로 어리숙한 사람들을 납득시킨다. 한편 안타깝게도 너무 늦게 드러나 별 도움이 되지 못하는 진짜 이유가 있다. 당시 시장이 급락한 진짜 이유는 1938년 여름이 끝나갈 무렵 제2차 세계대전과 함께 세상에 드러났다.

1937년의 약세장은 어느 정도 예상된 것이었다. 1937년 9월 8일자 〈월스트리트저널〉 1면에 실린 '주가 움직임에 대한 소고'라는 제목의 글에서 나는 "시장의 주된 추세가 하락세라는 것은 의심의 여지가 없어 보인다"라고 언급했다. 다음 날 다우지수는 166포인트로 마감했다. 시장은 그로부터 7년 반이 지난 1945년 5월이 되어서야 과거 고점을 회복했다.

하지만 하락장을 정확히 예측하는 대신 그 하락장 내내 1만 달러로 100만 달러를 벌 수 있는 주식을 찾는 데 집중했다면 훨씬 더 나은 결과를 얻었을 것이다. 1937년, 1938년, 1939년, 1940년, 1941년, 1942년, 1943년, 1944년에 그 기회가 있었다. [표 1]과 [표 2]는 이 사실을 괴로울 정도로 분명히 보여준다.

투자 일임계좌를 관리하는 것이 아니라면 전문 투자자로서 시장의 타이밍에 과도하게 집중하지 말아야 하는 이유는 또 있다. 시장을 제대로 예측했다고 하더라도 다른 사람들이 내 생각대로 행동하게 만드는 것은 거의 불가능하다. 일부러 고점에서 주식을 사고 저점에서 팔려는 사람은 없다. 그러나 추가 상승이 여러모로 타당해 보일 때, 강세장은 고점을 갈아치운다. 반대로 합리적이고 정보에 밝으며 부유한 투자자들 사이에 가격이 더 하락할 것이라는 믿음이 압도적으로 우세할 때, 약세장은 새로운 저점을 형성한다.

강세장과 약세장은 대중의 심리 변화에 크게 영향을 받는다. 따라서 대중의 심리가 강세장을 지지하는 상황에서 주식을 팔도록 설득하거나, 약세장을 지지하는 상황에서 주식을 사도록 투자자 집단을 설득할 수 있다고 믿는 것은 비현실적이다. 이 사실을 아는 현명한 전문가는 타이밍 대신 종목을 선정하는 데 집중한다. 투자자 대부분은 시장이 상승할지 하락할지를 판단할 때보다, 어떤 주식을 매수하거나 매도할지를 결정할 때 감정 개입이 훨씬 덜하다. 결론부터 말하자면, 시장에서 정확한 타이밍을 포착하기보다 좋은 주식을 선택해서 훨씬 더 큰 수익을 낼 수 있다는 것은 어렵지 않게 입증할 수 있다.

1937년에 있었던 100배 수익의 기회로 돌아가 보자. 샤프 앤드 돔(Sharp & Dohme) 주식은 그해 뉴욕증권거래소에서 활발하게 거래되었다. 월별 최저가는 9월 6.75달러, 10월 3.75달러, 11월 4.875달러, 12월 4달러였다. 주당 6달러 선에서 1만 달러를 투자해 1,666주를 보유했다면 1953년에 머크(Merck & Company) 주식 3,748주를 받았을 것이다. 1964년 3 대 1 주식 분할을 거쳐 1971년에는 1만 1,245주가 되었고 시가평가액은 약 150만 달러에 달했다. 심지어 1943년에도 (주식 교환으로 취득한) 머크 주식의 1971년 가격 대비 1%도 안 되는 가격에 샤프 앤드 돔을 살 수 있었다.

사실 1932년부터 1943년까지 12년 연속으로 매년 1971년 최고가의 1% 미만에 샤프 앤드 돔을 살 수 있었다. 12년 가운데 6년은 고점에 매수했겠지만 여전히 투자 대비 100배 수익이 가능한 기회였다. 역시 좋은 종목 선정이 타이밍 선정을 이겼다.

1938년에 비치에어크래프트(Beech Aircraft)나 브런즈윅 발케 콜렌더(Brunswick-Balke-Collender), 카네이션(Carnation)에 1만 달러를 투자했다면 1971년에는 그 가치가 100만 달러를 훨씬 넘었을 것이다. 1938년 저점인 주당 75센트에 1만 달러를 로프트에 투자했다면 1971년 시가평가액은 550만 달러 이상이었을 것이다.

1939년에 컬럼비아 리버 패커즈(Columbia River Packers)나 클라크

이큅먼트(Clark Equipment)를 샀어도 성공했을 것이다. 1940년에 머크 주식을 사서 지금까지 보유했다면 100배 수익을 달성했을 것이다(실제로 머크의 1971년 최고가는 1940년 저점의 164배 수준이었다). 1941년이나 1943년에 질레트(Gillette)나 루이지애나랜드(Louisiana Land)에 1만 달러를 투자했어도 100만 달러를 벌 수 있었다.

1942년, 늦어도 1945년에 프라우[Plough, 현 쉐링프라우(Schering-Plough)]를 샀어도 100배 수익이 가능하다. 1943년에 메이태그(Maytag)나 화이자(Pfizer)를 샀어도 마찬가지다. 1944년에는 블랙앤데커(Black & Decker), 녹스제마 케미컬(Noxzema Chemical)을 1971년 시장가격의 1% 미만에 살 수 있었다. 1945년에 미네소타마이닝(Minnesota Mining)과 내셔널홈(National Homes)도 비슷한 100배 수익 기회를 주었다. 1946년 시장의 고점과 1948년 말에는 갈빈[Galvin, 현 모토로라(Motorola)]이 적은 투자로 큰돈을 벌 기회였다.

[표 1]에서 보듯, 위에서 언급한 주식 외에도 100배를 벌 수 있었던 주식은 수없이 많다. 누구나 가질 수 있었던 좋은 주식 몇 가지를 예로 들었을 뿐이다. 투자자가 할 일은 이런 주식을 알아보고 매수해서 보유하는 것이다.

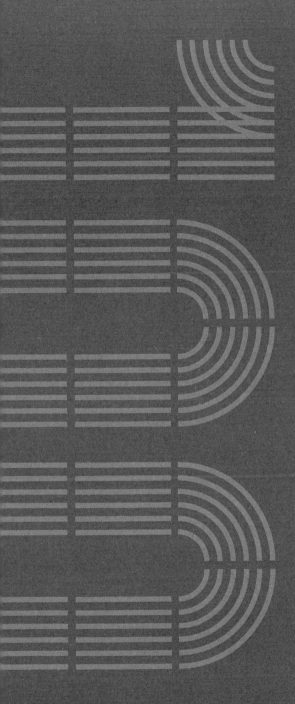

3장

코끼리가 가르쳐준 것

건물을 지을 때는 계단을 오르는 사람이 잠시 멈춰 쉴 수 있도록 층계참을 만든다. 100배 수익의 기회가 이토록 많았는데도 같은 기간 동안 10배 수익을 달성한 전문 투자자도 드문 이유는 무엇일까? 이 장에서는 잠시 멈춰서 그 이유를 생각해보려고 한다. 답은 심리학과 통계에서 찾을 수 있다. 통계는 다음 층계참에서 다루기로 하고 먼저 심리적 측면을 살펴보자.

46년 전 나는 적도 아프리카에서 코끼리를 사냥해 상아를 팔아 돈을 벌었다. 그때 배운 단순한 원칙이 있다. 큰 사냥감을 찾을 때는 작은 사냥감의 유혹에 넘어가지 말아야 한다는 것이다. 코끼리는 청각이 예민하다. 뿔닭이나 콜로부스원숭이, 영양을 쏘는 날에는 결코 코끼리를 볼 수 없었다.

내가 이투리(Ituri) 숲에서 배운 이 교훈은 다섯 명의 아랍인 이야기와 비슷하다. 뿔닭 한 마리를 청하면 뿔닭 한 마리만 얻을 뿐이다.

개인이든 전문가든 커다란 수익을 추구하는 투자자는 드물다. 소소하게 여기서 5포인트, 저기서 10포인트를 벌 기회를 찾는다. 다음 분기 실적이 호조일 것이라는 정보에 서둘러 사고, 이익 증가세가 둔화되었다는 소식에 판다. 이처럼 잦은 매매는 중개인들에게 이득이 되었다. 그러나 지속적으로 유입되는 많은 거래량을 감당할 수 없었던 증권사들은 결국 몰락했다. 주가와 투자 수요가 모두 사상 최고 수준일 때 발생한 일이다. 많은 거래량으로 번창한 증권사들이 결국 과도한 거래량을 감당하지 못하고 파산하는 역설적인 상황이 발생한 것이다.

산업계든 금융계든 이처럼 수많은 기업이 번성하다 사라진 것은 전례가 없는 일이었다. 거래를 늘리는 데(판매) 지나치게 집중한 반면, 거래를 관리하고 추적하는 중요한 업무(장부 관리)에는 소홀했던 것이 원인이었다. 처음에는 많은 중개인의 배를 불렸지만 결국 그들을 파산으로 이끈 과도한 단기 매매는 시와 주, 연방 정부의 세수를 늘려주는 역할을 했다. 그러나 투자자에게는 도움이 되지 않았다.

개인이든 기관이든 주식시장에서 큰 수익을 추구한다면, 주식을 팔 때마다 실수를 인정하는 것이나 다름없다. 물론 실수도 우리의 일부다. 지난 45년 동안 내가 경험한 것과 똑같은 실수를 범하는 사람들을 비난할 생각은 없다. 그러나 해결책을 찾으려면 문제를 정확히 정의해야 한다. 나는 뿔닭을 코끼리로 착각한 탓에 상아를 얻을 기회를 놓쳤다. 마찬가지로 주식시장에서 단기 매매로 기회를 잃어버리고도 그것을 차익 실현으로 착각한다면 부를 쌓을 수 없다. 고고펀드(go-go fund)* 매니저들은 잦은 매매를 옹호한다. 그러나 매도 전 보유 기간이 짧을수록 애초에 매수 판단이 실수였다는 사실은 더욱 분명해진다.

무엇이든 맹목적으로 보유하라는 뜻은 아니다. 투자에서 실수 자체보다 더 나쁜 것은 실수를 인정하고 바로잡지 않는 것이다. 일반적으로 오류를 빠르게 인지하고 수정할수록 치러야 할 비용도 줄어든다. 그러나 제대로 사서 보유하는 것과 비교하면 매도는 실수이고 기회를 잃는 것이다.

강세장에서 매도는 대개 이익을 실현한다는 뜻이다. 그러나 돈을 벌었다고 자신을 속여서는 안 된다. 실제로는 더 큰 기회를 놓친 것이고 자본이득세를 내야 할 의무가 생긴 것이다.

주식시장에서는 실수를 바로잡으려다 오류를 범하기도 한다. 주식은 가격이 최고점에 있을 때 가장 매력적으로 보이고, 반대로 가격이 낮을 때는 나쁘게 보인다. 토끼가 앉았던 곳, 즉 사후 확증 편향에 따라 어제, 1년 전, 심지어 5년이나 10년 전에 투자했으면 옳았을 곳에 지금 투자하고 싶은 유혹은 거부하기 힘들다.

미래를 정확히 예측할 능력은 없지만 사람들은 현재 상황을 합리화하는 데 매우 뛰어나다. 철저히 분석해서 매수한 주식의 가격이 하락하면 그 주식이 이전보다 덜 매력적이라고 여기는 경향도 합리화에 해당한다.

특별 할인 행사 때 소고기 세 덩어리를 구입해 냉동실에 보관하

---

* 단기간에 고수익을 목표로 하는 투기성 펀드

는 주부가 주식시장에서는 자기가 산 주식이 반토막 나는 것을 보고 주식을 팔아치운다.

전문 투자자도 다르지 않다. 자신보다 더 많은 정보를 아는 다른 누군가가 있다고 믿는다. 어느 정도 타당한 추론이다. 그들은 주가가 하락하는 기업의 진짜 '악재'가 드러나기 전에 주식을 팔아치워 주가 하락을 가속화하고 다른 투자자를 불안에 빠트린다.

현실을 직시해야 한다. 투자는 움직이는 가짜 미끼에 낚이는 물고기의 본능과 비슷하다.

> 물고기의 추론: "최근에 먹은 것은 움직이고 있었다. 맛이 좋았다. 이것도 움직인다. 틀림없이 맛이 좋을 것이다."
> 투자자의 추론: "최근에 매수한 주식은 오르는 중이었다. 수익이 컸다. 이 주식도 오르고 있다. 틀림없이 수익이 클 것이다."

좋은 주식은 상승세를 거듭한다. [표 1] (358~379쪽)에서 보듯 주가가 오르는 주식이 곧 좋은 주식이라는 인식을 뒷받침하는 사례는 많다. 그러나 1969~1970년에 경험했듯이 역사는 반짝이는 것이 전부 금은 아니라는 사실을 주기적으로 재확인시킨다.

부를 향한 여정을 방해하는 좀 더 미묘한 실수도 있다. 모든 투자는 어느 정도 위험을 수반하지만 현금은 안전하다는 개념도 그중 하나다. 1820년 이후 100년 기간을 연속해서 보면(1820~1920년, 1821~1921년, 1822~1922년, 1870~1970년) 미국 달러화의 구매력은 50~70% 감소했다. 지난 100년 동안 물가상승률은 꾸준히 안정적

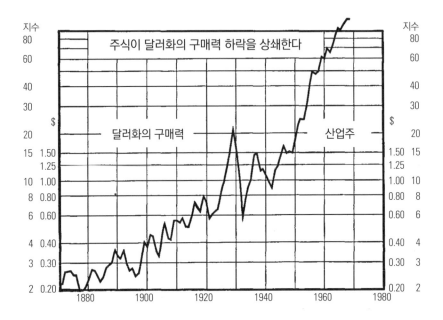

이었다. 인플레이션에 대해서는 뒤에서(17장) 자세히 논의하겠다.

위험을 피하는 것이 기회를 포착하는 것보다 더 중요하다는 생각도 흔한 오류다. [표 1]에 표시된 해 가운데 어느 한 해에 100개 주식에 동일한 금액을 투자했다고 가정하자. 그 가운데 설령 99개 주식의 가치가 0이 되었더라도 100배 수익이 가능한 주식 하나만 있었다면 원금은 그대로 유지될 것이다.

물론 100배를 버는 종목을 미리 가려내기는 쉽지 않다. 하지만 1년 동안 99개 주식을 고르고 그 주식이 모두 가치가 0이 되는 것도 쉬운 일은 아니다. 이것이 가능하다면 공매도 전략으로 증권가에서 몸값을 높일 수 있을 것이다. 공매도는 투자자가 미래에 더 낮은 가격에 매수할 의도로, 자신이 소유하지 않은 주식을 파는 거

100배 주식 불변의 법칙

래 전략이다. 가격 상승을 기대하며 주식을 매수하는 일반적인 전략과 달리 공매도는 가격이 하락해야 유리하다.

투자자들은 주식 투자에 따른 위험을 지나치게 강조하는 반면, 매수하지 않거나 보유한 주식을 너무 빨리 파는 데 따른 비용은 과소평가하는 경향이 있다. 수염을 기른 노신사가 만족스럽게 웃는 얼굴 아래 "'너무 일찍' 팔았다"라고 쓰인 그림은 월스트리트에서 진부할 정도로 익숙한 이미지다.* 나는 그 노신사가 불필요한 중개 거래를 얼마나 많이 일으켰을지 궁금하다.

너무 일찍 팔면 생각보다 큰 비용을 치를 수도 있다. 1921년 7월, 컴퓨팅 태뷸레이팅 레코딩 주식 총 700주가 2만 1,700달러에 거래되었다. 이 주식은 현 IBM으로, 당시 700주의 1971년 시가평가액은 1억 5,000만 달러가 넘는다.

25년 후 100배 수익을 거두려면 배당금을 제외하고 주가가 연평균 20% 이상 상승해야 한다. 같은 주식을 20년 뒤에 파는 사람은 세금과 중개수수료를 제외하고 40배를 번다. 주가 상승률이 일정하다고 가정할 때, 나머지 60배 수익은 마지막 5년 동안 발생한다.

물론 큰 수익을 달성했고 심지어 100배를 벌었다고 해서 아무 때나 매도해도 좋다는 뜻은 아니다. 투자 외적인 이유로 투자 행위를 해서는 절대로 안 된다. 이것은 투자의 기본 원칙이다.

무수히 많은 투자자가 '투자 외적인 이유'로 투자에서 실수를 저

---

* "돈을 벌려면 저점에 사서 [고점이 아니라] '너무 일찍' 팔아야 한다(Fortunes are made by buying low and selling too soon)." – 네이선 로스차일드(Nathan Rothschild)

지른다. 몇 가지만 제시하면 다음과 같다.

1. 주가가 '너무 많이' 올랐다.
2. 주식을 매도해서 자본손실을 실현해 자본이득을 상쇄할 계획이다. 절세 목적이다.
3. 다른 주식과 달리 내가 가진 주식이 횡보한다.
4. 마진콜에 응하기 위해 추가 증거금을 납부해야 한다. 또는 마진콜에 응하지 않는다.
5. 내년에 세금 부담이 더 커질 것이다.
6. 새로운 경영진.
7. 새로운 경쟁자.

이러한 이유로 주식을 매도하거나 다른 주식으로 갈아타는 것이 유리한지는 신중하게 검토해야 한다. 하지만 유리할 가능성이 있다는 것과 실제 유리한 것에는 수프와 스테이크만큼이나 큰 차이가 있다. 수프는 빈손으로 집에 돌아온 사냥꾼의 저녁 식사다.

작가 조시 빌링스(Josh Billings)는 "진짜 문제는 모른다는 것이 아니라 잘못 아는 것이 너무 많다는 것"이라고 말했다.

1932년 이후, 투자자에게 충분한 정보를 제공하기 위한 많은 논의가 있었다. 때로는 필요 이상으로 과도한 정보가 주어지는 것은 아닌지 의문이다. 747 기종에 탑승한 모든 승객이 조종사 옆에서 직접 계기판을 본다고 해서 정보를 완전히 이해하고 해석할 수 있는 것은 아니다. 승객이 문제를 알고 걱정하기 전에 조종사가 이미 조치를 취했을 것이다. 주주와 유능한 경영진의 관계도 마찬가지다.

투자자는 냉소주의와 지식을 혼동하지 않도록 유의해야 한다. 때로는 영업사원이 추천하는 주식이 내가 직접 찾은 것보다 더 좋을 수 있다. 1952년 쉐링(Schering Corporation) 주식 공모가 그런 사례였다. 총 3,080만 달러에 176만 주를 산 투자자들이 아직 쉐링 주식을 보유하고 있다면 1971년 최고가 기준으로 시가평가액이 12억 달러를 넘었을 것이다. 쉐링의 주가는 19년 전 최초 공모가 대비 41배로 올랐다. (현재 쉐링프라우가 된 프라우 주식을 1945년에 주당 13.25달러에 산 투자자는 100배를 벌었다. [표 1] 참조).

쉐링은 제2차 세계대전이 시작되고 적의 재산으로 압수되었다가 1952년 미국 법무부 장관의 명령으로 경쟁 입찰을 통해 매각되었다. 메릴린치(Merrill Lynch), 피어스, 페너 앤드 빈(Pierce, Fenner & Beane), 키더피보디(Kidder Peabody & Company), 드렉셀(Drexel & Company)로 구성된 컨소시엄이 2,913만 1,960달러에 쉐링을 인수했다. 두 번째로 높은 입찰가는 2,684만 5,544달러였다. 최저 입찰가는 1,408만 달러였다.

주당 장부가치가 32.55달러인 쉐링 주식의 낙찰가가 66.20달러라는 사실이 개인 투자자의 관심을 끌었다.

쉐링을 인수한 컨소시엄은 즉시 4 대 1 액면분할을 실시하고 주당 17.50달러에 신주를 발행했다. 이 신주를 매각해 3,080만 달러를 벌어들여, 매입 가격 2,913만 1,960달러 대비 166만 8,040달러 이익이 발생했다. 즉 쉐링 공모주를 사서 지난 19년간 보유한 투자자들이 1,000달러를 버는 동안, 쉐링을 인수한 컨소시엄은 약

1.40달러를 번 셈이다.

'더 나은' 투자 대상으로 갈아탄 사람들도 있을 것이다. 나 역시 자주 그랬다.

증권사에 특별한 인맥이 없어도 쉐링의 신주 발행에 참여할 수 있었다. 1952년 3월 11일 공모가 17.50달러에 주식을 신규 상장한 것이다. 그해 주가는 최저 13.25달러와 최고 17.875달러 사이에서 거래되었다. 운 좋게 저점에 매수한 뒤 인내심을 갖고 기다렸다면 1971년 고점에서 주식의 가치는 투자금의 54배 이상이었을 것이다.

1년 반을 기다려 1953년 9월과 10월에도 주당 11달러에 쉐링 주식을 살 수 있었다. 그랬다면 1971년 기준으로 매수 가격의 65배 이상을 벌었을 것이다.

주가의 바닥을 기다리라는 뜻이 아니다. 정말로 매력적인 주식이라고 생각한다면 시장가격에 매수해야 한다. 그 후 주가가 하락할 경우, 여유가 있다면 더 매수하는 것이 좋다. 투자금의 40배를 벌든 60배를 벌든 그 차이는 중요하지 않다. 기회를 완전히 놓칠 때가 진짜 문제다. "주식시장에서는 황소도 돈을 벌고 곰도 돈을 벌지만 돼지는 그러지 못한다"는 증권가의 오랜 격언이다.

또 다른 역사적인 언더라이팅(underwriting, 공모주 총액 인수) 사례도 있다. 1941년 5월 20일, 골드만삭스(Goldman Sachs)와 리먼브러더스(Lehman Brothers)는 머크 주식 20만 2,372주를 주당 28.75달러에 판매했다. 이 주식은 1949년 2 대 1, 1951년 3 대 1, 1964년 3 대 1 주식 분할을 거쳤다. 그 결과 1941년 5월 20일에 매수한 머크 1주는 18주로 늘었다. 당시 골드만삭스-리먼브러더스가 판매한 머크

100주를 2,875달러에 사서 지금까지 보유했다면 총 1,800주가 되었을 것이다. 1971년 최고가 기준으로 시가평가액은 23만 6,000달러가 넘는다.

머크는 분기배당으로 주당 55센트를 지급한다. 따라서 개인 투자자는 매년 투자 원금의 1.37배를 돌려받는다.* 배당금은 과세 대상이다. 반면 주식의 가치 상승은 과세 대상이 아니다. 당시 골드만삭스-리먼브러더스는 언더라이팅으로 총 581만 8,000달러에 달하는 주식을 판매했다. 1971년 최고가 기준으로 시가평가액은 4억 7,800만 달러 이상이다.

운명의 여신이 모든 사람에게 두 번째 기회를 준 것일까? 1941년 12월 17일에 골드만삭스와 리먼브러더스가 머크 주식 3만 주의 공모주 발행을 주관했다. 공모가는 주당 30달러였다. 불과 7개월 전에 28.75달러에 살 수 있었던 주식을 30달러에 사는 것을 좋아하는 사람은 없었다. 그러나 1971년 시장가격 고점 기준으로 머크 주가는 매수가 30달러 대비 78배로 뛰었다.

골드만삭스와 리먼브러더스의 영업사원을 기다렸던 투자자라면, 1971년 기준으로 아직 머크 주식에서 100배 수익을 얻지는 못했다. 1971년에 100배 수익을 얻기 위해서는 1940년에 직접 머크 주식을 샀어야 했다.

혹시 쉐링과 머크가 최선의 사례인지 의심스럽다면 화이자를

---

* 연간 배당금 = 주당 배당금 0.55달러×분기배당 4회×18주 = 39.6달러. 연간 배당금 39.6달러÷매수 가격 28.75달러 = 1.37배

보자. 1942년 6월 23일, 뉴욕의 에버스타트(F. Eberstadt & Co.)가 주도하는 신디케이트가 화이자 24만 주의 공모주 발행을 주관했다. 공모가는 주당 24.75달러였다. 만일 에버스타트 영업사원에게 설득되어 화이자 100주를 총 2,475달러에 사서 보유했다면 지금은 8,100주를 소유하고 있을 것이다. 1971년 최고가 기준 시가평가액은 34만 9,312달러로 매수가의 141배에 달한다.

화이자 주식을 사기 위해 남들보다 영리하거나 뛰어날 필요는 없었다. 화이자는 추가 운영 자금이 필요했다. 화이자의 자금 수요에 응하고 에버스타트 신디케이트 영업사원의 기분을 좋게 만들어주는 것만으로도 큰돈을 벌 수 있었다.

언더라이터로부터 주식을 사서 돈을 벌 기회는 이 외에도 많다. 투자에서 성공하기 위해 반드시 고위험을 감수하거나 잘 알려지지 않은 주식을 살 필요는 없다. 대부분 한 번쯤은 돈을 버는 주식을 가져본 적이 있다. 사지 못한 것이 아니라 인내하고 보유하지 못한 것이다.

시장이 어떻게 될지 너무 많이 생각하다 보면, 옳은 판단을 하고서도 큰 비용을 치를 수 있다.

나는 〈월스트리트저널〉 1면에 1937년의 약세장을 분석하는 글을 썼다. 그보다 3주 앞서 뉴욕의 러셀매과이어(Russell Maguire & Company)가 제너럴 아메리칸 오일 컴퍼니 오브 텍사스(General American Oil Company of Texas) 주식 8만 3,333주를 주당 6.50달러에 판매했다.

내가 1937년의 약세장을 예견하지 못했다고 가정하자. 운이 나쁜 대중과 마찬가지로 나도 영업사원의 설득에 넘어가서, 평생 모은 1만 달러를 대규모 하락장을 앞둔 시점에 제너럴 아메리칸 오일 컴퍼니에 투자했다고 가정하자. 어떤 일이 벌어졌을까?

1만 달러로 1,538주를 사고 돈이 조금 남았을 것이다. 그 주식을 처분하지 않고 잊고 지냈다면 나는 한 푼도 추가로 투자하지 않고 자본이득세도 부담하지 않은 상태로 주식 2만 4,930주를 보유하게 되었을 것이다. 1971년 뉴욕증권거래소에서 2만 4,930주의 시가평가액은 120만 달러가 넘었다. 그동안 받은 현금 배당금은 약 1만 5,000달러로 투자 원금 대비 150%에 해당한다.

1937년 8월 18일에 텍사스 제너럴 아메리칸 오일 주식 8만 3,333주를 주당 6.50달러에 매수한 사람은 지금까지 그 주식을 보유하고 있을까? 1937년에 매수했다가 더 나은 곳에 투자하려고 처분하는 대신 34년 동안 그대로 보유하고 있었다면 지금은 어떻게 되었을까? 1937년에 매수한 제너럴 아메리칸 오일 주식을 지금까지 보유하고 있는 사람이 있다면 방송에서 취재할 만하다.

결국 사후 확증 편향적인 이야기라고 생각할 수도 있다. 그러나 32년 동안 1971년 시장가격의 1% 미만에 살 수 있었던 주식 360개 이상의 목록을 보면, 사람들은 100만 달러를 손에 넣었지만 오르는 주식을 잡으려다 손에 쥔 것마저 놓쳤다는 사실을 시인할 수밖에 없다.

제너럴 아메리칸 오일은 인기주가 아니다. 폴라로이드(Polaroid), 신텍스(Syntex), 제록스 등과 함께 언급된 것을 본 적이 없다. 그러나 토끼가 지름길을 찾는 동안 거북이는 쉬지 않고 걸어 경주에서 승리했다. 1937년 러셀매과이어가 공모 방식으로 재매각한 제너럴 아메리칸 오일 주식을 1만 달러어치 사서 인내심을 갖고 끈질기게 보유했다면 단 한 푼의 저축 없이도 1971년에 백만장자가 되었을 것이다.

다우지수 대비 제너럴 아메리칸 오일의 상대 주가 차트를 보자. 이는 월별 다우지수 대비 제너럴 아메리칸 오일의 주가를 백분율로 표시한 그림이다. 예를 들어 제너럴 아메리칸 오일 주식이 40에 거래되고 다우지수가 800포인트였다면 0.05 또는 5%(40/800)로

제너럴 아메리칸 오일 오브 텍사스의 상대 주가

상대 주가 차트에서 다우지수는 가로축과 수평을 이루는 직선으로 표시된다. 제너럴 아메리칸 오일의 상대 주가 움직임이 평평한 직선 아래에 있으면 매수 시점 이후 수익률이 시장 수익률에 못 미쳤다는 뜻이다. 세 개의 점선은 각 시점 이후 다우지수 평균이다. 1957년 6월(1번 시점)에 제너럴 아메리칸 오일 주식을 매수했다면 이후 시장 수익률을 하회했을 것이다. 1960년 5월(2번 시점)에 매수했다면 시장 수익률을 크게 상회했을 것이다. 1965년 5월(3번 시점)에 매수했어도 역시 시장 수익률을 상회했을 것이다.

100배 주식 불변의 법칙

표시한다. 다우지수가 900포인트로 상승하고 제너럴 아메리칸 오일 주식이 81에 거래되었다면 0.09 또는 9%(81/900)이다.

1957~1960년 제너럴 아메리칸 오일은 다우지수 대비 부진했고 따라서 상대 가격 선이 하락했다. 이 기간에는 시장 수익률이 더 좋았다. 1960년 이후부터는 제너럴 아메리칸 오일이 다시 다우지수를 앞질렀다. 이 차트에서 보듯, 분기 또는 연간 단위로 단기 '성과'를 요구하는 투자자는 제너럴 아메리칸 오일로 큰 수익을 낼 때까지 오랫동안 보유하기 어려웠을 것이다.

1957년부터 1968년까지 11년 동안 제너럴 아메리칸 오일은 다우지수 대비 수익률이 저조했다. 이렇게 장기간 저조한 성과를 경험하고도 그 재정 자문가를 떠나지 않는 고객은 거의 없을 것이다. 물론 1937년 이후 제너럴 아메리칸 오일이 보여준 100배 수익보다 더 나은 성과를 거둔 투자자는 훨씬 더 적을 것이다.

언젠가는 '성과가 최우선'이라는 말이 1960년대의 투기 광풍을 대변할 것이다. 일반 투자자가 전문가에게 성과를 기대하는 것은 정당하다. 그러나 현명한 투자자라면 펀드매니저가 현명한 트레이딩이 아니라 시장 변동에 관계없이 매출, 실적, 배당금 증가와 같은 전략을 통해 장기 성과를 추구하도록 권장하거나 최소한 허용해야 한다.

칼로 흥한 자는 칼로 망한다. 노련한 투자자가 주식시장의 가격 변동을 이용한 도박에 눈살을 찌푸리는 것은 돈이 싫어서가 아니다. 오랫동안 지속되는 부는 그런 식으로 만들어지지 않는다는 것을 경험과 역사를 통해 확신하기 때문이다.

1946년 5월 6일, 뉴욕의 레이놀즈(Reynolds & Company)가 언더라이터로서 에어프로덕트(Air Products) 주식을 판매한 사례도 훌륭하다. A주 10만 주와 보통주 10만 주를 1주씩 조합해 10만 단위(단위당 11달러), 보통주 15만 주(주당 1달러), 보통주 4만 주(임직원 대상으로 주당 1달러)를 발행했다.

1971년 현재 에어프로덕트 보통주 1주는 약 2.5주가 되었고 1971년 최고가 기준 시가평가액은 144달러였다. 임직원이 25년 전 4만 달러에 구입한 주식을 그대로 보유했다면 10만 445주의 1971년 시가평가액은 580만 달러가 넘는다. 일반 개인 투자자는 1만 달러로 1만 주를 살 수 있었다. 그 1만 주는 1971년 2만 5,111주가 되어 145만 달러 가치를 지닌다.

나는 단 한 주도 사지 않았다. 레이놀즈가 주식 판매를 개시하고 4일 후인 1946년 5월 10일에 쓴 시장에 관한 칼럼은 널리 인용되기도 했다. 나는 "이런 상황에서 보통주에 전액 매수 포지션을 유지하는 것은 마치 재혼처럼 경험이 아닌 희망의 승리로 보일 것"이라는 결론을 내렸다.

이보다 더 정확히 시장을 예측할 수는 없었다. 다우지수는 그달 말 212.50포인트까지 올라서 1946년 최고점을 기록한 뒤 24% 급락했다. 내가 경고한 수준을 다우지수가 회복하기까지 거의 4년이 걸렸다. 그러나 그 기간 동안 에어프로덕트 주가는 3배나 올랐고 1달러 투자로 100달러를 벌 수 있었던 기회가 또 한 번 그렇게 지나갔다.

요점은 설령 주식시장의 방향을 안다고 해도 그것을 잊고 투자 대상을 찾는 데 집중할 때 더 높은 수익을 낼 수 있다는 뜻이다.

좋은 타이밍과 좋은 종목 선정이 결합하면 어느 한쪽에만 의존하는 것보다 더 유리할 수도 있다는 데는 나 역시 동의한다. 그러나 시장 타이밍에 지나치게 집착하면 약세장에서 부정적인 분위기와 불확실성 때문에 판단력이 흐려져 매수 기회를 놓칠 수 있다. 또한 타이밍을 잡는 데 성공할수록 타이밍에 의존하려는 유혹은 더욱 커진다. 결국 약세장에서 발생하는 '제대로 사서 보유할' 매력적인 기회를 놓치기 쉽다.

투자자의 여정은 카누를 타고 지도에 없는 강을 내려가는 탐험가의 여정과 같다. 아직 발견되지 않은 나이아가라 폭포의 존재, 즉 중요한 사건이나 시장의 붕괴를 경고하는 징후와 소리에 주의를 기울여야 한다. 그러나 지난 100년 동안 기업의 대규모 청산 사태는 기껏해야 한두 번 정도였다.

합리적인 평정심과 시장 탐색 능력을 보유하고 있다면, 현금을 보유한 채 방관하는 것보다 제대로 된 주식을 선택해서 시장에 참여하는 것이 훨씬 유리하다. 하지만 도중에 투자 전략이나 정책을 바꾸지 않는다고 확신할 만큼 자신을 충분히 알아야 한다. 때로는 무의미한 사후 비판을 행하고 토끼가 있었던 자리에 총을 쏘기도 한다. 그러면서 그것을 상황 변화에 따른 새로운 전략이라고 합리화한다.

기만은 원래 나쁘지만 선량한 자기 자신을 기만하는 것은 더욱 나쁘다.

4장

레일을 깨를 지어 다닌다

최소한의 시간에 최대한 많은 돈을 벌기 위해서는 좋은 주식을 아무도 좋아하지 않을 때 사야 한다. 그러나 좋은 주식에는 늘 사람들이 몰린다.

어떤 주식이 좋은 주식일까? 이런 질문을 받으면 대부분은 기업의 실적을 떠올린다. 틀린 것은 아니다. 하지만 현재 전혀 이익을 내지 못하더라도 자산 덕분에 좋은 주식이 될 수도 있다. 우량 자산은 곧 잠재적인 이익 창출력이다. 사람들은 대부분 실적에 집중한다. 따라서 좋은 자산을 가진 기업이 적자를 기록 중이고 실적 개선의 기미가 보이지 않을 때, 할인된 가격에 그 자산을 매수할 기회가 이따금 주어진다.

1930년대 석탄산업의 상황이 그랬다. 믿기 어려울 정도로 싼 가격에 석유가 풍부하게 공급되던 시기였다. 원유는 배럴당 10센트로 저렴하게 거래되었다. 이용 편리성 측면에서 석유의 장점이 컸

　　　　　　　　　　　　　　　100배 주식 불변의 법칙

기 때문에 많은 사람이 석탄에 미래가 없다고 확신했다. 석탄회사의 관점에서는 노동 환경이 좋지 않았고 석탄 광부들의 노동조합인 미국광산노동조합(United Mine Workers of America)을 존 루이스(John Lewis)가 이끌면서 상황은 더 나빠질 것으로 예상되었다.

당연히 석탄회사 관련 증권은 헐값에 거래되었다. 1932년, 올드벤 콜(Old Ben Coal Corporation, 이하 올드벤)이 발행한 1944년 만기 액면가 1,000달러 1호 골드 6% 채권은 60달러에 거래되었다. 1934년 만기 액면가 1,000달러 골드 7.50% 채권은 심지어 30달러에 살 수 있었다.

1935년 자본 재조정 계획에 따라 구 6% 채권 1단위는 '보통주 신주 14주 + 1948년 만기 액면가 1,000달러 1호 6% 인컴 채권 1단위'와 교환되었다. 당시 신규 발행된 채권의 매수호가(bid)는 액면가 1,000달러당 170달러, 보통주 신주 매수호가는 5센트였다.

신규 채권은 11년 후 1,010달러에 상환되었다. 12년 후 신주는 5 대 1로 분할되었다. 채권 상환으로 이미 1,010달러를 받은 구 채권 보유자는 이제 보통주 신주를 70주 보유하게 되었다. 신주는 1968년 스탠더드오일 오브 오하이오(Standard Oil of Ohio) 보통주와 1 대 1로 교환되었다. 1971년 이 70주의 시장가격은 6,440달러였다.

1946년에 올드벤 채권을 상환받은 투자자가 그 수익금을 그해 최고가로 올드벤 보통주에 재투자했다면 채권 1단위당 20.2주를 취득할 수 있었다. 이 주식은 1947년 5 대 1 분할을 거쳐 101주가 되었고 이후 스탠더드오일 오브 오하이오 주식으로 교환되었다. 이 주식의 1971년 시장가격은 9,292달러였다.

따라서 면세 대상 기관이 1932년에 올드벤 1호 6% 채권에 60달러를 투자하고 기회가 있을 때마다 점차 올드벤 채권을 보통주로 전환했다면, 보유한 주식의 가치는 1970년 시장가격 기준으로 1만 5,732달러가 되었을 것이다. 이는 투자 원금의 262배에 달한다. 심지어 소득세율 50% 구간에 있었던 개인 투자자도 1946년에 스탠더드오일 오브 오하이오 주식을 매수했다면 189배 수익을 얻었을 것이다. 1932년에 30달러에 살 수 있었던 1934년 만기 액면가 1,000달러 7.50% 채권의 기회는 더욱 컸다. '다음에 있을' 기회에 대비해 우리가 기억해야 할 것은 다음과 같다.

1. 1932년에 석탄 사업은 투자자들에게 인기가 없었다.
2. 올드벤은 면적이 220제곱킬로미터에 달하는 탄광을 보유했고 그중 165제곱킬로미터는 아직 채굴하지 않았다. 회사는 광산 10개를 소유하고 운영해 유연탄을 연간 700만 톤 생산할 수 있었다. 추가로 수십 제곱킬로미터 면적의 광산을 임대했다. 즉 자산은 충분했다. 문제는 시장에서 더 높은 평가를 받을 수 있느냐였다.
3. 미국의 에너지 수요는 엄청나게 증가할 것으로 예상되었다.

증권가에서는 통계보다 상황이 더 가치가 있다고 말한다. 성장 추세, 기업 이윤, 투하자본이익률(ROIC), PER에 의존하는 투자자는 분명 움직이지 않았을 것이다. 1932년에 올드벤을 사기 위해서는 미국의 미래에 대한 특별한 비전과 커다란 신념이 필요했다. 통계 분석은 투기적 행위의 성공 확률을 평가하는 데 도움이 될 수 있다. 그러나 처음의 비전이나 신념이 옳았다고 판명된다면 통계의 유용성은 확률의 크기 평가로 제한될 뿐이다.[*]

앞으로 10년, 20년, 30년, 40년 동안 찾아올 커다란 기회는 과거 100배 수익을 거둔 투자자와 비슷한 비전과 믿음을 가진 투자자만이 실현할 수 있다.

1932년에는 누구나 가난했다는 말이 나와 같은 노년층에게 작은 위안이 될지도 모르지만 사실은 이렇다. 액면가 1,000달러인 올드벤 1호 6% 채권은 1933년에 140달러, 1934년에 150달러, 1935년에 137.50달러에 살 수 있었다. 이 가운데 가장 높은 가격인 150달러에 매수했다고 하더라도 면세 펀드의 잠재 수익은 100배가 넘는다.

투기꾼들은 1935년 자본 재조정으로 발행된 올드벤 신주를 사서 큰 수익을 올릴 수 있었다. 1935년 9월 19일 보통주 신주의 매수호가는 5센트였다. 2배 가격인 10센트에 1만 달러를 투자했다면 신주 10만 주를 소유했을 것이다. 1947 5 대 1 주식 분할을 거치면서 보유 주식은 50만 주가 되었을 것이다. 또한 1968년 스탠더드오일 주식과 1 대 1로 교환되었다. 결과적으로 1935년에 매수호가의 2배 가격으로 1만 달러를 올드벤 보통주 신주에 베팅했다면 현재 스탠더드오일 50만 주를 보유하고 있을 것이다. 이 주식의

---

[*] 통계는 확률의 크기를 평가할 뿐이다. 실제 결과는 처음의 비전이나 신념이 얼마나 충분한 근거가 있었는지에 따라 달라질 수 있다.

1971년 시가평가액은 4,600만 달러였다. 자본이득세는 한 푼도 내지 않았다.

실제로 올드벤이 발행한 보통주 신주는 19만 4,037주에 그쳤기 때문에 이처럼 큰 수익을 낼 수는 없었다. 그러나 5,000달러로 주당 50센트에 1만 주를 매수할 수 있었다. 그랬다면 1971년 시가평가액은 460만 달러에 달했을 것이다.

종잣돈이 커야만 큰돈을 벌 수 있는 것은 아니다. 사실 백만 달러를 투자하는 것보다 상대적으로 적은 금액을 투자하는 것이 더 쉽다. 월스트리트에서 코끼리를 사냥할 때는 몸집이 작은 사람이 유리하다. 그가 가진 총의 소음이 훨씬 더 작기 때문이다. 그러나 작은 사람이 뛰어난 조준 능력으로 사냥을 잘하면 곧 몸집이 커져서 장점을 잃는다.

올드벤 채권이나 주식 사례처럼 투자로 큰돈을 벌기 위해서는 기회를 보는 안목, 아무도 선호하지 않을 때 매수할 수 있는 용기와 독립심, 그리고 무엇보다도 1930년대 후반의 불황기와 제2차 세계대전 그리고 이후의 불확실성을 견뎌낼 수 있는 인내심이 필요했다.

오래된 이야기로 "인내심은 미덕이다. 할 수만 있다면 인내심은 꼭 필요하다. 여성에게서는 거의 찾아볼 수 없고 남성에게는 절대로 없는 것이 인내심이다"라고 한다. 모든 원칙에는 예외가 있다. 1장에서 소개한 폴 개럿은 주목할 만한 특이한 경우였다. 예외적인 사례는 또 있다.

내가 1940년대에 주식 중개업에 종사하던 시절 찰스 스틸먼

(Charles Stillman)이 타임(Time Incorporated)을 대리해 휴스턴오일(Houston Oil)에 큰 포지션을 취했다는 소문이 돌았다.

스틸먼은 이때 투자에서 가장 흔한 두 가지 오류를 피했다. 첫 번째 오류는 나 역시 자주 범하는 것으로, 투자를 결정하기까지 상당한 시간을 들여 생각하고 분석한 다음 신중하게 행동하는 것이다. 이는 판단이 잘못되었을 때 잠재적 손실을 최소화하기 위한 것이다. 그러나 판단이 옳았을 때의 잠재적 이익도 제한된다. 대기업 지분을 10% 이상 소유한 경우, 그 기업이 부실해지면 심각한 타격을 입을 수 있다. 하지만 주가가 100배 이상 상승한다면 막대한 이익을 누릴 수 있다. 타임과 같이 큰 조직에도 상당한 크기의 이익이다.

1955년 2월 1일, 타임은 휴스턴오일 전체 발행주식의 10.73%에 해당하는 14만 4,540주를 보유했다. 이후 주당 166.50달러, 총 2,400만 달러 이상에 휴스턴오일 주식을 청산했다.

스틸먼이 피한 두 번째 흔한 실수는 작은 차익을 실현하는 것이다. "이익을 싹둑 잘라내고 손실을 키우는 것"은 실패하는 확실한 지름길이다.

투자 수익률로 측정했을 때 큰 부를 창출할 수 있었던 최고의 기회는 HK포터(H. K. Porter Co.)가 발행하고 디폴트된 1946년 만기 1호 골드 6% 채권에 있었다. 1933년 《무디스 산업 편람》에 따르면 1932년 당시 채권의 매수호가는 5로 책정되었다. 즉 액면가 1,000달러 채권 1단위를 50달러에 매수할 수 있었다. 채권 보유자들로 구성된 위원회는 채권 보유자가 채권을 예치할 경우 1,000달러당 5달러를 지불하도록 했다. 따라서 1932년에 채권을 매수한 사람은 5달러 추가 비용을 감안해 채권 1단위당 최소 55달러를 지불해야 했다. 또한 《무디스 산업 편람》은 매수호가만 공개했는데, 채권을 1~2단위보다 더 많이 매수하려면 매수호가의 2배를 지불해야 하므로 예치된 액면가 1,000달러 채권의 매수 비용을 1단위당 105달러라고 가정하자.

발행된 채권의 액면금액은 총 84만 달러였다. 발행된 채권을 액면가 1,000달러 기준으로 1단위당 105달러에 모두 매수했다면 매수 비용은 총 8만 8,200달러였을 것이다.

1939년 법원에서 확정한 자본 재조정 계획에 따라 1946년 만기, 액면가 1,000달러 1호 골드 6% 채권은 보통주 120주로 전환 가능한 우선주 10주(고정 배당률 4%)와 보통주 5주로 교환되었다. 우선주를 전환한다고 가정하면 보통주 총 125주에 해당했다.

1945년에 30 대 1 주식 분할을 거쳐 보통주 125주가 3,750주가 되었다. 1954년에는 4 대 1 주식 분할로 보통주 3,750주가 1만 5,000주가 되었다. 1958년, 1959년, 1965년에 세 차례에 걸쳐 2% 주식 배당이 있었다. 그 결과 디폴트된 1946년 만기 6% 채권 1단위와 교환해서 받은 주식은 총 1만 5,918주로 늘어났다. 1966년 6 대 5 주식 분할 결과, 채권과 교환해 보유한 주식은 1만 9,101주가 되었다.

1971년 최고가인 23.50달러 기준으로 HK포터 주식 1만 9,101주의 시가평가액은 44만 8,873달러였다. 운 좋게 1932년 매수호가인 50달러에 채권을 매수했다면 투자한 1달러당 8,977달러를 벌 수 있었다. 1932년 매수호가인 50달러의 2배 가격에 채권을 사고 채권소유자위원회에 채권 1단위당 추가로 5달러를 지불한 사람이 보유한 포터 주식의 1971년 시가평가액은 총투자금의 4,274배에 달했을 것이다.

1943년 《무디스 산업 편람》은 HK포터를 다음과 같이 설명했다. "공장 설비 상당 부분이 전쟁 물자로 전환되었고 토머스 멜론 에번스(Thomas Mellon Evans)가 사장으로 취임했다."

1959년 기록은 다음과 같다. "1958년 11월 13일 현재 토머스 멜론 에번스가 81만 5,436주(77%)를 보유한 형식적 소유자이자 수익적(실질적)* 소유자다." 임원 명단에는 에번스가 회장으로 표시되어 있었다. 당시 그가 보유한 주식의 시가평가액은 4,240만 2,000달러였다. 만일 주식을 계속 보유했다면 81만 5,436주는 1971년에 101만 8,053주로 늘었을 것이다. 1971년의 최고 시가평가액은 2,392만 4,000달러로 감소했지만 곧 회복할 조짐을 보였다.

---

*   법적·형식적 소유자(legal owner)와 대비되는 개념이다.

5장

선견지명 더 끌기

오그덴(Ogden Corp.)처럼 큰 교훈을 주는 주식도 드물다. 1941년
《무디스 공익기업(Public Utilities) 산업 편람》에 따르면 1940년 말 자
산운용회사 아틀라스(Atlas Corp.)와 그 자회사가 오그덴 주식 258만
4,160주, 전체의 75.91%를 소유하고 있었다. 그해 오그덴 주식의
최고가는 3.50달러였다.

13년 후 편람에 따르면 뉴욕의 투자사 앨런(Allen & Company)이
오그덴 발행주식의 약 80%를 보유했다. 오그덴 주가는 1950년과
1951년 각각 주당 43.75센트로 저점을 기록했다. 1950년 아메리
카증권거래소에서 오그덴 주식 총 9만 7,900주가 최고 1.25달러~
최저 43.75센트에 거래되었다. 1951년에는 23만 5,900주가 최고
1.75달러~최저 43.75센트에 거래되었다.

어느 투자자가 1950년에 거래된 오그덴 주식 전량을 연중 최고
가에 매수했다면 총 매수 비용은 12만 2,375달러다. 1951년에 거

래된 오그덴 주식 전량을 연중 최고가에 매수했다면 총 매수 비용은 41만 2,825달러다. 그 결과 이 투자자는 오그덴 주식 총 33만 3,800주를 소유했을 것이다. 그리고 1958년에 신텍스(Syntex) 주식 8만 3,450주를 주당 2달러에 매수할 수 있는 권리를 얻었을 것이다. 이 권리를 행사했다면 매수 비용으로 16만 6,900달러가 추가되어 투자 원금은 총 70만 2,100달러다.

보유한 주식 전체의 가치는 1971년 시장가격 기준으로 5,600만 달러 이상이었다. 주식 전량을 연중 최고가에 매수하는 대신 1950~1951년 저점과 고점의 중간에서 매수했다면 신텍스 매수 비용을 포함한 총 투자액은 50만 6,634달러가 되었을 것이다. 이 주식을 보유했다면 1971년 시가평가액은 5,600만 달러 이상으로 투자금의 110배에 달한다.

투자사 앨런이 1954년 《무디스 편람》에 명시된 대로 오그덴 주식을 여전히 보유하고 있고 신텍스 주식을 매수할 권리도 모두 행사했다면, 보유한 주식의 가치는 1971년에 3억 달러가 넘었을 것이다. 그러나 1959년 《무디스 산업 편람》에 따르면 당시 앨런은 오그덴 주식의 80%가 아니라 약 61%만 소유하고 있었다. 보유 지분이 크게 줄었지만 신텍스 주식 매수 권리를 모두 행사했다고 가정하면 1959년에 앨런이 보유한 지분의 1971년 시가평가액은 2억 2,500만 달러 이상이었을 것이다.

오그덴의 교훈은 무엇일까?

첫째, 누구도 미래를 정확히 예측할 수 없다는 것이다. 오그덴 주식의 4분의 3 이상을 소유했던 아틀라스는 오그덴에 관한 정보를 누구보다도 잘 알았을 것이다. 하지만 1953년 12월 29일에 오그덴이 텔레레지스터(Teleregister)의 지배지분을 인수한다는 것을 1940년대에 누가 예측할 수 있었을까? 오그덴이 1956년에 멕시코시티의 제약회사이자 스테로이드 유통업체인 신텍스와 캐리비안케미컬(Caribbean Chemicals, S.A.)의 경영권을 인수할 것을 누가 예상할 수 있었을까? 설령 이러한 인수를 예상했더라도 피임약 보급과 피임약에 대한 시장의 열광을 누가 예견할 수 있었을까?

이제 와서 생각하면 앨런과 함께하는 오그덴의 미래가 밝을 것이라고 믿고 주식을 매수하는 것이 투자자로서 1달러로 100달러를 버는 유일한 방법이었다. 그렇게 믿고 주식을 매수한 오그덴의 주주는 그 후 20년 동안 무슨 말을 듣고 읽더라도 인내하고 보유해야 했을 것이다.

잦은 매매로 지난 20년 동안 자본을 100배로 늘린, 능력이 뛰어난 사람도 있을지 모른다. 물론 어떤 상장펀드도 그만한 성과를 내지는 못했다. 그러나 1950년이나 1951년의 평균 가격에 오그덴을 샀다면 1958년에 신텍스 주식을 매수할 권리를 행사한 것 외에 아무것도 하지 않고서도 100배 수익을 얻을 수 있었다.

주식시장에서 크게 오른 주식을 검토하면 신속한 투자보다 올바른 투자가 더 중요하다는 사실을 거듭 확인하게 된다. 오토매틱 데이터 프로세싱(Automatic Data Processing)도 그 예다. 1965년 초부터 7년이 채 안 되는 기간 동안 주가가 100배나 상승했다. 하지만 1961년 4월부터 1962년 6월까지 15개월 동안 주식은 1971년 시장가격의 1% 미만 가격에 거래되었다.

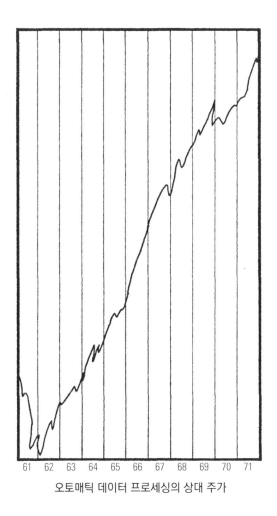

오토매틱 데이터 프로세싱의 상대 주가

1961년 9월 〈뱅크 앤드 쿼테이션 레코드〉에서 매수 4.125달러, 매도 4.50달러로 처음 호가가 형성되었을 때 이 주식을 산 사람들은 1962년 10월 말 주가가 매수 0.875달러, 매도 1.375달러로 하락하자 크게 동요했다. 그러나 1961년 9월 최고 매도호가인 4.50달러를 지불하고 주식을 매수했더라도 1971년 시장가격 기준으로 투자 원금의 156배에 달하는 수익을 올릴 수 있었다.

13개월 동안 가격이 70% 하락했지만 1965~1971년에 턴어라운드를 거쳐 100배 수익을 달성했다. 투자 의사결정의 기준으로 가격 변동에만 의존할 때의 위험성을 보여주는 것으로 이보다 더 적절한 사례는 찾기 어렵다.

조지 베이커가 주식시장에서 돈을 버는 전제 조건으로 꼽은 성격적 특징 세 가지 중 하나가 바로 인내심이다. 옥시덴탈페트롤리엄(Occidental Petroleum, 이하 옥시덴탈)만큼 인내심이 필요한 주식도 없었을 것이다. 1932년 최저가인 주당 25센트로 옥시덴탈에 1만 달러를 투자하고 계속 보유했다면, 보유한 주식의 시장가격은 1971년 336만 7,000달러에 달했을 것이다. 그러나 그 전에 1941년 저점에서 1만 달러의 가치가 1,600달러까지 하락하는 것을 견뎌야 했다. 배당금도 없이 거의 25년을 기다린 1956년 1월 3일에는 보유 주식의 시장가격이 0.8배 상승한 1만 8,000달러에 불과했을 것이다. 같은 기간 다우지수는 1932년 저점에서 10배 이상 상승했다.

1932년부터 1955년까지 총 24년 가운데 22년 동안 그해의 고점에 옥시덴탈을 매수했더라도 1971년에는 각각의 매수에서 100배 이상 수익을 거두었을 것이다.

물 밑에서 움직임이 있었다. 1956년 주가가 급등을 시작하기 전까지 12년 동안 로스앤젤레스와 샌프란시스코 증권거래소에서 옥시덴탈 주식이 120만 주 이상 거래되었다.

다른 100배 주식과 마찬가지로 옥시덴탈도 1971년 가격이 사상 최고가는 아니었다. 1971년의 최고가는 1968년 최고가 대비 60%

가까이 낮았다. 그럼에도 불구하고 이러한 수익률을 기록했다.

주식시장에서 행운은 여러 가지 모습으로 변장하고 찾아온다. 인간은 미래를 예측하지 못한다. 그러므로 우리는 '제대로 사서 보유해야' 한다.

행운은 철저히 변장했다. 탐팩스(Tampax)의 잠재력을 알아본 투자자는 드물었다. 100배 주식의 목록에서 보듯 1949년 말까지도 1971년 가격의 1% 미만에 탐팩스를 살 수 있었다. 1949년에는 16.50달러가 최저가였다. 1940년과 1941년에는 1.875달러에 탐팩스를 살 수 있었다. 1만 달러만 있으면 누구나 5,000주의 주인이 될 수 있었다. 탐팩스 5,000주는 추가 투자 없이 1971년 4만 5,000주가 되었고 시가평가액은 1,400만 달러가 훨씬 넘었다.

바닥에서 사면 당연히 그럴 수 있다고 생각할지 모른다. 그러나 실제로 바닥에서 산다는 것은 불가능하다. 탐팩스 주식의 1941년과 1942년 최고가는 각각 주당 4달러, 3.75달러였다. 1941년과 1942년 최고가에 1만 달러로 탐팩스를 샀다면 각각 약 2,500주를 확보했을 것이다. 그때의 2,500주는 1971년 2만 2,500주로 늘어 시가평가액 700만 달러가 넘었을 것이다. 1만 달러를 1941년과 1942년 최고가에 투자했더라도 결국 700만 달러로 불어났을 것이다. 주식시장에서는 무엇을 사는지가 언제 사는지보다 훨씬 더 중요하다. 누구든 1938~1948년에 아무 때나 1만 달러를 탐팩스에 투자해 단순히 보유했다면 1971년에 100배 이상 수익을 내지 못하는 것이 오히려 불가능했다.

30년 전 탐팩스는 투자자들에게 어떻게 비쳤을까?

1943년 《무디스 산업 편람》의 기업 소개를 보면 다음과 같다. "사업 분야: 여성 위생 목적의 월경용 기구인 탐팩스를 제조 및 판매한다."

이처럼 부자연스러운 제품 설명은 당시 시대상을 대변한다. 완고한 투자자들은 '제품 광고를 절대 할 수 없을 것'이라는 이유로 회사의 미래를 폄하했다. 1971년에 텔레비전에서 탐팩스 광고를 보게 된다고 예측할 만큼 뛰어난 상상력과 선견지명을 갖춘 사람은 극히 드물었다.

1941년과 1942년에는 트라이콘티넨털(Tri-Continental) 워런트(신주 인수권 증권)가 역사에 남을 기회를 제공했다. 워런트는 1941년 12월과 1942년 4월에 각각 3.125센트에 판매되었다. 1971년 최고가는 72.50달러였다. 30년 동안 100배, 1,000배도 아니라 무려 2,320배나 상승했다. 즉 1941~1942년 최저가에 트라이콘티넨털 워런트에 투자한 1달러는 30년 후 시장가격 기준 2,320달러로 불어났다.

탐팩스, 로프트와 마찬가지로 트라이콘티넨털 워런트로 큰돈을 벌기 위해서 매일의 시장 동향에 신경을 쓸 필요는 없었다. 저점은 아니었지만 1943년과 1944년에도 1971년 가격의 1% 미만에 워런트를 살 수 있었다. 1944년 저점에서 트라이콘티넨털 워런트의 가격은 68.75센트였다. 1971년에는 1944년 가격의 105배에 팔렸다.

실제로 1937년부터 1944년까지 8년 동안 트라이콘티넨털 워런트는 1971년 시장가격의 1% 미만 가격에 대량 거래되었다. 이때 1만 달러를 투자했다면 누구나 100만 달러를 벌었을 것이다. 기회를 놓치지만 않는다면 타이밍은 중요하지 않다. 이 기간 중 언제라도 워런트를 샀다면 100만 달러를 벌 수 있었다. 완벽한 타이밍 여부가 만든 차이는 단지 1만 달러로 100만 달러를 벌었는지, 2,300만 달러를 벌었는지에 그칠 뿐이다.

만일 트라이콘티넨털 보통주를 샀다면 투기 위험 없이도 같은 수익을 올릴 수 있었을까?

안타깝게도 그렇지 않다. 트라이콘티넨털 보통주에 투자한 1달러를 100달러로 만들려면 1941년 최저가인 주당 62.50센트에 매수해야 했다. 그랬다면 1941년에 매수한 1주는 현재 2주가 되었을 것이다. 1971년 연중 최고가로 2주를 64.50달러에 매도했다면 저점 대비 수익은 103배에 불과하다.

월스트리트에도 파리처럼 유행과 패션이 있다. 비인기주는 투기꾼의 관심을 끌지 않으면서 소유주에게 큰 이익을 안겨줄 수 있다. 스퀘어디(Square D)가 그런 주식이었다. 스퀘어디는 알려지지 않은 주식은 아니었다. 그러나 다른 많은 인기주에 비해 시장의 관심이 덜했고 장기 성과는 오히려 좋았다.

1935년에 스퀘어디에 1만 달러를 투자했다면 1971년 고점 기준으로 400만 달러 이상 벌 수 있었다. 스퀘어디로 진정한 대박을 터뜨릴 기회는 1932년과 1933년에 있었다. 두 해 모두 최저 0.50~최고 2달러에 거래되었다. 2년 동안 디트로이트증권거래소에서 스퀘어디 총 3,529주가 거래되었다. 만일 3,529주 전체를 2년 중 최고가에 샀다면 총 매수가는 7,058달러였다. 한 푼도 더 투자하지 않고 3,529주를 계속 보유했다면 1971년 최고가 기준으로 37만

5,450주의 시가평가액은 1,100만 달러를 훨씬 넘었을 것이다.

주식 투자 경험이 한 번이라도 있다면 제록스를 알 것이다. 개럿의 경험이 보여주듯 제록스는 제대로 주식을 선택해 보유하는 전략의 가치를 보여주는 최고의 사례다. 하지만 개럿은 금융 분야에서 오랜 경험을 쌓았고 높은 자리에 있는 친구가 많았다. 누구나 개럿처럼 제록스와 같은 기회를 발견할 수 있는 것은 아니다.

그러나 제록스가 시장에 돌풍을 일으키기 전에도 이미 많은 사람이 제록스 주식을 갖고 있었다. 그들은 모두 부자가 되었을까? 아니면 주가가 처음 10포인트 상승했을 때 이익을 실현했을까? 나는 후자를 여럿 안다. 사람들은 그런 경험을 떠올리고 싶어 하지 않는다. 그리고 같은 실수를 수없이 반복한다.

제록스와 같은 기회를 굳이 찾아 나설 필요도 없었다. 주식 영업사원에게 "예"라고 대답하기만 하면 되었다. 1928년, 뉴욕주 로체스터의 스틸 앤드 스톤(Steel & Stone)은 할로이드(Haloid, 구 제록스)의 7% 배당 우선주 1주와 보통주 1주를 묶어 단위당 110달러에 5,000단위 발행했다. 우선주 전체가 8년 후 1주당 105달러에 상환되었다. 그러나 1928년에 발행된 할로이드 보통주 1주는 제록스 540주가 되었고 1971년 시가평가액이 6만 5,000달러가 넘었다.

스틸 앤드 스톤의 주식 영업사원에게 설득되어 할로이드의 우선주와 보통주를 조합한 단위에 1만 달러를 투자했다면 우선주 90.9주와 보통주 90.9주를 인수했을 것이다. 1936년에 우선주가 상환될 때 투자자는 555달러를 제외한 투자금 전부를 회수할 수 있었을 것이다. 555달러에 해당하는 할로이드 보통주를 계속해서 보유했다면 1971년에는 시가평가액이 600만 달러가 넘는 제록스 주식 총 4만 9,086주를 보유했을 것이다.

물론 1928년에는 할로이드에 제록스 복사기가 없었다. 누구도 상상조차 하지 못했다. 1933년《무디스 편람》은 할로이드를 다음과 같이 소개한다. "인화지를 독점 생산하고 판매한다. 뉴욕주 로체스터 공장에서는 하루에 길이 16킬로미터, 폭 1미터 크기의 종이를 코팅할 수 있다."

현재 미국 인구의 절반 이상은 1933년에 아직 태어나지도 않았다. 그러나 1928년에 할아버지가 주식 영업사원에게 친절하게 응한 덕분에 가족에게 어떤 일이 생겼을지 생각하면 즐거워질 것이다.

물론 할아버지가 주식을 팔지 않고 보유했을 때만 가능한 일이다. 미래를 보는 능력도 도움이 되지 않았을 것이다. 1935년 11월 21일, 비로소 할로이드는 로체스터 소재 렉티그래프(Rectigraph Company)를 인수했다. 회사의 주요 제품은 렉티그래프 복사기였다.

우편배달부처럼 기회도 초인종을 최소한 두 번 누른다. 1936년 2월 할로이드가 3 대 1로 주식을 분할한 후, 뉴욕의 도노호 무어(Donoho, Moore & Company)와 클리블랜드의 미첼 헤릭(Mitchell, Herrick & Company)이 주당 20달러에 신주 5만 5,000주를 발행했다. 투자자는 1만 달러로 500주를 살 수 있었다. 이 500주는 1971년 현재 제록스 주식 9만 주가 되었고 시가평가액은 1,100만 달러가 넘는다. 실제로 5만 5,000주를 매수한 사람이 있었다. 대럴의 고객인 노신사와 같이 "절대 아무것도 팔지 않는" 사람들만이 운명이 쥐어준 놀라운 보상을 누렸다.

1950년 7월 말, 뉴욕의 퍼스트보스턴(First Boston Corporation)이 할로이드 주식 1만 911주를 주당 29.25달러에 발행했다. 1만 달러로 341주를 사서 보유했다면 1971년에는 제록스 주식 6만 1,300주를 보유했을 것이고 시가평가액은 750만 달러였다.

그때도 사지 못했다면 1958년에 제록스에 투자해 1달러로 100달러 이상을 벌 기회가 다시 있었다.

상대 주가 그림에서 보듯 제록스는 1958년부터 주식시장의 역사에 남을 가파른 상승세를 보였다. 다우지수를 무려 9년간 지속적으로 초과해 상승했고 그 후 12개월 동안 공백이 있었다. 상대 주가를 볼 때 유의할 것은 같은 시기에 다우지수도 상승했다는 점이다. 제록스가 다우지수와 같은 속도로 상승했다면 상대 주가 선은 완벽하게 수평한 직선을 그렸을 것이다.

상대 주가는 제록스 주가를 같은 날의 다우지수 평균으로 나눈 값이다. 제록스가 90에 거래되고 다우지수 평균이 900포인트였다면 상대 주가는 0.10 또는 10%다. 제록스가 150까지 상승하고 다우지수가 1,000포인트까지 상승하면 상대 주가는 0.15 또는 15%다. 상대 주가 선이 우상향하면 주식이 다우지수보다 빠르게 상승했거나 느리게 하락했음을 나타낸다.

코닥이 오랫동안 카메라의 대명사였던 것처럼 단 10년 만에 제록스가 복사기의 대명사가 된 엄청난 성공은 누구도 예측할 수 없었다고 주장할지도 모른다. 틀린 말은 아니다. 그러나 그럴수록 주식을 보유하고 버텨야 할 당위성은 더욱 커진다. 오랜 친구이자 동

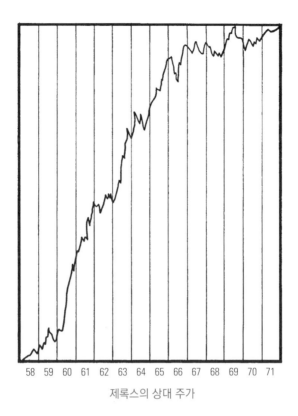

58 59 60 61 62 63 64 65 66 67 68 69 70 71

제록스의 상대 주가

료인 드와이트 로저스(Dwight Rogers)는 이렇게 거둔 성공을 "무기력의 승리"라고 말한다. 스커더, 스티브스 앤드 클라크의 디케이터 히긴스(Decatur Higgins)가 "나는 가만히 있지 못하는 병에 걸렸다"라는 옛 동료의 한탄을 언급한 것도 같은 맥락이다.

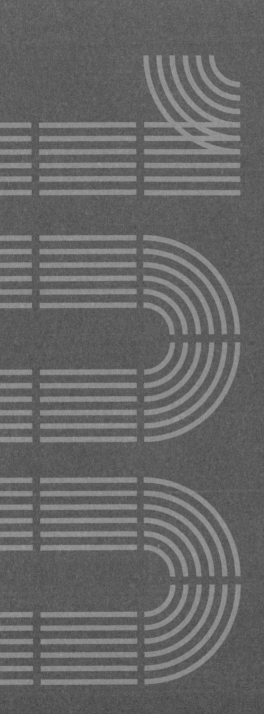

6장

똑또기 찾고 싶은 클루브 앤드 럿커스

제대로 사서 보유하는 지혜가 통한다는 것을 입증하는 종목이 수백 개 있다. 결론부터 말하면, 아무리 많은 매매를 하고 종목을 교체해도 제대로 사서 단순히 보유하기만 할 때 얻을 수 있는 수익에 미치지 못한다. 매수 후 보유 전략은 서류 작업, 중개수수료, 자본이득세를 피할 수 있다. 이 전략으로 잃는 것이 있다면 트레이딩을 하는 재미, 내일 시장의 방향에 대한 자신의 직감을 다른 트레이더의 직감과 비교하는 재미, 그리고 난데없이 쉽게 돈을 버는 데서 오는 자기만족일 것이다.

현명하지 못했거나 운이 나빠서 주식을 제대로 선택하지 못했을 때도 보유의 지혜가 통할까? 그것은 확실하지 않다. 현 아메리칸 인터내셔널 그룹(American International Group, AIG)인 글로브 앤드 럿거스 파이어 인슈어런스(Globe & Rutgers Fire Insurance Company, 이하 글로브)가 대표적인 사례다.

1933년 '은행 휴업' 직후 패닉에 빠진 시장에서 글로브 보통주의 매수호가는 28.75달러까지 하락했다. 1년 전인 1932년 최고가는 주당 257달러였다. 뉴욕채권클럽(Bond Club of New York)이 〈월스트리트저널〉을 패러디해 1년에 한 차례 발행하는 〈볼스트리트저널(Bawl Street Journal)〉*은 1면 왼쪽 상단에 다음과 같은 광고를 실어 주가 급락에 대해 주의를 환기했다.

은행 및 보험주

죽도록 갖고 싶은 글로브 앤드 럿거스

JK라이스 주니어 앤드 코

순진한 누군가가 1933년에 이 광고를 보고 글로브 주식을 샀다면 매수가는 주당 60.50~70.50달러였을 것이다. 9년 후 글로브가 주당 5달러에 거래되었을 때, 비로소 순진한 매수자는 〈볼스트리트저널〉의 광고가 농담이었다는 사실을 깨달았을 것이다. 그러나 1933년에 〈볼스트리트저널〉 광고에 넘어가서 65.50달러에 주식을 매수해 계속 보유했다면 1971년 주식의 가치는 매수가의 48배가 되었을 것이다. 매수 타이밍으로는 형편없었던 1933년에 투자한 1만 달러는 48만 8,000달러로 불어났을 것이다.

1943년 트라이콘티넨털은 계열사 셀렉티드인더스트리(Selected Industries)와 함께 글로브 주식 총 4만 5,200주를 소유했다. 그해 최

---

* bawl: '시끄럽게 고함지르다'라는 뜻

고가 기준으로 4만 5,200주의 시가평가액은 72만 3,200달러였다. 이 주식을 1971년까지 보유했다면 1억 4,400만 달러 상당의 AIG 주식 148만 4,368주가 되었을 것이다.

트라이콘티넨털의 최근 자산 보고서를 보면 '금융 및 보험' 항목에 아메리칸리인슈어런스(American Re-Insurance), CIT파이낸셜(C.I.T. Financial), 퍼스트내셔널시티(First National City), 헬러인터내셔널(Heller International) 등 단 네 개 기업만 이름을 올렸다. 1971년 6월 30일 기준 이들의 총 시가평가액은 2,336만 750달러로, 트라이콘티넨털의 총 투자자산 6억 7,955만 3,693달러의 3.4%에 해당한다.

1953년 말, CV스타(C. V. Starr & Co.)는 글로브 보통주 15만 1,584주 (전체의 53.37%)를 보유하고 있었다. 당시 시가평가액은 560만 8,000달러였다. 18년 후 주식 분할과 주식 배당을 거치며 보유 주식은 165만 9,541주로 늘었고 시가평가액은 1억 6,000만 달러가 넘었다.

해저 유전을 개발하는 컬린오일[Kerlyn Oil, 현 커맥기(Kerr-McGee)]의 클래스A 보통주 역시 크고 작은 어려움을 극복하고 오랫동안 보유할 때의 가치를 입증한다.

1935년 시카고의 얼피니(Earl Phinney & Co)는 컬린오일 클래스A 보통주 11만 8,898주를 주당 5달러에 발행했다. 클래스A 보통주 1주는 클래스B 보통주 1주로 전환 가능했다. 1만 달러가 있으면 컬린오일 2,000주의 주인이 될 수 있었다.

5년 후 주식의 시가평가액은 4,500달러로 하락했다. 컬린오일은 매년 주당 35센트 배당금을 지급했다. 그러나 주가가 부진했기 때문에 1935년 공모 때 주식을 산 사람 다수가 보유 주식을 팔아치웠을 가능성이 높다. 클래스A 주식을 클래스B 주식으로 전환하지 못한 주주의 경우 1944년 회사가 1주당 7달러에 주식을 재매입했다. 나쁘지 않았다. 1935년 공모 당시 1만 달러를 투자해 주당 5달러에 클래스A 보통주 2,000주를 매수하고 보유했다면 1944년에는 주당 7달러에 2,000주를 매도해 1만 4,000달러를 손에 쥐어 40% 자본이득이 발생했을 것이다. 연 7% 배당금은 별도로 한다.

클래스A 주식 2,000주를 매수하고 클래스B 주식으로 전환한 사람은 어떨까? 그랬다면 1971년 말 자본이득세를 한 푼도 부담하지 않고 커맥기 주식 3만 5,180주를 보유했을 것이다. 시가평가액은 170만 달러가 넘는다.

이번에도 기회의 여신은 문을 두 번 두드렸다. 1936년 10월, 시카고의 스트라우스시큐리티(Straus Securities Corp.)는 컬린오일 클래스A 주식 12만 5,000주를 주당 6.50달러에 판매했다. 이 공모에 1만 달러를 투자해서 1940년에 주가가 주당 2.25달러로 하락한 시기를 인내하며 버티고 클래스A 주식을 클래스B 주식으로 전환한 끈기 있고 용감한 투자자는 1971년 말 최고가 기준으로 시가평가액 130만 달러가 넘는 2만 7,053주의 커맥기 주식을 보유했을 것이다.

두 번의 공모 당시 컬린오일 주식을 매수하고 지금까지 보유한 사람 중에 생존한 사람이 있을까? 그렇지 않을 것이다. 그러나 컬린오일 주식에 투자한 수백 명에게는 커다란 부를 형성할 기회가 있었다. 그저 인내심을 갖고 버티기만 하면 되었다.

기회의 여신은 사실 두 번이 아니라 세 번 문을 두드렸다. 1935년과 1936년에 컬린오일 주식 공모를 하고 5년 후에는 누구나 장외시장에서 첫 공모가의 절반 가격에 컬린오일 클래스A 보통주를 살 수 있었다. 1940년이나 1941년 최저가에 1만 달러를 투자해 1971년까지 보유했다면 300만 달러 이상을 벌었을 것이다.

리치필드오일(Richfield Oil) 채권은 주식시장의 역사를 통틀어 그 어느 사례보다 더욱 분명하게 역경을 딛고 버틴 투자의 가치를 보여준다.

1925년 12월, 뉴욕의 블레어(Blair & Company)는 캘리포니아의 팬아메리칸페트롤리엄(Pan American Petroleum Company, 이하 팬아메리칸) 1호 전환가능 골드 6% 채권을 단위당 990달러에 총 1,500만 달러 규모로 판매했다. 채권의 액면가는 1,000달러, 만기는 1940년이었다. 리치필드오일은 팬아메리칸의 지분을 100% 소유했다.

1929년 5월, 1944년 만기 리치필드오일 1호 전환가능 골드 6% 시리즈 A 채권 총 2,500만 달러 규모가 뉴욕의 헴필 노예스(Hemphill Noyes & Company), 헤이든 스톤(Hayden Stone & Company), 카샷(Cassatt & Company), 뱅크 아메리카 블레어(Bank America-Blair Corp.), 샌프란시스코의 본드 앤드 굿윈 앤드 터커(Bond & Goodwin & Tucker Inc.), 로스앤젤레스의 헌터 둘린(Hunter, Dulin & Company)을 통해 판매되었다. 이 채권 역시 액면가 1,000달러 1단위당 판매가는 990달러였다.

1932년에 팬아메리칸과 리치필드오일은 모두 법정관리 아래 있었다. 1940년 만기 팬아메리칸 6% 채권은 1932년 뉴욕증권거

100배 주식 불변의 법칙

래소에서 액면가 1,000달러 1단위당 최저 75달러에 판매되었다. 반면 같은 채권에 대한 양도성예금증서(certificates of deposit, CD)는 40달러에 거래되었다. 1944년 만기 리치필드오일 6% 채권은 1932년 액면가 1,000달러 1단위당 최저 57.50달러에 판매되었다. 예금증서는 최저 50달러에 거래되었다. 따라서 두 채권을 산 투자자들은 3~7년 만에 투자 원금의 90% 이상이 사라졌다. 1932년에 채권을 처분한 투자자는 최초 발행 당시 지불한 금액의 90% 이상을 잃었다.

이를 악물고 버텼다면 어땠을까?

1937년, 팬아메리칸과 리치필드오일이 재편되었다. 액면가 1,000달러 리치필드오일 채권을 보유한 사람은 리치필드오일 신주 48.5주를 받았다. 팬아메리칸 채권 1단위는 리치필드오일 주식 43.45주로 교환되었다. 주식 분할과 애틀랜틱리파이닝(Atlantic Refining)과의 합병을 거치며 팬아메리칸 채권 보유자는 1925년에 투자한 990달러, 즉 채권 1단위당 애틀랜틱리치필드 주식 147.7주를 보유하게 되었다. 리치필드오일 채권 보유자는 1929년에 투자한 990달러, 즉 채권 1단위당 애틀랜틱리치필드 주식 164.9주를 보유하게 되었다.

팬아메리칸이 발행한 액면가 1,000달러 채권을 사서 1932년 40달러까지 급락할 때도 버텨냈다면, 보유한 주식의 시가평가액은 1971년 최고가 기준으로 1만 1,500달러가 넘었을 것이다. 마찬가지로 리치필드오일이 발행한 액면가 1,000달러 채권을 사서 1932년에 50달러까지 하락할 때도 인내하고 보유했다면 주식의 시가평가액은 1971년에 약 1만 3,000달러에 달했을 것이다. 놀이 공원의 열차도 이처럼 수직 상승하지는 않을 것이다.

두 채권이 100배 이상 상승한 증권에 이름을 올리는 것은, 1932년에 이 채권을 매수할 자금과 행운이 있었던 누구라도 투자한 1달러당 100배 이상의 수익을 올렸을 것이 확실하기 때문이다. 그러나 더욱 주목할 만한 사실이 있다. 타이밍이 더없이 나빴던 1925년이나 1929년에 비싸게 채권을 사서 팔지 않고 보유한 사람도 역시 투자금을 11.5~13배 불렸을 것이다. 이런 사례는 대럴의 고객이 절대로 아무것도 팔지 않는 전략으로 부를 축적할 수 있었던 이유를 이해하는 데 도움이 된다.

앞서 언급한 1932년 가격은 실제 가격이다. 채권은 시장에서 활발하게 거래되었다. 1932년 4월 22일부터 6월 10일까지 뉴욕증권거래소에서 리치필드오일 채권은 단위당 평균 100달러 미만 가격에 60건 이상 거래되었다.

[표 1] (358~379쪽)과 같은 기록을 보는 일은 많은 사람에게 고통스럽다. 수많은 유망한 기회가 별처럼 빛나고 있었지만 활용하지 못했다. 위대한 호메로스의 흉상을 서글프게 바라보는 아리스토텔레스처럼 우리는 생명력을 잃은 재정적 야망 앞에서 한탄하고 있다. 내게 화를 내는 사람들도 있을 것이다. 고대의 왕은 나쁜 소식을 전하는 자를 참수했다. 그 고귀한 후손들과 일부 평범한 시민들도 통화 중 신호가 세 번 연속으로 들리면 전화기에 분노를 표출한다.

그러나 소식을 전하는 사람을 비난하거나 처단한다고 해서 실제 기록이 달라지거나 사라지는 것은 아니다. 나는 50년 동안 기자로 일했다. 여러 번 다른 일을 했고 그때마다 몸값이 올라갔다. 하지만 나는 여전히 기자이며, 이 글은 개인적인 의견이 아닌 사실에 대한 보고서다.

부자가 아닌데도 투자에 대한 생각을 바꾸지 않을 작정이라면 이 기록에 속이 쓰릴 수 있다. 하지만 과거 대신 미래를 보고 작은 것 대신 큰 것을 생각하는 데 이 보고서가 도움이 된다면 부의 길을 찾을 수 있을 것이다. 그 길은 여전히 우리 앞에 열려 있다. 나는 그 길이 닫힌 것을 본 적이 없다.

이미 부자인 사람도 지난 40년간의 기록은 투자 성과를 높이는 데 도움이 될 수 있다. 직접 달걀을 낳아야만 좋은 달걀과 나쁜 달걀을 구별할 수 있는 것은 아니다.*

부유하든 가난하든 우리는 '사후 확증 편향'을 경계한다. 미국 건국의 아버지 패트릭 헨리(Patrick Henry)는 이 문제를 정면으로 마주했다. 1775년 3월 23일 버지니아주 리치먼드의 성요한성공회 교회에서 열린 버지니아 전당대회 연설에서 그는 이렇게 말했다. "내 발길을 인도하는 등불은 오직 하나, 바로 경험의 등불입니다. 미래를 판단하는 방법은 과거를 비추는 것밖에 없습니다."

다음 장들에서는 100배 수익을 내는 증권의 공통점을 찾아본다. [표 1]에서 제시한 360개가 넘는 증권을 비롯해 제2차 세계대전 이후 100배 수익을 낸 종목이 분석 대상이다. 특히 100배를 버는

---

* 관찰과 분석을 통해 지식과 통찰력을 얻을 수 있다.

주식을 어떻게 미리 감지할 수 있었는지 알아보고 지금은 어디에 비슷한 가능성이 있을지 살펴보겠다. 투자자에게는 수천 가지 질문이 있겠지만 모든 질문은 하나로 요약된다. "그래서 이제 어떻게 해야 할까?"

　판단과 추론 없이 즉각적인 답을 원한다면 곧바로 28장으로 넘어가도 좋다. 그러나 내게는 의견 자체보다 의견의 근거가 중요하다. 나와 같은 생각이라면 지난 40년 동안 100배를 번 주식들을 다음 장에서 함께 살펴보자.

7장

나무는 무한히 자라지 않는다

성장주를 사야 하는지에 관한 논쟁을 접할 때마다 당혹스럽다. 돈을 벌고 싶다면 현재 지불하는 가격보다 미래에 가치가 상승할 자산을 사야 한다. 과거는 누구나 안다. 과거 실적이 미래에 반복되는 주식을 사서는 자본이득을 기대하기 어렵다. 과거의 정보는 누구나 이용할 수 있다. 따라서 매년 같은 실적을 충실하게 반복하는 기업은 주가가 실적을 온전히 반영한다. 또한 실적이 계속해서 성장할 것이라고 누구나 예상하는 주식은 실제로 실적이 성장해도 그 성장이 이미 가격에 반영되어 있다. 시장 평균을 상회하는 수익률을 달성하는 유일한 방법은 아직 널리 알려지지 않은 가치주를 사는 것이다.

주식을 사는 사람은 누구나 돈을 벌고 싶어 한다. 따라서 높은 인기만큼 수익을 낼 기회를 빠르게 소진시키는 것도 없을 것이다.* 플로리다의 부동산뿐만 아니라 성장주도 마찬가지다. 주식을 사기

100배 주식 불변의 법칙

위해 현재 순이익의 4배를 지불해야 한다면, 회사의 실적이 앞으로 10년 안에 4배로 성장한다고 해도 어떤 이득이 있겠는가.

성장이 지속되고 성장에 대한 기대도 유지된다면 시간은 성장주 매수자의 편이다. 주식의 PER이 일정하게 유지된다면 성장주의 가격은 기업의 이익이 성장하는 속도에 비례해 해마다 상승할 것이다. 예를 들어 올해 주당순이익 1달러, 주가 25달러, PER 25배(25달러÷1달러)인 주식이 있다. 전년 대비 이익 성장률이 15%라면 2년 차 순이익은 1.15달러가 된다. PER 25배를 유지하려면 주가는 1.15달러의 25배인 28.75달러가 되어야 한다. 이때 주가 상승률은 이익 성장률과 같은 15%다.

성장주는 다음과 같은 조건을 충족할 때 특히 매력적이다. 1) 지금까지와 같거나 더 빠른 속도로 계속해서 성장하고, 2) 회사가 성장세를 유지하거나 더 빠르게 성장할 것이라는 매수자의 기대도 계속되며, 3) 미래 이익과 배당금의 현재 가치를 평가하는 데 적용되는 할인율이 크게 증가하지 않는다. 채권 수익률이 사상 최고치를 기록하고 성장주 주가는 폭락했던 1970년 5월에 우리는 이 세 가지 조건을 떠올렸다. 현명한 결정을 위해서는 반드시 이 세 가지 조건을 모두 고려해야 한다.

과거 10년, 15년 동안 성장주였다고 해서 앞으로 단 1년이라도 더 성장한다는 보장은 없다. 다음은 어느 블루칩(뉴욕증권거래소에 상장된 고가 우량주) 종목의 15년 상대 주가 차트다. 종목이나 기간을

---

* 지나치게 인기를 끌면 가격이 인위적으로 상승해서 수익을 낼 기회가 줄어든다.

아메리칸캔의 상대 주가

아메리칸캔 주가와 다우지수를 비교한 그림으로, 아메리칸캔의 월별 주가를 다우지수로 나누었다. 같은 크기의 백분율 변화는 그림에서 같은 크기로 표시된다. 즉 5%에서 10%로의 변화는 50%에서 100%로의 변화와 같은 폭으로 표시된다. 아메리칸캔은 1921~1935년 내내 다우지수 수익률을 상회했다.

밝히지 않고 보여주면 대부분 제록스일 것이라고 생각한다.

차트는 월평균 다우지수 대비 이 주식의 시장가격의 월별 추이다. 다우지수가 20% 상승할 때 주식이 20% 상승하고 다우지수가 25% 하락할 때 주식이 25% 하락했다면 상대 가격은 가로축과 수평한 직선으로 표시된다. 예를 들어 이 주식의 주가가 10이고 다우지수가 100이면 시장 대비 주가는 10%다. 주가가 12, 다우지수가 120이면 시장 대비 주가는 10%다. 주가가 9, 다우지수가 90이어도 시장 대비 주가는 10%다. 이 주식은 15년 동안 매월 다우지수보다 더 많이 오르고 덜 하락했다. 그 결과 지수 대비 상대 주가가 꾸준히 상승하는 추세를 보였다.

왼쪽 차트는 1921년 초부터 1935년 말까지 15년간 아메리칸캔(American Can)의 상대 주가 추이를 보여준다.

주식 배당과 주식 분할을 반영해 조정한 아메리칸캔의 주가는 1935년 이후 다우지수 대비 4% 미만으로 하락했다. 그 전에는 시장 대비 25% 수준이 넘는 가격에 거래되었다. 1971년 최고가 기준으로 주식의 가치는 42년 전 수준과 같았다. 같은 기간 다우지수는 약 2.5배 상승했다.

1936년 아메리칸캔의 PER은 다우지수 PER 대비 약 50% 높았다. 이것은 단지 아메리칸캔의 실적이 다우지수 상장사 평균을 상회할 것으로 '투자자들이 예상했다'는 의미일 뿐이다. 1936년 아메리칸캔의 주당순이익은 다우지수 상장사 주당순이익의 57% 이상이었다. 1940년 아메리칸캔의 주당순이익은 다우지수 상장사의 37%에도 미치지 못했다. 아메리칸캔의 주가가 다우지수에 비해 하락한 것은 당연한 결과였다. 1940년과 같은 기준으로 계산한 1970년 아메리칸캔의 주당순이익은 다우지수의 27% 수준으로 감소했다. 하지만 1920년대부터 1930년대 초반까지의 후광으로 시장은 1959년까지도 아메리칸캔의 실적에 계속해서 프리미엄을 부여했다. 과거의 영광을 현재 찬미하는 것이다.

1903년 저점부터 1929년 고점까지 아메리칸캔은 369배 상승했다.

1911년 저점부터 1929년 고점까지 123배 상승했다.

1920년 말부터 1929년 고점까지 51배 가까이 상승했다.

1929년 고점부터 1971년 고점까지는 상승률이 0이었다.

제대로 선택해 매수했더라도 지나치게 오래 붙들고 있다가는 신데렐라의 마차처럼 호박으로 변할 수 있다.

모든 것에는 전성기가 있고 쥐구멍에도 볕 들 날이 있다. 그러나 주식시장은 예외다. 한때의 인기주가 영원한 주도주가 된다는 보장은 없다.

그렇다면 제대로 사서 보유하라는 조언과 이 명제는 어떻게 조화시킬 수 있을까? 답은 간단하다. 지금까지 살펴본 것처럼 수백 개 주식이 100배 이상 상승했다. 일부는 100배 상승한 후에도 계속해서 2배, 3배 더 올랐다. 그러나 아직 오지 않은 내일은 모든 기업과 모든 유가증권에 새로운 날이다. 재무적 자유와 건전성을 지키기 위해서는 영원히 경계해야 한다. 제대로 사서 보유하라는 조언은 주식을 사서 한쪽으로 치워두고 잊어버리라는 뜻이 아니다. 비생산적으로 사고파는 행위를 경계하라는 뜻이다.

주식시장에서 누구나 언제든지 살 수 있는 것은 '알 수 없는 미래'뿐이다. 과거는 사고파는 대상이 아니다. 이미 누군가 과거를 경험했다.* 아메리칸캔의 미래는 신규 경쟁자, 냉동식품, 플라스틱 용기에 영향을 받았다. 1935년에는 이 가운데 어느 것도 투자 대상으로 크게 부각되지 않았다. 비록 다우지수 대비 할인된 가격이었

---

* 과거로 돌아가 과거의 이익을 구매하거나 과거의 손실을 회피할 수 없다.

지만 그때 아메리칸캔을 매수한 것은 실수였다. 1935년에 아메리칸캔 주식을 산 사람들은 뛰어난 성장 잠재력에 프리미엄을 지불함으로써 주가 하락 위험에 취약해졌다. 그때는 상대적인 수익성이 급격히 악화될 가능성을 고려해야 하는 시점이었다.

이 책에서는 가치가 100배 상승한 주식에 초점을 맞추고 있지만 기회를 100배로 제한하거나 100배 이상의 더 큰 수익을 달성할 잠재력을 무시하려는 것은 아니다. 예를 들어 1955년 3월에는 주당 83달러에 에이본프로덕트(Avon Products) 주식을 살 수 있었다. 이 가격은 3월 말 매수호가였다. 당시 에이본 1주는 1971년 84.2주가 되었고 시가평가액은 9,430달러에 달했다. 1955년 봄에 에이본에 1만 달러를 투자해 보유했다면 1971년의 시가평가액은 100만 달러가 넘었을 것이다.

1948년과 1949년에는 훨씬 더 좋은 기회가 있었다. 에이본의 최저가는 1948년 10.625달러, 1949년 10.75달러였다. 1만 달러로 930~940주를 살 수 있었다. 에이본 주식 940주를 매수했다면, 추가로 한 푼도 투자하지 않고 1971년 시가평가액이 987만 5,000달러를 넘는 주식 8만 8,172주를 보유하고 있을 것이다.

앞을 내다보는 능력이 사후 분석 능력만큼이나 좋았다면 많은 돈을 벌 수 있었을 것이라는 뜻이 아니다. 그런 생각은 시간 낭비이고 기분도 좋지 않게 만든다. 중요한 것은 1948년에 에이본 주식을 10.625달러에 산 사람도 있고 1949년에 10.75달러에 산 사람도 있다는 것이다. 1955년 봄에 주당 83달러에 에이본을 산 사람도 있다. 매수한 가격은 다르지만 세 경우 모두 1만 달러를 투자해 보유했다면 백만 달러에서 수백만 달러에 달하는 수익을 올렸을 것이다.

내가 현역으로 일할 당시와 비교해 1971년에 가치가 100배 이상 상승한 주식 360개 이상에 대한 이야기의 교훈이 바로 여기에 있다. 실제로 수백 개 종목을 1971년 가격의 1%도 안 되는 가격에 산 사람들이 있다. 그러나 손에 쥔 큰 보상을 실제로 누릴 만큼 오랫동안 보유한 사람은 극히 드물다. 이것이 투자의 비극이다.

비정상적으로 멀리 내다보거나 유난히 고집스러운 투자자만이 각자 보유한 '100배 주식'의 역사에서 대부분을 차지한 역경의 시기에도 주식을 처분하지 않고 보유할 수 있었을 것이다. 에이본은 예외였다. 에이본의 과거 20년간 상대 주가 추이를 지켜보았다면 불안해할 이유가 거의 없었다. 다우지수와 비교했을 때 에이본의 주가는 지난 20년 동안 놀라울 만큼 안정적으로 상승했다.

그렇다면 아무것도 팔지 말아야 할까? 인류의 미래를 과소평가한 수많은 오류를 생각하면 절대로 아무것도 팔지 않는 노신사의 전략을 따르고 싶은 유혹을 받는다. 그러나 어떤 규칙이나 공식이 판단을 보조하는 것이 아니라 대체하는 것은 위험하다. 그런 규칙과 공식은 폐기하는 것이 원칙이다. 지금까지 보아왔고 앞으로도 계속 보게 되겠지만 나무는 무한히 자라지 않는다. 성장에는 한계가 있다.

50년간 연평균 성장률이 20%라면 9,100배 성장하는 것이다. 연매출이 1억 달러인 기업이 지금부터 이 속도로 성장한다면 50년 후인 2021년에는 연매출이 9,100억 달러에 달할 것이다. 이미 연매출 10억 달러인 기업이 앞으로 50년 동안 연평균 20%로 성장하기를 기대하는 것은 2021년에 매출 9조 1,000억 달러를 예상한다는 뜻이다.

터무니없다고 생각할 수도 있다. 현실적으로 이렇게 먼 미래를 예상하지는 않는다. 그러나 연평균 성장률 20%는 앞으로 10년 안에 기업 규모가 6배 이상 커진다는 뜻이다. "제대로 사서 보유하는" 전략을 옹호하는 이 글에서 이것은 두 가지를 의미한다.

1. 성장에는 한계가 있다는 원칙은 자연과 마찬가지로 인간관계에도 적용된다. 기업이든 교회든 국가든 어느 시점에 도달하면 사람들은 더 이상 성장을 용납하지 않는다. 그 이상의 성장이나 확장은 저항하거나 거부한다.
2. 사람들은 기업의 실적이 3~4배 성장할 것으로 기대하고 그 예상에 상응하는 값을 미리 지불한다. 다우지수 PER보다 3~4배 프리미엄을 주고 주식을 매수하는 경우다. 그러나 이때는 3~4배 높은 가격을 정당화하는 수준이 아니라 그 이상의 성장을 확신할 수 있어야 한다. 그러기 위해서는 현재가 아니라 앞으로 6~8년 후, 즉 회사의 외형이 지금보다 3~4배 더 커졌을 때를 기준으로 회사의 경쟁력을 평가해야 한다.

주식시장에서 이기려면 체스 경기를 할 때처럼 상대보다 한 수 이상 앞서 생각해야 한다.

확률에 대해서는 9장에서 자세히 설명하겠다.

8장

논쟁에서 이기는 법

가정이 허용된다면 어떤 논쟁에서도 이길 수 있다. 단순한 사실이지만 주식시장을 이해하려면 이 사실을 인식하는 것이 반드시 필요하다.

다른 사람에게 호의를 베풀기 위해 주식을 사는 사람은 없다. 다른 사람에게 좋은 기회를 주려고 주식을 파는 사람도 없다. 거래 대부분은 같은 시점에 같은 종목에 대한 정반대 의견이 정면으로 충돌한 결과다. 물론 여기서 언급하는 것은 자금 조달을 위해 새로 발행된 주식이 아니라 이미 시장에서 거래되는 주식이다.

대개 매수자와 매도자 모두 정보를 잘 알고 있다. 정보를 잘 아는 두 사람이 같은 주식에 같은 가격을 매기는데 어떻게 의견이 상반될 수 있을까?

미래에 대한 가정이 다르기 때문이다. 한 사람은 앞으로 몇 년간 연평균 성장률 15%를 가정할 수 있다. 다른 사람은 성장률이 둔화될 것으로 예상할 수 있다. 미국의 인플레이션이 통제 불가능하다고 확신할 수도 있다. 미국인들이 지금은 행동이 더디지만 위험이 분명해지면 현명하고 용감하게 대응할 것이라고 생각할 수도 있다.

결국 주식을 매수할 때 우리는 불확실한 미래를 사는 것이다. 오늘 아침에 보고된 실적이나 1분 전에 발표된 배당금 등 과거는 팔 수 있는 대상이 아니다. 과거는 현재 소유자가 이미 가졌고 경험했으며 누렸다. 주식을 가진 사람이 팔 수 있는 것은 미지의 미래일 뿐이다. 미래는 누구도 알 수 없다.

숙련된 투자자에게 의견은 크게 중요하지 않다. 많은 재정 자문가의 묘비명에는 "틀릴 때도 있지만 절대로 의심하지 않는다"라는 글이 새겨져 있을 것이다. 하지만 전문가 의견의 이면에 있는 '추론'에는 금으로 환산할 수 없는 가치가 있을 수 있다. 여기서 추론이란 전문가의 가정과 그 가정의 근거를 의미한다.

나는 전문가 의견의 가치에 크게 회의적이다. 1929년 가을, 다우지수가 최고 381포인트에서 최저 200포인트 미만으로 폭락했을 때, 당시 세계 최대 은행의 수장은 주식시장이 건전한 조정을 거쳤고 미국은 새로운 번영의 시대로 나아갈 준비가 되었다고 말했다. 시장은 1930년 봄까지 상승세를 보였지만 1932년에는 대공황 당시 최저점으로 급락했다. 다우지수가 200포인트 선을 되찾기까지는 17년이 걸렸다.

같은 시기인 1929년 가을, 뉴욕증권거래소 플로어에서 JP모간의 중개인이 주당 190달러에 US스틸(U.S. Steel) 주식 수천 주 매수

주문을 냈다는 소식을 들었다. US스틸은 JP모간의 작품이었다. US스틸에 대해 월스트리트 23번지의 JP모간보다 더 잘 아는 사람은 없었다. 그러나 1932년 US스틸 주식은 최저 21.25달러에 거래되었다.

어느 날 브로드웨이 26번지 스탠더드오일 본사에서 설립자 존 록펠러(John D. Rockefeller)와 그의 아들 존 록펠러 주니어(John D. Rockefeller, Jr.)가 기자회견을 열었다. 아버지 록펠러는 이렇게 발표했다. "아들과 나는 주당 50달러에 스탠더드오일 오브 뉴저지 주식 100만 주를 사려고 합니다." 석유 사업 전반, 특히 스탠더드오일 오브 뉴저지를 설립자이자 대주주만큼 잘 아는 사람은 없을 것이다. 그러나 이 주식은 일시적으로 급등한 후 20달러까지 하락했다.

관련자 중 누구도 고의로 대중을 오도하지 않았다. 나는 그들이 모두 진심이었다고 믿는다. 하지만 이 세 번의 경험으로 다음과 같은 사실을 깨달았다.

1. 의견 자체는 중요하지 않다. 의견은 한 푼의 가치도 없다. 그 의견 이면의 추론과 밑바탕의 가정을 이해하려고 노력하라.
2. 미래는 누구도 알지 못하고 알 수도 없다. 우리가 미래를 알기를 바랐다면 전능하신 신이 그 '감각'을 인간에게 부여했을 것이다. 찰리 멍거(Charlie Munger)가 말했다. "내가 어디서 죽는지만 알고 싶다. 그러면 그곳에는 절대로 가지 않을 테니까." 우리는 자신의 삶이 언제 어디서 끝날지도 알 수 없다. 하물며 미래를 어떻게 확신할 수 있을까.

절망적으로 들리는가? 그렇지 않다. 단지 우리가 투자에서 다루는 것은 언제나 확률과 가능성이지, 확신이 아니라는 점을 인정하는 것이다. 투자에서 확률이 중요하다는 것은 밤이 지나면 날이 밝는다는 것처럼 당연한 명제다.

하드윅 스타이어스(Hardwick Stires)는 이 책에서 다루는 40년 동안 세계에서 가장 크고 역사가 깊은 투자자문사 스커더, 스티븐스 앤드 클라크의 파트너로 일했다. 또한 거의 같은 기간 동안 워싱턴에서 기업과 행정부를 연결하는 주요 연결고리인 비즈니스위원회(Business Council)의 위원으로 활동했다. 그의 투자철학은 제2차 세계대전과 여전히 해결되지 않은 인플레이션과의 전쟁이라는 두 번의 큰 불황을 겪으면서 발전하고 단련되었다.

그는 다음과 같이 강조한다. "위험은 자본이득을 추구하는 투자에서 필수적인 요소다. 손실에 실망해서는 안 된다. 손실을 비용의 한 종류로 보고, 그 비용을 치른 덕분에 순(net)이익이 있다고 인식해야 한다."

내가 브리지 게임을 하며 자주 들은 조언은, 전략이 실패했지만 손실은 거의 없다면 과소 베팅을 한다는 뜻이라는 것이었다. 즉 가능한 한 높은 점수를 얻기 위해 충분히 위험을 감수하지 않는다는 것이다.

모리스플랜(Morris Plan) 은행의 설립자는 손실이 없는 지점에 전화를 걸어 이유를 확인했다.

"그런 기록을 세우려면 틀림없이 우량 대출도 거절해야 했을 겁니다. 손실이 너무 많아도 안 되겠지만 내년에는 여러분이 위험을 감수한다는 것을 보여줄 정도의 손실이 나는 것을 보고 싶군요."

위험이 항상 수익에 비례해야 한다는 뜻은 아니다. 어떤 의미에서 투기의 기술은 겉으로 보이는 위험이 실제 위험이 아니거나, 실제 위험이 시장의 예상만큼 크지 않다는 것을 인식하는 능력에 있다. 그러나 위험이 전혀 없이 1만 달러를 100만 달러로 만들 수 있다는 생각은 매우 비현실적이다.

투자자의 실수를 방지하거나, 실수했을 때 손해를 보지 않게 하는 원칙이나 시스템, 철학은 없다. 하지만 확률이 크게 유리하다고 확신하는 경우에만 베팅한다면 수익에 비해 불가피한 손실을 줄일 수 있을 것이다. 확률은 어떻게 알 수 있을까?

투자업계에서 가장 오래된 환상은 정보만 있으면 돈을 벌 수 있다는 것이다. 정보를 판매하는 조직들이 환상을 조장한다. 그들의 사업에 도움이 되기 때문이다.

모든 거래의 당사자를 잠시만 생각해봐도 정보가 곧 돈을 번다는 생각에는 명백한 오류가 있다는 것을 알 수 있다. 모든 매수자에게는 매도자가 있다. 모든 매도자에게는 매수자가 있다. 때로는 정보에 밝은 매수자가 정보에 어두운 매도자를 만나는 행운을 누리기도 하고 그 반대의 경우도 있다. 하지만 매수자와 매도자가 기관이라면 양쪽 모두 정보를 갖고 있다고 보는 것이 타당하다. 오로지 정보가 전부라면 정보에 정통한 두 전문가가 같은 증권에 대해 같은 시점에 같은 가격으로 어떻게 상반된 결론을 내리는 것일까?

몇 가지 답이 가능하다.

첫째, 매도하는 주식이 마음에 들지만 더 좋은 투자 대상이 있다고 생각할 수 있다. 나는 1949년에 굉장히 부유한 투자자가 소코니배큠(Socony Vacuum) 주식을 거의 정확히 시장의 바닥에서 처분한 것을 생생하게 기억한다. 몇 달 뒤, 그는 수익금을 슈피리어오일(Superior Oil)에 투자했고 가격이 2배 이상 급등했다.

둘째, 정보에 능통한 한 투자자는 주식을 사고 정보에 능통한 또 다른 투자자는 같은 주식을 파는 두 번째 이유는 미래에 대한 정보를 알 수 없다는 점이다. 미래에 관한 모든 결정은 가정을 바탕으로 이루어진다. 같은 정보에 입각해 서로 다른 가정을 세울 수 있다. 그 결과, 같은 시점에 같은 주식을 매수하고 매도하는 상반된 결론에 도달할 수 있다.

셋째, 정보에 능통한 투자자 사이에 의견 차이가 발생하는 세 번째 이유는 누구도 완전한 정보를 갖고 있지 않고 가질 수도 없다는 점이다. 정보를 98% 가진 투자자는 99% 가진 투자자와 정반대 결론에 도달할 수 있다.

정보가 투자의 전부이자 끝이라는 착각은 '확실한' 내부 정보를 통해 이익을 얻으려는 사람들에 대한 처벌로 이어진다. 정보가 올바른 투자 결정을 내리는 지름길이라면 누군가 먼저 정보를 입수해 이득을 취하는 것은 허용해서는 안 되는 일이다.

나는 1961년 〈애틀랜틱 먼슬리(Atlantic Monthly)〉에 '주식시장의 위험성'이라는 제목의 글을 쓰면서 조셉 케네디(Joseph Kennedy)에게 인터뷰를 요청했다. 나는 25년 전 〈월스트리트저널〉 워싱턴 지국장 시절에 당시 증권거래위원회 위원장이었던 케네디를 처음 만났다. 당시 〈월스트리트저널〉은 언론사로는 최초로 증권거래위원회에 상임 기자를 파견했다.

케네디는 만남에 동의했지만 미국 대통령의 아버지로서 인터뷰 내용은 공개할 수 없었다. 하지만 이제 아버지와 아들이 모두 세상을 떠났고 인터뷰 이후 10년이 지났기 때문에 다음 두 가지 내용을 공개할 역사적 자격이 있다고 생각한다.

1. 1961년 과열된 주식시장에서 내부 정보가 투자자에게 큰 문제나 위험이라고 보는지 물었다. 케네디는 이렇게 답했다. "내부 정보 때문에 입은 손실만 아니었어도 정말로 부자가 되었을 것입니다."
2. 증권 거래와 관련해 케네디는 25년 전 증권거래위원회 의장이 된 이후로 단 한 번도 '라운드 턴(round turn)' 거래를 한 적이 없다고 직접 말했다. 나중에 더 싸게 사려고 주식을 팔았다가 되사는 행위를 한 적이 한 번도 없었다는 뜻이다. 그때만 해도 나는 케네디가 개럿처럼 '제대로 사서 보유하는' 전략을 추구한다는 사실을 인식하지 못했다.

정보에 대한 내 발언을 왜곡해서는 안 된다. 나는 사실에 입각한 정보의 중요성을 가볍게 여기는 것이 아니다. 정보는 원재료에 불과하다. 정보를 이용해 누군가는 좋은 투자 결정을 내리고 누군가는 나쁜 결정을 내린다. 내가 1927년 〈월스트리트저널〉에 입사했을 때 발행인 클래런스 배런(Clarence Barron)은 이렇게 말했다. "진실이 없는 사실은 거짓이다. 언제나 둘을 연결하라."*

아무리 완전하고 정확한 정보라도 뒤늦게 알려지면 투자 판단을 오도할 수 있다. 주식시장에 이미 반영된 정보는 갓 짜낸 레몬보다도 얻을 것이 없다. 신선한 정보와 오래된 정보의 차이는 방금 뚜껑을 딴 탄산수와 밤새도록 뚜껑을 열어둔 탄산수만큼이나 차이가 크다. 뚜껑을 열면 곧 탄산이 날아가듯, 공개된 뉴스는 이내 역사 속으로 사라지거나 잊힌다.

최신 정보인지 아니면 오래된 것인지는 어떻게 알 수 있을까? 투자에서 많은 것이 그렇듯이 확신할 방법은 없다. 1만 명이 나보다 먼저 뉴스를 접했더라도 나보다 뒤늦게 뉴스를 접한 1,000만 명이 행동에 나선다면 내게는 유리한 정보일 수 있다.

숙련된 투자자는 차트를 보고 특정 호재가 주가 상승을 예고하는지, 아니면 이미 상승세에 반영되었는지 알 수 있다. 이것이 투자 의사를 결정할 때 차트를 보는 이유다. "건강은 금, 질병은 은, 죽음은 납"이라는 속담이 있다. 뉴스도 마찬가지다.

정말로 신선한 뉴스, 즉 시장이 아직 반응하지 않은 뉴스는 실제로 금이 될 수 있다. 시장의 많은 이해관계자에게는 전혀 놀랍지 않은 뉴스도 다른 사람들에게는 은이 될 수 있다. 완전히 반영된 뉴스는 납이다. 이 뉴스에 따라 투자 판단을 내린다면 결과는 죽음이다.

정보에는 A등급, B등급, C등급이라는 딱지가 붙어 있지 않다. 따

---

* 정확성이 보장되지 않고 고립된 사실만 제시하면 잘못된 정보를 제공하거나 오해를 불러일으킬 수 있다는 의미다.

라서 정보를 바탕으로 투자를 결정하려면 정보에 스스로 등급을 매길 수 있어야 한다. 차트와 차트 분석에 절대 오류가 없는 것은 아니다. 그러나 차트는 시장이 악재를 실제보다 크게 반영해서 가격이 급락했는지, 혹은 호재를 실제보다 크게 반영하고 심지어 열광적으로 기대하고 있는지 보여준다. 차트를 활용할 수 있다면 없는 것보다 훨씬 낫다.

시장은 다우존스가 제공하는 뉴스에 반응한다. 그러나 언제나 즉각적으로 반응이 나타나지는 않는다. 조간신문을 읽을 때는 신문을 내려놓음과 동시에 숙제가 시작된다는 사실을 명심하라. 허먼 멜빌(Herman Melville)이 말했듯이 "침착하게 정보를 지혜와 조합해야" 한다.

6장

확률 계산하기

주식 투자에서 확률을 언급할 때 흔히 기회-위험 비율을 이야기한다. 예를 들어 주식으로 100포인트를 벌 기회가 있고 10포인트를 잃을 위험이 있다면 기회-위험 비율은 10 대 1이다. 그러나 확률을 계산하는 것은 그렇게 간단하지 않다. 그에 못지않게 중요한 것이 손실 가능성 대비 수익 가능성이다. 주식이 100포인트 상승할 확률이 10분의 1이고 10포인트 하락할 확률이 10분의 9라면 이른바 10 대 1의 기회-위험 비율은 더 이상 매력적이지 않다. 기회-위험 비율은 예상 수익과 달성 가능성을 예상 손실과 실현 가능성과 연관 지어 이야기할 때 유의미하다.

미래는 어차피 알 수 없는데 왜 이런 훈련이 필요할까? 차라리 눈을 감고 〈월스트리트저널〉 시세 면의 아무 곳이나 짚어서 운에 따라 주식을 사는 편이 낫지 않을까?

이런 질문을 받으면 떠오르는 이야기가 있다. 어느 작은 마을에

100배 주식 불변의 법칙

서 '우연성 게임'을 금지하는 규칙을 위반한 혐의로 도박사가 체포되었다. 그는 포커가 우연성 게임이 아니라고 항변했다. 이를 입증하기 위해 그는 검사, 판사, 마을의 지도자들과 밤새도록 포커를 쳤다. 날이 밝자 그는 돈 대신 딴 옷을 사람들에게 돌려주었고 사람들은 그를 풀어주었다.

포커와 마찬가지로 주식시장에서도 현명한 투자자는 자신에게 확률이 유리할 때 크게 베팅한다. 그 판단은 어떻게 이루어질까?

자신에게 확률이 유리한 경우는 1) 시장의 일반적인 기대보다 전망이 훨씬 더 긍정적이거나, 2) 모두가 명백히 인식하는 것만큼 부정적 전망이 심각하지 않다고 판단하는 주식을 찾았을 때다. 첫 번째의 경우, 매수자는 남들이 인식하지 못하는 가치를 인식한다. 두 번째의 경우, 매수자는 다음과 같이 생각할 것이다. "주가가 이미 최악의 상황을 반영해 할인된 상태이기 때문에 추가 하락의 위험이 없다. 어차피 수프는 끓을 때가 제일 뜨거운 법이어서 실제로는 예상만큼 심각하지 않을 수 있다. 따라서 지불한 가격 이상으로 수익을 얻을 가능성이 높다."

다른 사람들의 기대와 인식의 수준을 어떻게 측정할 수 있을까? 한 번도 만난 적 없는 투자자 수백만 명의 마음을 과연 누가 읽을 수 있을까?

문제가 풀리지 않은 것 같지만 간단한 세 가지 전제에 동의할 수 있다면 합리적인 해결책이 있다.

1. 유가증권의 가치는 미래에 지불할 모든 금액의 할인된 현재

가치다.

2. 완전 과세 대상 소득 1달러는 다른 완전 과세 대상 소득 1달러와 동일한 가치를 갖는다.

3. 따라서 투자자가 1달러의 소득을 얻기 위해 다른 곳에서 동일한 1달러의 소득을 기대하며 지불하는 것보다 더 비싼 값을 지불하는 것은 전자의 소득이 후자보다 더 빠르게 증가하거나 더 느리게 둔화하리라는 기대를 암묵적으로 표현하는 것이다. 그렇지 않으면 비싼 값을 지불할 이유가 없다.

보스턴의 스커더, 스티븐스 앤드 클라크의 투자 리서치 부문 수장이자 파트너인 로버트 비제(Robert Wiese)는 다음과 같이 잘라 말한다. "투자자들은 동일한 대상에 다른 가격을 지불하지 않습니다. 각자 다른 기대치에 다른 가격을 지불할 뿐입니다."

서로 다른 기대 수준을 측정하는 데 활용하는 일반 지표 두 가지가 있다.

1. 주식과 채권의 상대 수익률
2. 주식의 상대 PER

상대 가치는 적어도 성경만큼이나 오래된 원칙이다. 주인이 맡긴 '달란트'를 묻어둔 좋은 한 달란트는 지켰지만, 달란트를 투자해 불린 동료들과의 경쟁에서는 패배했다.

모든 것의 가치는 모든 면에서 상대적이다. 눈먼 자들의 나라에서는 한쪽 눈이 보이는 사람이 왕이다.

채권 가치는 주식 가치와의 관계에서 상대적으로 결정되고 그 반대도 마찬가지다. 또한 주식 가치는 다른 주식과의 관계에서 상대적으로 결정된다. 몇 년 전만 해도 주식에 투자하며 채권에 관심을 두지 않는 사람들이 있었다. 지금은 대부분 그때보다 현명해졌다.

투자에서 확실한 것은 없다. 그러나 최고 등급 채권이 만기일에 이자와 원금을 지급한다는 가정은 불확실성이 극히 적다. 채권 대부분과 마찬가지로 발행자의 수의상환이 10년 이상 제한될 경우, 8.5% 수익률로 채권에 투자한 매수자는 채권이 상환되거나 만기에 도달할 때까지 경제 상황이나 시장 변동과 무관하게 연 8.5%의 고정 수익을 기대할 수 있다.

배당수익률이 채권 수익률의 절반 수준인 주식을 매수하는 투자자는 앞으로 배당금이 크게 증가하기를 기대할 것이다. 증가하지 않는다면 이 투자는 무의미하다. 주가 상승에 따른 자본이득을 기대하고 주식을 매수한 투자자는 즉각적인 배당금 수입에는 관심이 없을지도 모른다. 그러나 기업의 실적과 배당금이 증가하지 않는 한 자본이득은 불 앞의 눈덩이처럼 금세 사라질 것이다.

주식시장이 활기를 띠던 1961년 말, 나는 미국 증권거래위원회의 초대 위원장이었던 조셉 케네디에게 말했다. "사람들은 이제 배당에 관심이 없습니다."

케네디가 대답했다. "대체 누가요? 나는 한 번도 본 적이 없습니다."

가장 큰 성장주였던 인터내셔널 비즈니스 머신(International Business Machines), 즉 IBM의 20년 전 배당수익률은 약 1.75%로 비교적 낮았다. 따라서 IBM 주식을 매수한 사람들은 즉각적인 배당 수익을 기대하지는 않았을 것이다. 그보다는 회사의 성장 잠재력과 자본이득에 더 관심이 있었을 수 있다. 그러나 1951년 최고가에 매수한 IBM 주식을 여전히 보유하고 있다면 현재 상당한 배당금을 현금으로 받을 것이다. 1951년 지불한 가격, 즉 투자금의 70% 이상을 배당금으로 받았을 것이다. 만일 배당금이 이만큼 증가하지 않았고 배당금 지급을 뒷받침하는 실적 성장이 없었다면 IBM 주가가 경이적인 상승세를 기록하는 일도 없었을 것이다.

현명한 투자자는 단지 주가가 오르고 있거나 오를 것으로 예상한다는 이유로 주식을 사지 않는다. 기업의 이익과 배당금이 증가해 앞으로 몇 년 뒤에는 현재의 주가가 저렴하게 보일 것이라고 예상할 때 주식을 매수한다. 현명한 투자자도 기업의 실적과 배당금의 미래를 잘못 판단할 때가 있다. 그러나 미래를 생각하지 않고 주식을 매수한다면 어리석은 일이다. 단기 매매에 집중하는 일부 트레이더에게도 해당하는 이야기다.

지난 몇 년간의 채권 수익률과 주식의 배당수익률을 비교한 오른쪽 그림은 투자자들의 낙관과 비관을 가늠하는 놀라운 척도를 제공한다.

25~30년 전만 해도 주식의 배당수익률은 채권 이자 수익률의 3배에 달했다. 이는 주식의 배당금이 매우 불안정하고 앞으로 수년간 감소할 가능성이 매우 높다고 가정했을 때만 설명이 가능한

100배 주식 불변의 법칙

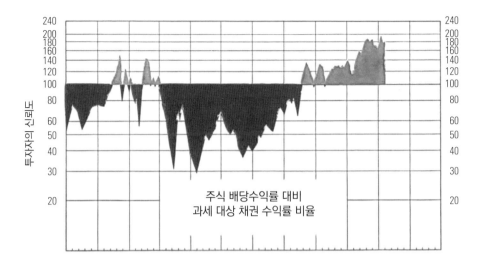

투자자의 신뢰도

주식 배당수익률 대비
과세 대상 채권 수익률 비율

수준이다.

그러나 배당금은 감소하지 않았고 5년 전까지도 꾸준히 증가했다. 배당금 1달러의 가격은 이자 1달러의 가격에 비해 상대적으로 더 많이 상승했다. 최근 고점 기준으로 우량 회사채 수익률은 50개 주요 보통주의 평균 배당수익률의 2배에 가까웠다. 다시 말해 채권 이자 가격의 3분의 1 수준이었던 배당금 가격이 약 30년 만에 채권 이자 가격의 거의 2배 수준으로 상승한 것이다. 비관론에서 낙관론으로의 전환이 증권 가격에 미치는 영향을 극적으로 보여주는 사례다.

배당금이 장기적으로 감소한다고 가정하지 않는 한, 배당소득에 이자소득의 3분의 1 가격을 부여하는 상황은 말이 되지 않는다. 반대로 배당금이 장기적으로 증가한다고 가정하지 않는 한, 배당소득에 이자소득의 2배 가까운 가격을 부여하는 것도 이치에 맞지 않는다.

지난 50여 년 동안 투자자들은 배당금이 추가로 증가할 가능성을 비관해야 타당한 상황에서 오히려 낙관하는 경향을 보였다. 반대로 배당금의 미래를 낙관해야 했던 상황에서는 오히려 비관했다. 그러나 1934년에 달러가 평가 절하되었을 때, 그리고 1958년에 처음으로 배당금에 이자 대비 프리미엄이 부여되었을 때는 배당금의 미래를 낙관했고 그것은 옳은 판단이었다.

배당금의 미래에 대한 지금의 낙관은 정당화될 수 있을까? 그것은 오직 미래에만 알 수 있다. 우리가 아는 것은 현재 주식을 산 사람들이 이미 지불한 가격만큼 배당금이 증가해야 한다는 것이다. 배당금 증가에 대한 투자자들의 기대감은 이미 주가에 반영되어 있다. 그렇다면 앞으로 주식시장의 추세는 실제 배당 증가율이 기대에 부합하는지 여부에 영향을 받을 것이다.

이자소득의 가격 대비 배당소득의 상대 가격으로 향후 배당금 추이에 대한 주식시장의 기대 수준을 알 수 있는 것과 마찬가지로, 기업 이익의 가격(price of earnings)을 비교해 서로 다른 주식의 상대적인 미래에 대한 투자자의 기대 수준을 파악할 수 있다.

모든 업계는 초보자가 이해하기 어려운 전문 용어를 만든다. 금융계도 예외는 아니다. 금융계에서는 채권의 이자수익률과 주식의 배당수익률을 이야기한다. 따라서 이익의 가격인 이익수익률(earnings yield)을 이야기하는 것이 일관성 있을 것이다. 그러나 일관성 있으면 소심해 보이기라도 하는지, 배당수익률은 배당금을 주가로 나누어 계산하는 반면, PER은 이익을 주가로 나누는 것이 아니라 주가를 이익으로 나누어 계산한다. 예를 들어 연간 배당금 3달러, 주가 100달러인 주식의 배당수익률은 3%다. 같은 주식의 주당순이익이 5달러라면 PER은 20배다.

PER 20배와 증권가에서 말하는 이익수익률 5%의 의미는 같지만 이것은 단순한 용어의 차이가 아니다.

각각 PER 10배와 PER 20배인 주식이 있다. 시장(즉 투자 자금의 컨센서스)은 이 두 기업 중 PER이 높은 기업의 이익이 PER이 낮은 기업의 이익보다 훨씬 더 빠르게 증가하거나, 훨씬 더 완만하게 감소하리라고 예상한다고 추론할 수 있다.

투자자는 미래를 알 수 없다. 그러나 PER을 활용하면 주식시장이 미래를 어떻게 예상하는지는 비교적 정확히 파악할 수 있다.

그러나 PER을 비교 목적으로 무비판적으로 사용하는 데는 몇 가지 함정이 있다. 어린아이가 손에 성냥을 쥔 것처럼 치명적인 위험을 초래할 수 있다. 여기에 대해서는 뒤에서 살펴보겠다. 전문가에게는 PER이 필수 도구다. 적절히 조정하고 다우지수와 같은 우수한 일반 시장 지표와 연계하면 '희망 온도계'로 사용할 수 있다.

아무리 뛰어난 의사도 체온계 숫자만을 근거로 환자에게 처방을 내리지는 않는다. 그러나 환자를 진찰할 때는 체온을 측정하는 것이 기본이다.

훌륭한 투자 주치의들도 같은 방식으로 희망 온도계를 활용한다. 한 장의 그림은 천 마디 말보다 귀하고 빠르다. 스커더, 스티븐스 앤드 클라크는 수천 개 주식에 대한 희망 온도계를 보관하고 있다. 다음 그림은 지난 20년간 폴라로이드의 온도계다. 폴라로이드

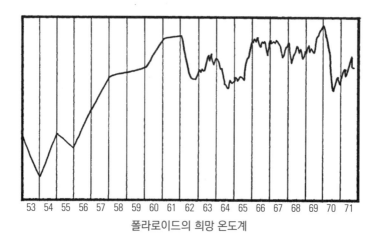

폴라로이드의 희망 온도계

이 그림에 표시한 것은 폴라로이드의 PER을 다우지수의 PER로 나눈 값이다. 이 것이 폴라로이드의 상대 PER 또는 상대 멀티플이다. 상대 PER이 1 수준일 때, 시 장이 전망하는 다우지수 기업 이익의 성장률과 폴라로이드의 이익 성장률이 거의 같다고 추론할 수 있다. 상대 PER이 4 수준이라면, 시장이 다우지수 기업의 이익 1달러에 지불하는 가격의 4배를 폴라로이드의 이익 1달러에 지불하고 있다는 뜻이다. 이 시점에는 폴라로이드의 주당순이익이 다우지수 기업의 주당순이익 대비 4배가 되어 야 시장 평균과 동일한 성과를 거둘 수 있다.

의 미래 이익에 대한 기대 수준은 다우지수를 구성하는 30개 주요 기업의 이익에 대한 기대와 정확히 일치한다.

1970년 저점에서도 폴라로이드 이익 1달러의 시장가격은 다우 지수 기업 이익 1달러의 2배 이상이었다. 이러한 상관관계가 유지 되려면 앞으로도 폴라로이드의 이익이 다우지수 기업 이익에 비 해 2배 이상 증가해야 하고 주가는 다우지수 수익률에 수렴해야 한다. 한편 폴라로이드가 다우지수 수익률을 상회하려면 순이익이 2배 이상 증가해야 한다. 또한 폴라로이드의 미래 전망이 다우지 수 기업의 미래 전망보다 우호적이어야 한다.

1970년 저점에서 폴라로이드를 매수한 사람은 매도한 사람에게 다음과 같은 말을 건네는 것이나 마찬가지다. "폴라로이드의 이익이 다우지수 기업에 비해 2배 이상 증가할 것이라고 확신합니다. 따라서 폴라로이드가 이미 시장 대비 2배 이상 비싸지만 미래 이익 성장의 대가까지도 현재 지불할 의향이 있습니다. 왜냐고요? 현재 지불하는 가격을 정당화하는 수준까지 성장한 이후에도 폴라로이드의 이익은 다우지수 기업에 비해 계속해서 높은 성장률을 보일 것이라고 믿기 때문입니다."

이 모든 행위의 바탕에는 폴라로이드의 미래에 대한 강한 신뢰, 그리고 폴라로이드의 미래를 예측하는 자기 능력에 대한 자신감이 있다. 둘 다 타당할 수 있다. 시간이 말해줄 것이다. 그러나 투자자로서 상대 가격의 의미를 파악하지 않는다면 맹목적인 투자 판단이 된다.

주의 깊게 보았다면 폴라로이드의 주가가 30개 주요 기업 평균 대비 기록적인 순이익 성장에 대한 기대를 반영하고 있고, 주요 기업의 주가는 기록적인 배당금 증가에 대한 기대를 반영하고 있다는 사실을 알게 될 것이다.* 이것은 이중 타격이다.

지금까지 상대 주가, 상대 이익, 상대 PER을 각각 살펴보았다. 이 세 가지를 함께 보여주는 차트를 보면 도움이 될 수 있다. 다음 차트는 에이본프로덕트의 16년 추이다. 1956년 에이본에 1만 달러

---

* 즉 전체 시장의 투자자들이 다우지수 주요 기업의 배당금 성장 가능성을 크게 낙관하는 가운데, 폴라로이드에 대해서는 주요 기업을 능가하는 순이익 성장을 낙관하고 그 기대가 현재 주가에 반영된 것이다.

에이본프로덕트의 상대 PER, 상대 주가, 상대 이익

를 투자해 보유했다면 1971년에 100만 달러를 벌 수 있었다.

주가가 상승하는 것은 기업의 이익이 증가하거나 이익 1달러당 가격, 즉 PER이 상승하기 때문이다. 물론 두 가지 다 이유일 수 있다. 주당순이익 2달러, 주가 20달러인 주식의 이익 1달러의 가격은 10달러다. 내년 주당순이익이 3달러이고 이익 1달러당 가격이 10달러로 유지된다면 주가는 30달러로 상승할 것이다. 그러나 흔히 그렇듯 이익 1달러당 가격도 10달러에서 15달러로 상승하면 주가는 3달러의 15배, 즉 주당 45달러로 상승할 것이다. 주식시장에서 큰 폭의 주가 상승은 대부분 이러한 주당순이익 증가와 PER

상승이 조합된 결과다.

　마찬가지로 상대 주가의 상승은 상대 이익 변화와 상대 PER 변화에 기인한다. 간단한 산수다.

　차트에서 보듯 에이본의 상대 주가가 크게 오른 것은 에이본의 상대 이익이 지속적으로 가파르게 성장했기 때문이다. 그러나 이익 1달러당 상대 가격이 상승하지 않았다면 에이본의 상대 주가는 실제의 절반에도 크게 못 미쳤을 것이다.

　당연한 이야기지만 많은 투자자가 기업의 이익에 집중하느라 이익 1달러당 시장가격의 변동이 갖는 큰 의미를 인식하지 못한다. PER과 상대 PER은 투자자의 기대를 반영한다. 주가 상승의 절반 이상은 대개 투자 심리의 변화에 기인한다.

　주가 상승의 심리적 측면에 주의를 기울이는 것은 두 가지 이유에서 중요하다.

1. 투자자의 기대가 높아지면 주가가 상승하고, 기대가 낮아지면 주가가 하락할 수 있다. 기업의 보고이익에 변화가 없더라도 투자자의 기대는 달라질 수 있다.
2. 일반적인 기업의 PER이 다우지수 PER의 4배를 훨씬 넘는 경우는 드물다. 따라서 어떤 주식의 PER이 60배이고 다우지수의 PER이 15배라면, 매수자는 (1) 해당 주식의 미래를 낙관하는 시각이 보편적이고, (2) 상대 PER 추가 상승으로 인한 주가 상승 가능성은 낮다는 사실을 인지해야 한다. 상대 이익 성장과 상대 PER 상승으로 인해 이미 높아진 주가가 더욱 상

승하기를 바란다면 매수자는 이익의 추가 성장에 기대를 걸어야 한다.

이익이 25배 성장하고 PER이 4배 오르면 주가는 100배 상승할 수 있다(25×4=100). 그러나 PER이 그대로라면 주가가 100배 상승하기 위해서는 이익이 100배 성장해야 한다. PER이 절반으로 축소된다면 이익이 2배로 증가해야 주가가 유지된다.

상대 이익 성장을 기대하고 주식을 매수하는 것이 불건전한 일이 아닌 것처럼, 상대 PER 상승을 기대하고 주식을 매수하는 것도 나쁜 일이 아니다. 백화점 주식을 사면서 유행과 패션에 관심이 없다면 어리석은 일일 것이다. 주가가 상대 이익과 상대 PER에 어느 정도 근거하는지 모르고 주식을 사는 것은 건전하지 못한 일이다.

PER에 옳고 그른 것은 없다. 상대 PER도 마찬가지다. 모든 것은 불확실한 미래가 가져올 결과에 달려 있다. 그러나 너무 높은 상대 PER에 주식을 매수하면 먼 미래에 기대되는 수익에 지금 당장 현금을 지불하는 셈이다.

에이본 차트로 돌아가자. 1957년 말 에이본 주식은 다우지수보다 낮은 PER에 거래되었다. 1969년 말 시장은 에이본의 이익 1달러의 가치를 다우지수 기업 이익 1달러 대비 4.5배 이상 높게 평가했다.

1955~1971년 에이본 주가가 다우지수에 비례해 상승하고 하락했다면 에이본의 상대 주가 선은 가로축과 수평한 직선일 것이다. 에이본의 상대 이익이 다우지수 기업 이익에 비례해 증가하고 감

소했다면 에이본의 상대 이익 선은 수평한 직선일 것이다. 에이본의 다우지수 대비 상대 PER이 동일하게 유지되었다면 역시 수평한 직선이 그려질 것이다. 이 세 가지 선이 수평선 위나 아래로 움직일 때는 다우지수 평균 대비 에이본의 상대 주가, 상대 이익, 상대 PER이 상승하거나 하락했다는 뜻이다.

에이본의 차트를 보고 다음과 같은 추론이 가능하다.

1. 에이본 주가의 추가 상승은 순이익 추가 성장에 크게 좌우될 것이다.
2. 순이익 성장에 따른 주가 상승 잠재력이 PER 하락으로 상쇄되지 않으려면 에이본 이익의 추가 성장에 대한 투자자의 신뢰가 강하게 유지되거나 더욱 강화되어야 한다.
3. 에이본의 외형은 이미 3~4배 성장했다. 이렇게 큰 폭의 성장을 달성한 후에도 주가가 지지를 받는 배경에는 에이본의 추가 성장 전망이 다우지수 기업의 성장 전망보다 더 좋다는 가정이 있을 것이다. 그렇지 않고 1971년의 주가 수준을 정당화하려면 에이본의 매출과 순이익이 과거에 달성한 최고 수준보다 3~4배 더 성장해야 한다.

이 논의가 "제대로 사서 보유하라"라는 주제와 거리가 있다고 생각하는가? 제대로 매수하더라도 인내하고 보유하지 않으면 아무런 소용이 없다. 그러나 제대로 사지 못하면, 보유하는 것은 도움이 되지 않으며 오히려 큰 손실을 초래할 수 있다.

주가가 매수 가격의 50배로 오르면 제대로 샀다고 확신할 수 있다. 한 번 더 같은 폭으로 오르면 100배 수익을 달성한다. 이 정도 보상이라면 어느 정도의 위험은 감수할 수 있다.

매수자가 직면하는 문제는 또 있다. 매수자는 스스로 질문하고 정확히 대답해야 한다. "지금부터 100배 수익을 올릴 가능성은 얼마나 될까?" 아메리칸캔 사례에서 보았듯이 과거는 도움이 되지 않는다. 미래에 대한 올바른 가정이 중요하다. 그 가정이 이미 주가에 반영된 기대보다 실질적으로 더 나을 것이 없다면 이익을 기대할 수 없다.

상대 가치 분석이 최종적인 답을 주지는 못한다. 그러나 시장의 기대 수준을 정의하는 데는 분명히 유용하다. 상대 가치 분석은 투자자가 어떤 가정에 베팅하든 잠재 이익을 평가하는 기준을 제공할 수 있다.

돌이켜 보면 주식시장이 부당하게 극단으로 치닫는 시기가 있다. 시장이 타당한 이유 없이 극단적으로 움직이는 것은 사람들이 어리석어서가 아니라 미래를 예측하지 못하기 때문인 경우가 많다. 이 사실을 염두에 두고 투자하는 것이 훨씬 안전하다. 주식시장에서 돈은 어리석은 사람의 손에서 영리한 사람의 손으로 이동하는 경향이 있다. 어리석은 라운드로터(round-lotter: 주식을 한 번에 100주 이상 매수하는 사람)는 오드로터(odd-lotter: 100주 미만, 보통 10주 미만을 매수하는 사람)가 된다. (오드로터는 라운드로터보다 주당 매수 가격을 약간 높게 지불해야 하므로, 자금 여유가 있다면 한 번에 100주 이상 매수하는 것이 일반적이다.) 현명한 오드로터는 곧 라운드로터가 된다.

주식시장을 예측한다는 것은 전 세계 금융계의 뛰어난 두뇌에게 도전한다는 것이다. 이렇게 생각하면 머리가 차가워진다. 평범한 투자자에게 그나마 다행인 것은 전문적이고 경험이 많은 사람이 은퇴하거나 세상을 떠나고 경험 없는 젊은 사람들이 새롭게 시장에 들어와 실수로부터 배운다는 것이다.

또 한 가지 위안은 누구도 미래를 알지 못하기 때문에 누구나 미래를 예측할 자격이 있다는 것이다. 그러나 정보에 입각한 예측이 맹목적인 예측보다 우위에 있다는 사실을 잊지 말아야 한다.

희망의 요소(상대 PER)를 직접 계산하려면 어떻게 해야 할까?

매주 월요일 〈월스트리트저널〉 마지막 면에 다우지수 PER이 제공된다. 어느 신문에서든 주식의 최신 가격을 확인하라. 그 가격을 최근 12개월의 주당순이익으로 나눈다. 주주라면 최신 연례 보고서에서 순이익을 구할 수 있다. 아직 주주가 아니라면 〈배런즈(Barron's)〉의 자료나 S&P와 《무디스 편람》에서 최근 12개월 주당순이익을 확인할 수 있다. 중개인에게 조회를 부탁할 수도 있다.

주가 60달러, 최근 12개월 주당순이익이 2달러인 주식의 PER은 30배다(60÷2). 다우지수의 최근 PER이 15배라면 이 주식의 PER은 다우지수 PER의 2배다. 이는 시장에서 해당 주식의 이익 1달러에 다우지수 30개 주요 기업의 이익 1달러보다 2배나 많은 금액을 지불하고 있다는 뜻이다. 이는 시장(즉 투자자 자금의 컨센서스)에서 해당 주식의 순이익이 다우지수 기업의 순이익보다 훨씬 더 빠르게 증가하거나 훨씬 더 느리게 감소할 것으로 예상한다는 의미다.

상대 PER을 사용하더라도 내가 투자한 주식의 미래를 예측해야 하는 것에는 변함이 없다. 그러나 상대 PER을 이용하면 시장이 다른 주식과 비교해 내 주식의 상대적인 미래를 어떻게 예상하는지 알고 그것을 바탕으로 예측을 시작할 수 있다. 내 예상이 시장의 기대보다 낙관적이면 매수한다. 시장의 예상보다 비관적이면 매도한다. 단, 넓은 오차범위를 허용하고도 이익을 낼 수 있을 정도로 내 예상과 시장의 기대 사이에 충분히 큰 차이가 있을 때에 한해 매수를 고려해야 한다.

지금까지 PER을 활용한 평가의 유용성을 설명했다. 이제 PER 활용의 위험성을 살펴보자.

10장

이억의 절이 낮아지다

집단 망상은 어느 시대에나 존재한다. 모든 인종, 국가, 직업군에 존재할 것이다. 집단 망상이 지속되는 동안 임금님이 벌거벗었다고 외치는 것은 외로운 일이다. 때로는 위험하고 언제나 무익하다. 그러나 투자에서 최악의 망상은 다양한 주식을 상대적으로 평가하기 위해 무분별하게 PER을 사용하고 심지어 오용하는 것이다.

PER을 비교 목적으로 사용할 때의 기본적 오류는 주가처럼 기업의 이익도 비교 가능하다는 암묵적인 가정이다. 시세를 동일한 통화로 표시하는 한, 가격은 비교 가능하다. 그러나 이익의 질과 가치는 기업마다 크게 달라서 소와 말의 달리기를 비교하는 것과 마찬가지다. 최근 1년간 보고이익 대비 주가 수준에 따라 주식 순위를 매겨놓은 표는 일자리를 잃고 구걸하는 참전 용사의 호소문이 생각나게 한다.

참호에서 3년

부상 2곳

아내 1명

아이 4명

실직 7개월

모두 합해 17이나 됩니다.

도와주세요.

PER이 매우 기만적일 수 있다는 우려는 전혀 새롭지 않다. 증권 애널리스트들이 무분별한 PER 사용의 위험성을 무시하고 있다는 뜻도 아니다. 오히려 그 반대다. 나는 투자자들이 이익의 질적 차이를 고려하는 중요한 문제를 간과하는 것은 아닌지 의문을 제기한다. 실제로는 이익의 질적 차이를 무시하는 통계를 활용하면서, 말로만 그 차이를 인정하고 있지는 않은가? 더 많은 결정을 더 빨리 내려야 한다는 압박감에, 결국 이 업계에서 중요한 것은 '실용성'이라며 이익의 질적 차이라는 본질적 요소를 간과하는 것은 아닌가?

이익의 질적 차이를 설명하는 방법에는 크게 두 가지가 있다. 회계적 접근법과 개념적 접근법이다.

더 널리 알려진 것은 회계적 접근법이지만 나는 개념적 접근법이 더 중요하다고 생각한다. 물론 회계 처리 변경과 누락의 의미를 가볍게 여기는 것은 아니다. 1929년 9월 3일과 같이 주식시장의 시계가 다시 자정을 가리켜 모든 것이 달라져도 회계법인 아서

앤더슨(Arthur Andersen & Company)의 회장인 레너드 스파섹(Leonard Spacek)의 공인회계사 마차만큼은 호박으로 변하지 않을 것이다. '관행'이라는 풍선의 바람을 빼고, 오랜 세월에 걸쳐 회계를 교활한 사기 행위에서 품위 있는 영역으로 끌어 올리는 데 누구보다 크게 기여한 사람이 스파섹이다.

스파섹에게 제대로 찬사를 표할 만큼 전문적인 회계 지식은 부족하지만, 리스금융(lease financing)과 관련된 기업 보고 관행에 대한 그의 초기 비판에는 특히 강력한 지지를 보낸다고 말하고 싶다 ("아멘!"). 일부 경영자들은 장기 부채에 대해서는 금액과 조건을 사실대로 공개하는 반면, 리스금융에 대해서는 소유주(주주)에게 정보를 있는 그대로 공개하지 않는다. 이러한 투명성 부족이 기업의 주주와 경영자의 이해관계에 간극을 초래할 수 있다.

회계업계는 미발생 임차료를 부채로 표시하는 것이 회계 관행이 아니라는 이유로 수십 년 동안 이 문제를 회피해왔다. 기업은 본사 건물이나 공장, 유조선을 보험회사에 매각한 뒤 즉시 구매자로부터 일정 기간 동안 해당 부동산을 다시 임차한다. 임차료는 매각으로 받은 현금에 이자까지 더해 상환하기에 충분한 수준에서 결정된다.* 이 거래는 부외 금융 거래로 장부에 내역이 직접 드러나지 않는다. 계약 조건은 기업 경영진만 아는 경우가 많았다.

자금 조달 약정의 조건과 같은 중요한 사실이 공개되지 않는다

---

* 자산의 사용권을 유지하면서 매각해서 즉각적으로 현금을 확보한다. 기업이 부채를 일으키지 않고 자금을 조달하는 방법이다.

는 것은 우려할 만하고 유감스러운 일이다. 자본금이 각각 1억 달러인 회사 3곳이 있다고 가정하자. 세 회사의 세전 ROIC는 20%이고 모두 사업 확장을 원한다. 실효세율은 50%다.

회사 1은 영업 투하자본을 2억 달러로 늘리기 위해 주식을 추가 발행한다. 회사 2는 8% 장기 채권을 발행한다. 그 방식에 찬성하든 반대하든 주주는 최소한 어떤 일이 일어나고 있는지는 알 수 있다.

회사 1(자본은 모두 보통주로 이루어짐)의 세전 ROIC는 20%, 세후 ROE는 10%다.

회사 2의 세전 ROIC는 20%다. 자본 레버리지, 즉 타인자본을 활용한 영향으로 세후 ROE는 16%다. 계산 방법은 다음과 같다. 2억 달러의 20%인 4,000만 달러에서 부채 1억 달러의 이자 800만 달러를 제하면 3,200만 달러다. 여기에서 법인세 50%를 차감하면 1,600만 달러가 남는다. 이는 자기자본 1억 달러의 16%에 해당한다.**

회사 3은 금리가 10%에 달하는 리스금융으로 1억 달러 상당의 설비를 추가 인수한다. 리스금융의 금액과 조건은 대중에게 공개되지 않았다. 리스 약정이 재무상태표에 표시되지 않았기 때문에 일반 투자자들은 회사 3의 ROIC와 ROE가 15%라고 여길 것이다. 계산 방법은 다음과 같다.

미공개 리스 임차료와 세금을 차감하기 전 기준으로 2억 달러 자

** 회사 2는 자본 레버리지를 사용해 1억 달러의 자기자본에서 16% 수익을 달성한다. 자본 레버리지는 ROE를 높인다.

산의 20% 이익은 4,000만 달러다. 여기에서 리스 임차료 1,000만 달러를 제하면 3,000만 달러가 남는다. 법인세 50%를 차감하면 1,500만 달러가 남는다. 이는 자기자본 1억 달러의 15%에 해당한다. 즉 ROE는 15%다.

예로 든 회사 세 곳은 모두 2억 달러 자산을 활용한다. 미공개 리스 임차료와 세금을 반영하지 않은 ROIC는 20%로 모두 동일하다. 회사 1은 세후 ROE와 ROIC가 각각 10%다. 회사 2는 레버리지 정보를 공개했고 ROE는 16%, ROIC는 10%다. 회사 3은 미공개 레버리지를 사용하며 ROE와 ROIC는 각각 15%로 계산된다.

사업이 매우 부진해서 세 회사 모두 영업에 투자한 1달러당 세전 이익, 즉 ROIC가 5%에 불과하다고 가정하자. 보통주 자본금으로만 자본을 구성한 회사 1의 ROIC와 ROE는 모두 세전 5%, 세후 2.5%다.

회사 2는 8% 채권으로 1억 달러를 조달했다. 세전 ROIC는 5%, 세후 ROE는 1%다. 계산법은 다음과 같다. 자산 2억 달러에서 발생한 세전 ROIC 5%는 1,000만 달러다. 여기에서 채권 지급 이자 800만 달러를 제하면 200만 달러다. 여기에서 법인세 50%를 차감하면 100만 달러다. 100만 달러는 자기자본 1억 달러의 1%에 해당하므로 회사 2의 ROE는 1%다. 증권 애널리스트는 자본 레버리지를 알기 때문에 사업 부진이 회사 2에 미칠 영향을 예측할 수 있다.

하지만 회사 3은 어떨까? 회사 1, 2와 동일한 조건, 즉 세전 ROIC가 20%에서 5%로 감소한다고 가정할 경우, 회사 3의 세후 ROE는 15%에서 0으로 급감할 것이다. 계산법은 다음과 같다. 자산 2억 달러에서 발생한 세전 ROIC(부외 리스 임차료 반영 전) 5%는 1,000만 달러다. 여기에서 리스 임차료 1,000만 달러를 제하면 아무것도 남지 않는다.

여기에서 문제의 근원인 리스금융을 자세히 살펴보자. ROIC는 5%지만 금리 10%로 리스 임차료 1,000만 달러를 지불하면서 ROE가 잠식된다.

물론 경영진은 리스금융의 세부 사항을 모두 알고 있다. 그러나 경영진과 감사, 증권거래위원회 어느 곳도 투자자에게 핵심적인 이 정보를 부채와 동일한 수준으로 상세히 주주에게 공개해야 한다고 나서지 않는다.

주가, 기업 이익, 사업 규모가 모두 성장하는 장기 번영의 시대에 이런 문제를 거론하는 것이 구시대적으로 보일 수도 있다. 그러나 앞서 설명한 비용을 무시한다면 다른 모든 것도 무시하고 오로지 자기자본만 고려하게 될 수도 있다. 재계와 금융계가 당연히 해야 할 일을 하지 않고 방치하는 것은 유감스러운 일이다. 계속 문제를 방치하고 변화를 미룬다면 조만간 외부의 개혁가가 주도권을 잡고 변화를 실행해서, 혼란을 무릅쓰고라도 금융계 내부에 방치된 문제를 해결하려고 할 것이다. 진작 했어야 하는 일이라는 것을 모두가 알기 때문에 그들을 막을 수 없을 것이다. 이 밖에도 많은 사례를 들 수 있지만 이미 널리 알려진 것들이다.

이익의 질적 차이를 설명하는 방법 중 두 번째는 개념적 접근법이다.

기업은 이익의 일부를 배당금으로 지급한다. 배당금의 화폐 가치는 동일하다. 즉 식료품점 직원은 손님이 지불한 돈이 배당금인지 이자소득인지 묻지 않는다. 전혀 상관없기 때문이다.

배당금으로 분배되지 않은 이익은 어떨까? 만일 유보이익(plowed-back earnings)을 도둑맞았다면 그 가치는 얼마로 산정할 수 있을까? 좀 더 현실적인 가정을 생각해보자. 수익이 나지 않는 사업에 유보이익을 재투자해서 결과적으로 회사 이익 창출력에 전혀 도움이 되지 않았다면 회사의 이익 1달러당 적절한 가격, 즉 적정 PER은 어떻게 될까?

나는 회사의 이익 성장에 기여하지 않는 유보이익에 주당 감가상각비와 거의 동일한 배수를 적용해야 한다고 생각한다.

"주식의 가치를 계산할 때 감가상각은 반영하지 않는다. 말도 안 되는 소리다"라고 여길 수도 있다.

내가 말하려는 요점이 바로 그것이다.* 주당순이익이 1달러이고 매년 주당 배당금으로 50센트를 지급하는 회사의 주식을 매수했다고 가정하자.** 5년, 10년이 지난 후에도 회사는 주당순이익 1달러와 주당 배당금 50센트를 유지한다. 이 경우, 회사가 매년 유보해 누적된 이익은 어떻게 되었을까? 매수 당시의 상태를 유지하는 데 사용했다고 주장할 수 있지만 그것은 감가상각의 정의에 가깝다.*** 이익 창출력에 전혀 기여하지 않은 유보이익을 무시하는 것이 과연 비현실적일까?

---

* 유보이익을 효과적으로 재투자하지 않는다면, 미래가치가 없는 감가상각과 마찬가지로 가치에 반영하지 않아야 한다는 의미다.
** 나머지 50센트는 유보이익이다.

이 질문에 너무 성급하게 대답하지는 않겠다. 주당순이익 1달러, 주당 배당금 50센트인 두 회사가 있다고 가정하자. 두 곳 모두 유보이익이 성장에 전혀 기여하지 못하는 상황이다. 투자 대상으로서 두 회사의 우열을 가리기에 앞서 회사 1은 매출이 매년 10% 성장하는 반면 회사 2는 매년 10% 감소한다고 가정하자.

회사 1은 세전 이익을 추가 사업 인수 활동에 효과적으로 재투자해온 것이 아닐까? 추가로 인수한 사업을 적절하게 자본화했다면**** 조정 이익이 크게 증가할 수 있지 않았을까? 같은 맥락에서 회사 2는 사업 활동에서 발생한 이익이 아닌 자산이나 자원을 하나씩 차례로 매각해 발생한 수익금, 즉 경제 이론상 자본 회수(return of capital)로 처리해야 할 자금을 소득 계정에 반영함으로써 보고이익을 유지할 수 있었던 것은 아닐까?*****

회사 1의 이익 1달러가 회사 2의 이익 1달러보다 더 가치가 있다는 명제에는 이의가 없을 것이다. 그렇다면 얼마나 더 가치가 있을까? 이 질문에 대한 답은 미래가 얼마나 오랫동안 과거와 같을 것

*** 유보이익을 사업 확장이나 성장이 아니라 유지에 사용한다면, 마모에 따른 비용이나 일상적인 유지 및 관리 비용을 충당하는 데 사용한다는 점에서 감가상각과 유사하다는 의미다.

**** 비용으로 회계 처리하지 않고 자산 증가로 처리한다는 의미다.

***** 회사 1의 매출 증가는 사업이 확장된다는 뜻이며, 성장을 위한 활동(예: 타 사업 인수)에 세전 이익을 재투자하고 있음을 시사한다. 이 경우, 단기간에 이익이 성장하지는 않더라도 향후 이익 성장을 기대할 수 있다. 회사 2의 매출 감소는 사업이 축소된다는 뜻이다. 그러나 이익 수준이 회사 1과 동일해서, 인위적인 방법으로(예: 자산 매각과 회계 처리) 이익을 유지하고 있음을 시사한다. 단기적으로는 이익을 유지하더라도 향후 이익이 감소하리라고 예상할 수 있다.

이라고 보느냐에 달려 있다. 한동안 미래가 과거와 같을 것이라는 증거는 압도적으로 많다. 몇 년 전 뉴욕 기상청장이 은퇴하면서, 내일 날씨는 오늘과 같을 것이라고 보면 일기 예보관으로서 꽤 좋은 기록을 세울 것이라는 말을 남겼다고 한다. 실제로도 화창한 날씨가 어느 정도 이어지다가 장마가 시작되는 경우가 많다. 실내에 앉아 창밖을 보는 것만으로 날씨를 예측해도 꽤 잘 맞을 것이다.

지금 이 순간 이후의 미래에 대한 가시성은 모든 사람에게 '제로'다. 따라서 관찰된 추세가 얼마나 오래 지속될지에 대한 가정은 과거에서 도출한 확률에 근거해야 한다. 미래에는 그 확률이 적용되지 않을 수 있다. 결국 미래에 대한 모든 추정은 어느 정도 주관적이다.

주식시장의 비즈니스는 미래를 지금 현금화하는 것이다. 따라서 5년 후, 10년 후의 매출과 이익을 예상하는 것보다 단기적으로 더 중요한 것은 다른 투자자들의 생각이다. 대개 어떤 추세가 오래 지속될수록 그 추세가 앞으로도 오랫동안 지속된다는 데 베팅하는 사람이 많아진다. 실용적인 측면에서 본다면 오래된 추세가 새로 나타난 추세보다 더 오래 지속될 것이라고 가정하는 것이 타당하다. 실제로 어떻게 되는지와는 별개로 그렇게 생각하는 투자자가 더 많기 때문이다.

주당순이익 1달러, 주당 배당금 50센트를 과거 5년간 변함없이 유지한 두 회사가 있다고 가정하자. 두 회사의 상대 매출도 변화가 없었다. 이제 PER을 유의미하게 비교할 수 있다. 두 회사 중 한 곳은 PER이 10배, 다른 한 곳은 20배라면 선택은 분명해 보인다. 그렇지 않을까?

회사 1은 전혀 생산적이지 않은 기초연구에 지출한 연구비가 주당 1달러다. 회사 2는 연구비 지출이 전혀 없다. 이 경우 회사 1의 이익이 분명히 더 가치가 크다. 이유는 두 가지다.

1. 회사 1은 연구로 큰 성공을 거둘 기회가 있다. 연구하지 않는 회사 2에는 가능성조차 없다.
2. 회사 1이 연구를 중단할 경우, 다른 요소는 동일한 가운데 현재 연구에 지출하는 비용만큼 세전 이익이 증가한다. 회사 2는 연구를 수행하지 않으므로, 연구를 중단해서 비용을 절감할 기회가 없다.

연구를 광물 탐사나 석유 채굴로 대체해도 같은 비교가 가능하다.

이미 다 아는 내용이거나, 가정이 극단적이고 비현실적이라고 생각할 수 있다. 투자 결정에 영향을 미칠 만큼 결정적인 차이는 아니라고 생각할 수도 있다.

예로 든 차이가 투자 결정을 바꿔야 할 정도로 중요한 것은 아니라고 치부한다면 논쟁할 생각은 없다. 하지만 그것은 자동차에 탈 때 안전벨트가 중요하지 않다고 말하는 것과 같다. 안전벨트를 매는 행위가 언젠가는 생명을 구하듯, 이익의 질에 영향을 미치는 다양한 차이에 주의를 기울일 때 언젠가 재산을 구할 수 있다.

같은 시기에 같은 사업을 하는 두 회사가 벌어들인 이익 1달러의 가치에도 차이가 있을 수 있다.

첫째, 두 회사는 이익 규모가 동일하고 주당 배당금이 동일하다. 매출 성장률도 동일하며 연구나 시추에 투자하는 금액도 동일하다. 반면 재고와 매출채권에는 극명한 차이가 있다. 회사 1은 사업 규모 대비 재고와 매출채권 비중이 전년도와 거의 동일하다. 회사 2는 매출이 뒷받침하는 수준보다 가동률을 10% 더 높여 생산 단가를 낮췄고 그 결과 재고가 급격히 증가했다. 동시에 판매 전략으로 고객에게 매우 관대한 신용 조건을 제공하고 그 결과 사업 규모에 비해 매출채권이 크게 늘었다. 회사 2의 이익 1달러가 회사 1의 이익 1달러와 같다고 주장할 수 있을까?

둘째, 이익 규모와 주당 배당금이 동일하고, 연구나 시추에 지출하는 비용이 동일하며, 매출 성장률이 동일하고, 사업 규모 대비 매출채권과 재고 비중이 동일한 두 회사는 모든 면이 유사해서 PER 비교가 유의미하다.

그러나 회사 1은 선량한 시민이다. 폐수를 정화해 강으로 돌려보내고, 굴뚝으로 가스를 내보내기 전에 유해한 연기를 제거한다. 채굴 작업으로 뒤집힌 땅에 나무와 풀을 심어 조경을 한다. 회사 2는 위와 같은 절차를 모두 무시한다.

두 회사가 동일한 실적을 발표한 이튿날, 회사 2에 하천과 대기 오염을 개선하라는 법원 명령이 떨어진다. 회사 2는 환경 파괴에 분노한 주민들이 제기한 손해배상 소송의 피고가 된다. 소송이 끝나기도 전에 회사 2의 이익은 제때 생태 보호 조치를 취한 회사 1의 절반 수준으로 감소한다.

셋째, 보고이익이 동일한 두 회사가 있다. 회사 1은 핵심 인력에게 경쟁력 있는 임금을 지급하고 승진시킨다. 회사 2는 최고의 인재들이 떠나고 남은 사람들은 파업을 생각할 정도로 직원들을 쥐어짠 결과가 지금의 이익이다.

개인 투자자로서 이러한 질적 차이를 회사의 보고이익에 어떻게 반영해 조정할 수 있을까? 연례 보고서에서 앞서 언급한 변수들을 찾을 수 있지만 비전문가로서 쉬운 일은 아니다. 금융 관련지에서도 저렴한 비용으로 전문적인 도움을 받을 수 있다. 최근 몇 년 동안 기업회계를 비판하는 자세한 보도가 많았다. 〈뉴욕타임스(The New York Times)〉 경제면, 〈배런즈〉, 〈월스트리트저널〉에서 이러한 기사를 다루었다. 회계 조작을 폭로하는 것은 이제 금융 담당 기자의 당연한 업무가 되었고 증권 애널리스트의 중요 임무 가운데 하나다.

분식회계에서 스스로를 보호하는 가장 좋은 방법은 분식회계에 관여하지 않는 것, 분식회계를 하는 사람과 어떻게든 연관되지 않는 것이다. 15장에서 이 문제를 이야기하겠다.

11장

감독 기관이 있어도 조작은 일어난다

70년 전 〈월스트리트저널〉 사설에서 찰스 다우(Charles H. Dow)는 이렇게 말했다. "능숙한 일부 트레이더는 '반응'을 이용한다. 시장이 항상 어느 정도 조작되고 있다는 이론에 근거한 것이다."*

다우의 뒤를 이어 〈월스트리트저널〉 편집자로 일한 윌리엄 피터 해밀턴(William Peter Hamilton)은 시장에 조작이 있다는 이론을 부정하지 않으면서도 이렇게 강조했다. "주식시장에서는 조작이 한 번 발생하면 스무 번 보도된다. 이처럼 과도한 보도는 시장의 움직임

---

* 찰스 다우의 1901년 사설에서 해당 부분을 번역하면 다음과 같다. "능숙한 일부 트레이더는 '반응'을 이용한다. 시장이 항상 어느 정도 조작되고 있다는 이론에 근거한 것이다. 시장을 끌어 올리고 싶은 대형 트레이더는 목록에 있는 모든 종목을 매수하지 않고 합법적인 매수 또는 조작으로 주도주 두세 종목을 매수한다. 그런 다음 다른 종목에 미치는 영향을 관찰한다. 시장의 심리가 낙관적이고 사람들의 성향이 자산을 보유하려는 쪽으로 기울어 있다면, 두세 종목의 상승을 본 사람들이 즉시 다른 종목을 매수하기 시작하고 시장은 더욱 높은 수준으로 상승할 것이다. 이것이 바로 대중의 반응이다. 주도주는 다시 한번 상승하고 전체 시장이 뒤따라 오를 것이다."

을 이해하려는 노력 없이 조작으로 모든 것을 설명하려는 비능률적인 기자들의 관행이다."

시세 조작이 위법 행위가 된 것은 35년도 더 된 일이다. 증권거래위원회가 시장을 감시하고 조작 세력을 기소한다. 정말 시세 조작은 과거의 일이 되었을까?

내 친한 친구 중에는 시세를 조작하는 사람이 없다. 내가 아는 사람 중에서도 찾을 수 없다. 하지만 자연은 여백을 싫어한다. 세계 어느 시장이든 조작으로 돈을 벌 기회가 있는 곳이라면 조작하는 사람이 있을 것이다. 그들 중에는 우리 당국과 법이 미치지 못하는 세력도 있을 것이다. 이것은 지저분한 주방에 바퀴벌레가 있을 것이라는 추론만큼이나 당연하다. 바퀴벌레의 먹이가 그곳에 있기 때문이다.

주식시장에서 조작은 어떤 기회를 노릴까?

S. A. 넬슨(S. A. Nelson)은 다우의 사설을 주로 인용한 자신의 책 《The ABC of Stock Speculation(주식 투기의 ABC)》에서 조작이 가능한 근본적 이유를 다음과 같이 설명한다. "대중이 범하는 가장 큰 실수는 가치가 아니라 가격에 주목하는 것이다."

이 사실은 넬슨의 책이 출판된 1900년대 초반과 마찬가지로 현재에도 유효하다. 사실 지금의 주식시장에 훨씬 더 들어맞는 사실일 것이다. 1960년대 후반 주식시장에 만연했던 '실적 숭배'의 바탕에는 기업의 내재적 가치보다는 가격, 즉 주가에 초점을 맞추는 태도가 있었다.

가치보다 가격에 주목한다는 것은 어떤 의미일까? 인간의 본성은 끊임없이 변화하는 세상에서 몇 안 되는 상수 중 하나다. 이 점을 강조하기 위해 《주식 투기의 ABC》를 다시 인용한다. "대중은 가치가 명백히 드러나기 전까지는 가치를 거의 인식하지 못한다. 가치가 드러날 때는 이미 가격이 상당히 높게 형성된 상태다. 경험상 투자자들은 주식이 더없이 쌀 때가 아니라 오히려 주식이 비쌀 때 싸다고 인식하는 경향이 있다."

토끼가 있었던 자리에 총을 쏘는 것은 투자에서 가장 흔한 실수 중 하나다. 앞서 언급했지만 다시 한번 강조한다. 토끼가 있었던 곳에 총을 쏘는 것을 비웃는 사람들이 가격이 오른 주식을 사고 내린 주식을 판다. 증권 애널리스트도 이 문제에서 자유롭지 않다. 자신이 안내해야 할 투자자의 태도를 오히려 그대로 반영해서, 주식이 비싸질수록 좋아하고 주식을 싸게 살 수 있는 기회에는 매력을 느끼지 못한다.

주식시장은 독특하다. 판매하려는 상품의 가격을 올려야 매수자가 몰린다. 그러나 성장 잠재력이 큰 주식에 장기적으로 대규모 포지션을 확보하려는 대형 트레이더라면 매수호가를 높이는 것은 역효과를 낳는다.* 오히려 주가가 오를 때마다 조금씩 주식을 팔면 1~2년 후 기대만큼 성과가 나지 않아 실망한 투기꾼들이 낮은 가격에 주식을 전부 처분할 수 있다. 이때 대형 트레이더는 유리한 가격에 주식을 대량으로 인수할 수 있다.

성장하는 위대한 미국의 주식시장에서는 무분별한 매도로 인한

---

* 주식을 대규모로 확보하기 전에 시장의 관심을 끌어 주가가 상승할 수 있다.

기회 상실과 손실이 현명하지 못한 매수로 인한 손실보다 몇 배는 더 많을 것이다. 그러나 내가 알기로 증권거래위원회는 주가를 낮추거나 상승을 막으려는 조작에는 지금까지 단 한 번도 주목하지 않았다. 아마도 입증이 거의 불가능하기 때문일 것이다.

다우는 로스차일드(Rothschild) 가문이 부동산을 매매할 때의 원칙은, 남들이 팔고 싶어 할 때 가치 있는 부동산을 매수하고 남들이 사고 싶어 할 때 매도하는 것이었다고 말했다. 그리고 이렇게 설명했다. "대단히 지혜로운 전략이다. 대중은 대개 잘못된 시기에 사서 잘못된 시기에 판다. 왜냐하면 시장이 적어도 부분적으로는 조작으로 형성되기 때문이다. 또한 대중은 조작된 상승세에 이끌리고, 이미 주가가 크게 상승한 후에 매수한다. 따라서 조작하는 세력이 팔고 싶을 때 대중이 사고, 그들이 사고 싶을 때 대중이 판다."

내가 알기로 내부 정보 조작과 남용 관련해서 아직 규제 기관이 공식 감시하지 않는 영역은 기업 인수와 합병이다. 일반적인 경영진은 언젠가 인수를 희망하는 기업의 주식에 개인적으로 투자하는 행위를 철저히 피할 것이다. 하지만 모든 사람이 그렇게 정직했다면 교도소는 텅 비었을 것이다.

[표 1] (358~379쪽)과 [표 2] (380~394쪽)에서 보듯, 기업 인수에서 부정직한 사람들이 미리 표시가 된 카드를 들고 게임을 할 여지는 매우 크다. 최고경영자는 인수 대상 기업의 주식을 개인적으로 사지 않더라도 조작으로 돈을 벌 기회가 많다. 최고경영자끼리 내부 정보를 교환한다면 다른 기업의 인수 정보를 미리 알고 해당 기업의 주식을 개인적으로 미리 살 수 있다. 모두가 끼리끼리 어울리는

법이다.

많은 사람은 주가 조작이 단순히 가격을 올리기 위해 서로 짜고 주식을 사는 것이라고 순진하게 생각한다. 그러나 이것은 주가 조작 세력이 이용하는 주요 수단이 아니다. 그들에게는 기업 이익을 조작하는 것이 훨씬 더 효과적이다.

1920년대 불황기에 〈월스트리트저널〉 철도 담당 기자들은 철도회사의 이익에 주기가 있다고 예상했다. 막대한 유지보수 비용을 지출하고 이익이 감소하는 시기를 지나면 유지보수 지출이 줄어들고 이익이 증가하는 시기로 이어지는 것이 당연하다고 여겼다. 새로운 경영진이 철도를 점검하고 열악한 노반 상태를 '발견'하면 막대한 비용이 소요되는 개선 작업이 수년간 계속된다. 선로 상태를 유지하기 위해 배당금을 삭감하거나 지급을 건너뛰는 경우도 있었다. 그 과정에서 철도회사 주가가 하락하는 것은 당연했다.

그렇게 하다 보면 인프라가 개선되어 유지보수 지출이 줄어드는 날이 온다. 이익이 성장하면 주가도 함께 상승했다. 이 과정을 '이해한' 투자자들은 이익이 둔화될 때 철도 주식을 사서, 유지보수 비율이 정상 수준 미만으로 낮아지고 이익이 개선될 때 매도했다.

그러나 증권거래위원회와 회계업계 개혁가들의 노력에도 불구하고 일부 기업은 여전히 실적을 조작한다.

업계의 가격 정책 변화로 기업 실적이 급격히 변화하는 것은 증권 애널리스트도 예측하기 어렵다. 수년간 치열하게 경쟁하던 기업들이 갑자기 협력하거나 가격 경쟁을 지양하고 안정적인 가격 정책으로 전환한다. 반면 협력하던 기업 사이에 갑자기 경쟁이 치열해진 경우는 예측하기가 좀 더 수월하다. 대개 장기간의 호황으로 지나치게 사업을 확장한 결과이기 때문이다.

클래런스 배런은 말했다. "진실이 없는 사실은 거짓이다. 언제나 둘을 연결하라." 주가가 2~3년 전의 3분의 1 수준으로 하락한 기업에 대한 부정적 기사를 읽을 때는 그 기사가 사실인지 여부는 물론이고 지금 보도되는 이유가 무엇인지 질문해야 한다. 기사는 사실이더라도 시기가 판단을 오도할 수 있다. 훌륭한 기자는 이 점을 인식하고 '이용'당하지 않으려고 노력한다. 언제나 최종 판단은 투자자 스스로 해야 한다.

쉽게 속는 사람이 있어서 조작하는 세력도 있다. 아프리카에 영양이 없으면 사자도 없다.

12장

랜덤워크를 주시하라

주식 거래는 매수자와 매도자가 각자 이익을 얻을 것으로 기대하기 때문에 성사된다. 매수자와 매도자 모두 상대방에게 손해를 끼치려는 의도는 없다. 매수자와 매도자가 같은 순간에 같은 주식에 대해 정반대의 행동을 취하는 것은 매매가 이루어지기 위해 반드시 해야 하는 행위이며, 모두가 같은 생각을 하지는 않는다는 것을 보여준다. 이처럼 생각에 차이가 없다면 우리가 아는 주식시장은 존재할 수 없다.

주식시장은 완전히 반대되는 의견이 지속적으로 발생하는 데 기반한 사업이다. 따라서 매수나 매도를 결정하는 방법에 대한 의견이 다른 것도 당연하다. 실제로 투자철학, 방법, 기법, 절차에 대해 서로 다른 다양한 견해가 존재한다. 그중에서도 특히 격렬히 충돌하는 것이 기본적 분석과 기술적 분석이다.

나는 양쪽 진영에 모두 경험이 있다. 44년간의 관찰과 연구 끝에 얻은 결론은 기술적 분석은 기본적 분석의 대안이 아니라는 것이다. 기술적 분석은 투자 판단에 중요한 정보를 추가로 제공하는 수단일 뿐이다.

전문 투자자는 기본적 분석으로 주식시장에서 앞으로 벌어질 일을 예상해야 한다. 또한 기술적 분석으로 현재 벌어지는 일을 파악해야 한다. 좋은 차트에는 정보에 입각한 투자자라면 누구나 쉽게 이용할 수 있는 정보가 들어 있다. 정보는 차트와 표를 통해서도 얻을 수 있다. 내게는 그림이 천 마디 말보다 더 유용하다. 차트는 시간을 절약해준다.

기본적 분석에 기술적 분석의 도움이 필요한 이유는 두 가지로 설명할 수 있다. 첫째, 아무리 훌륭한 분석가라도 전체 그림을 파악하기 어려울 때가 있다. 내가 가진 정보를 근거로 예측한 것과 실제 주가의 움직임이 다르다면 내가 놓친 것이 있음을 인정하고 그것을 알아내기 위해 더욱 노력해야 한다.

둘째, 기본적 분석가는 기술적 분석을 통해 자신이 호재를 일찍 접했는지 아니면 늦게 접했는지 알 수 있다. 정보를 일찍 접하고 늦게 접하는 데는 어떤 차이가 있을까? 그 차이에 따라 정보가 주가 상승을 '예고하는' 것일 수도 있고 주가 상승의 '원인'을 설명하는 것일 수도 있다. 정보와 주가의 관계는 시소와 같다. 주식을 사는 사람이 확인할 수 있는 증거나 정보가 제한적일 때는 주가가 하락하는 경향이 있다. 반대로 탄탄한 증거가 있다면 주가가 상승하는 경향이 있다.

때로는 조사와 분석에서 드러나지 않는 정보가 시장의 동향에서 드러나기도 한다. 시장을 조작하려는 사람이 아닌 한, 일반 투자자는 중개인에게 거짓말을 하지 않기 때문이다.* 사람들은 경쟁자, 동료 이사, 주주를 속일 수 있다. 아내를 두 번 속일 수도 있다. 그러나 전화기를 들고 중개인에게 매수나 매도 주문을 낼 때는 자신이 알고 있는 정보와 기대, 공포를 모두 이야기한다. 시세를 조작하려는 세력조차도 시장 동향 자체를 바꾸려는 시도는 하지 않는다. 이처럼 궁극적인 진실을 종합하면 어떤 사업가나 투자자도 무시할 수 없는 이야기가 만들어진다.

그러나 시장 분석에만 의존해서는 안 된다. 숙련된 사냥꾼은 헛간 옆으로 올라가는 코끼리 발자국을 발견하면 누군가 발자국을 그려 장난치고 있다고 생각한다. 그는 코끼리를 추적하는 대신 짓궂은 장난꾼을 찾는다.

무한에 가까운 가격 변동에서 의미를 찾기는 쉽지 않다. 내가 아는 어떤 정제 과정보다도 복잡하고 어렵게 느껴질 때도 있다. 많은 개인과 기업이 시장의 데이터에서 상관관계를 찾는 법을 발견했고 이것을 영업비밀로 간주한다. 방대한 양의 중복 작업을 수반했으리라 생각하지만 그 방법을 추측하는 것은 자제하겠다.

개인 투자자는 다음 두 가지를 알면 충분하다.

1. 주가 차트 대부분은 다음 중 하나에 해당한다.

---

* 투자자와 중개인의 정직한 소통은 중요한 정보의 원천이 되고 이것이 시장의 동향을 형성할 수 있다.

   a. 실제 가격

   b. 상대 가격

2. 아무리 예리한 분석가도 차트를 이용해 시장의 움직임을 예측할 수 있을 뿐이다. 시장의 움직임이 타당한지 여부는 다른 문제다.

누구보다 일찍 예측할 수 있다면 시장의 움직임이 타당한지 여부는 중요한 문제가 아니지 않을까?

그러나 1달러를 투자해 100달러를 벌고 싶다면 매우 중요한 문제다. 제대로 선택해 매수했더라도 목표를 달성하려면 시장의 수많은 부당한 움직임을 무시해야 한다.

사후적 판단이지만 1946년 5월부터 1949년 6월까지 이어진 주식시장의 하락세에는 타당한 이유가 없었다. 이 하락세를 무시한 사람만이 주식시장에서 돈을 벌 수 있었다.

상대 가격은 하나의 절대 가격을 또 다른 절대 가격 대비 백분율로 표시한 것이다. 상대 가격의 논리를 가르쳐준 프랜시스 듀폰 (Francis I. du Pont)과 함께 일한 것은 굉장한 특권이었다.

듀폰은 "경제와 금융의 문제점은 언제나 오염된 시험관으로 연구한다는 것"이라고 말했다. 듀폰(E. I. duPont de Nemours)사의 리서치 부서를 설립한 그는 시험관이라면 잘 알았다.

상대 가격을 이용하면 경제와 금융의 시험관에서 오염을 제거할 수 있다. 개별 기업의 주가나 이익을 시장 전체 주가나 이익의 평균으로 나누면 해당 기업의 주가나 이익에서 경제 전반에 공통으로 나타나는 변동 요인을 제거할 수 있기 때문이다. 그 후에는 분석할 대상의 고유한 특성만 남는다.

주가뿐만 아니라 상대 이익과 상대 PER을 분석하면, 절대적인 숫자만 보아서는 알 수 없는 많은 정보를 얻을 수 있다.

다우지수 대비 상대 주가의 이력에는 외부 요인이 제거된다. 상대 가격 선은 절대 가격 선보다 추세가 훨씬 더 지속적이다. 사실 당연한 현상이다. 기업도 사람과 마찬가지로 일관된 패턴이나 행태를 보이는 경향이 있다.

유나이티드프루트(United Fruit)의 상대 주가 차트를 보자. 여기서 예로 든 기업을 암묵적인 투자 제안이나 조언으로 여기지 않도록, 현재 거래되지 않는 주식을 선택했다.

차트에 표시된 기간은 제2차 세계대전이 끝난 후부터 유나이티드

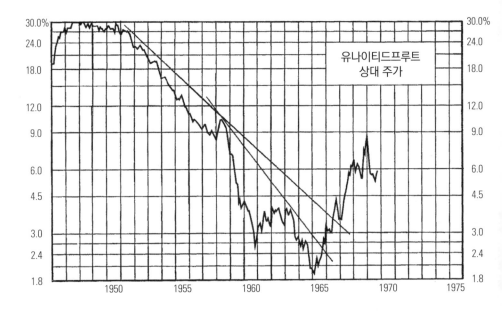

프루트가 AMK[현 유나이티드브랜드(United Brands)]에 합병된 1968년 말까지다. 굵은 선은 매월 말 유나이티드프루트의 주가를 다우지수 대비 백분율로 표시한 것이다. 주가가 다우지수의 움직임에 비례해 오르내렸다면 굵은 선은 기준선과 수평을 이룰 것이다.

1950년에 시작된 유나이티드프루트의 하락세는 끈질기게 지속되었다. 15년 후 상대 주가가 저점에 도달할 때까지 유나이티드프루트를 멀리했다면 좋았겠지만, 나는 상황을 반전할 수 있다는 유나이티드프루트 경영진의 희망을 때때로 믿었다.

상대 주가의 하락세가 꺾인 후 일어난 일에 주목하자. 하락세가 얼마나 분명했고, 상승 추세로 전환된 후 얼마나 확실한 변화가 있었는지 강조하기 위해 두 개의 직선을 겹쳐서 표시했다.

상대 주가를 이용해 장기 추세를 파악할 뿐만 아니라 주식시장의 전망도 가늠할 수 있다. 1955년 6월 13일 월요일로 거슬러 올라가 보자. 유니언카바이드(Union Carbide)의 종가는 100이었다. 이는 1965년에 2 대 1 분할을 거친 현재 주식의 종가 50에 해당한다. 같은 날 다우지수는 440포인트로 장을 마감했다.

실적 전망은 정확했다고 가정하자. 즉 유니언카바이드가 1966년에 1954년보다 146% 증가한 사상 최고 이익을 달성할 것을 알았고, 다우지수 기업의 이익이 같은 기간 102% 성장할 것도 알았다고 가정하자. 또는 1955년 유니언카바이드의 이익이 향후 12년간 연평균 7.8% 성장할 것을 알았다고 가정하자.

우리는 유니언카바이드를 샀을까?

많은 사람이 유니언카바이드를 샀다. 그러나 1966년 말까지 이

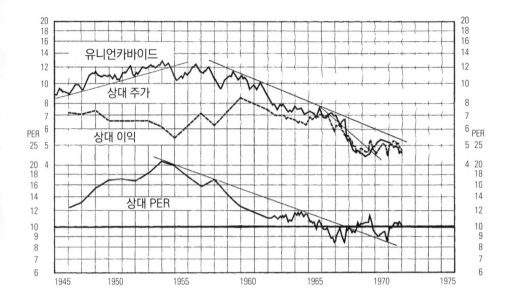

익이 146% 증가했음에도 불구하고 유니언카바이드는 1955년 6월 13일 월요일 종가보다도 5.5% 낮은 가격에 거래되었다. 반면 다우지수는 같은 기간 78% 이상 상승했다.

어떻게 이런 일이 가능했을까? 기본적 분석의 관점에서는 부당해 보일 수 있다. 이런 식의 장난은 주식시장에서 법으로 금지해야 한다고 생각할 것이다. 하지만 상대 PER을 보면 시장은 이미 1955년에 유니언카바이드의 이익 1달러에 다우지수 기업의 이익 1달러보다 2배 가까운 금액을 지불하고 있었다는 사실을 알 수 있다.

시장은 1955년 중반의 상대 주가를 근거로 유니언카바이드의 이익이 다우지수 기업의 이익보다 훨씬 더 빠르게 성장할 것으로 예상했다. 그 결과, 유니언카바이드 주식을 산 투자자들은 초기 수

100배 주식 불변의 법칙

익이 다우지수에 비해 낮더라도 가까운 미래에 더 높은 수익을 올릴 수 있다고 믿었다. 앞서 언급했듯이 유니언카바이드의 이익은 다우지수 기업의 이익보다 실제로 빠르게 성장했다. 그러나 시장의 기대를 정당화할 정도로 다우지수 기업을 크게 능가하지는 못했다.

시장의 반응에서 크리스마스에 선물을 받은 두 소년의 이야기가 떠오른다. 두 소년이 똑같은 자전거를 선물로 받았다. 사탕 지팡이를 기대했던 소년은 자전거를 받고 행복해했다. 야생마를 기대했던 다른 소년은 울음을 터뜨렸다. 상대 PER은 시장의 기대치를 평가하는 데 사용된다. 주가의 미래 움직임(강세 또는 약세)은 회사의 실제 실적이 시장의 기대를 능가하는지 혹은 기대에 못 미치는지에 따라 달라진다.

'현재' 나는 유니언카바이드를 어떻게 보고 있을까? 이 글을 쓰는 현재와 독자가 읽는 현재 사이에는 몇 달, 몇 년의 시차가 있을 수 있다. 각자 자신의 현재 재정 자문가에게 의견을 구하기를 권한다. 다만 한 가지는 말할 수 있다. 더 이상 시장은 유니언카바이드의 실적 성장이 다우지수 기업을 능가할 것이라고 기대하지 않는다. 이처럼 기대감이 없는 상황에서 앞으로 10년 동안 유니언카바이드의 실적이 다우지수 대비 상대적으로 개선된다면 시장은 상당히 우호적으로 반응할 수 있다.

10여 년 전 시장은 유니언카바이드에 대단한 실적을 기대했기 때문에, 양호한 실적에도 크게 실망했다. 이제 시장은 유니언카바이드에 대한 기대가 거의 없다. 이런 상황에서 좋은 실적이 발표되

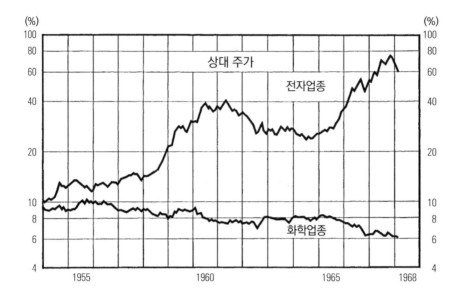

(%)			(%)

상대 주가
전자업종
화학업종

1955　　　　1960　　　　1965　　　1968

면 단순한 호재를 넘어 시장을 깜짝 놀라게 할 수 있다.

　상대 PER은 투자할 때 고려해야 하는 다른 어떤 요소보다도 특히 중요하다. 1954년부터 1966년까지 12년간 S&P 화학업종 평균과 전자업종 평균의 상대 주가를 비교한 차트를 보자. 1954년에 화학업종에서 전자업종으로 갈아탔다면 큰 수익을 올릴 수 있었다. 그 당시에는 이것을 어떻게 예측할 수 있었을까? 기업의 실적을 알았다면 당연히 업종도 제대로 선택했을 것이다.

　이 기간 동안 두 산업의 실적은 비슷하게 시작해서 비슷하게 끝났다. 대부분의 기간에 화학업종의 실적이 전자업종보다 더 좋았다. 상대 매출에서 실마리를 얻을 수 있을지도 모른다고 생각하겠지만 역시 큰 차이는 없었다.

　그렇다면 두 업종의 수익률 차이를 만든 것은 무엇일까? 이 기

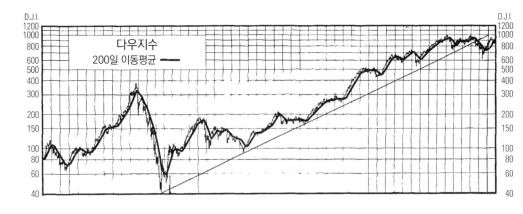

간 초반, 화학업종의 PER은 다우지수 PER의 2배였고 전자업종의 PER은 다우지수의 절반 수준이었다. 12년의 기간이 끝날 무렵 화학업종의 PER은 다우지수와 거의 동일했고 전자업종의 PER은 다우지수의 2배에 달했다.

절대 주가 차트를 보자. 절대 주가 차트는 축적(매수)이나 분배(매도)의 징후, 작용과 반작용의 원칙이 미치는 영향을 연구하는 데 활용된다. 다우지수의 50년 주가 차트는 추세의 개념을 보여준다. 다우지수는 1932년과 1942년의 저점을 이은 선 위에서 25년간 지속적으로 상승했다. 차트에서 동일한 비율의 가격 변동은 동일한 폭으로 표시된다. 그러므로 시장이 그 선 위에 머물렀다는 것은 35년이 넘는 기간 동안 연평균 약 9% 상승세를 지속했다는 뜻이다. 결국 이러한 상승 추세 외에 다른 추세를 경험하지 못한 한 세대가 성장해서 금융계를 이끌고 있다. 장기 상승 추세를 계절이 돌아오듯 당연하게 여기는 사람들도 있다.

'포인트 앤드 피겨(point-and-figure, 이하 P&F)' 차트는 주가 흐름

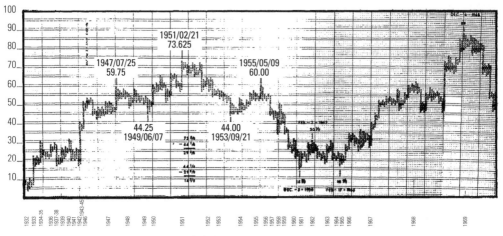

유나이티드프루트의 P&F 차트

을 보여주는 가장 오래되고 단순한 형태의 차트일 것이다. 이 차트
는 시간의 흐름은 무시하고 주가 변화만 기록한다. 주식이 1년 내
내 같은 가격에 거래된다면 차트에 새로운 표시가 추가되지 않는
다. 시장의 움직임이 활발할 때는 1940년대 5년간의 분량에 맞먹
는 수많은 표시가 단 1개월 만에 추가되기도 한다.

트레이더에게 P&F 차트는 주가 변동으로 축적(매수)이나 분배
(매도) 징후, 작용과 반작용의 패턴을 파악하는 데 특히 유용하다.
한편 현재 일반적으로 사용되는 기술적 분석 도구 가운데 가장 논
란이 많고 가장 많이 오용되는 것도 P&F 차트다. 실제 P&F 차트를
보자. 어떤 논리를 입증하려는 것이 아니라 단순히 사실을 보여주
기 위한 예시이므로 앞서 제시한 유나이티드프루트의 P&F 차트를
살펴보겠다.

P&F 차트를 선호하는 사람들은 이른바 '헤드 앤드 숄더 탑(head-

100배 주식 불변의 법칙

and-shoulders top)' 패턴을 주식시장의 전형적인 분배(매도) 신호로 해석한다. 왼쪽 그림에서 보이는 것이 바로 헤드 앤드 숄더 탑 패턴이다. 1947년 7월 25일에는 왼쪽 어깨가 59.75에 위치한다. 1949년 6월 7일에는 왼쪽 쇄골이 44.25, 1951년 2월 21일에는 머리가 73.625를 가리킨다. 1955년 5월 9일, 오른쪽 어깨는 60을 가리키며 왼쪽 어깨보다 정확히 25센트 높은 위치에 있다. 오른쪽 쇄골은 왼쪽 쇄골보다 정확히 25센트 낮다.

헤드 앤드 숄더 탑 패턴에서 좌우가 항상 대칭을 이루는 것은 아니지만 이처럼 균형을 이룬 전례가 없지도 않다. 기본적 분석가는 이것을 우연의 일치로 해석한다. 차트 분석가는 어떨까? 주가가 정점에서 얼마나 하락할지 예측할 수 있을까? 차트 분석가는 왼쪽 쇄골에서 머리까지의 거리를 왼쪽 쇄골에서 차감한다. 예시에서 주가는 왼쪽 쇄골 44.25에서 머리 73.625까지 29.375포인트 상승했다. 44.25에서 29.375를 빼면 14.875다. 거의 10년 후인 1960년 12월의 저점과 정확히 일치하는 가격이다.

당시에는 이 주식에 대해 시장에서 좋은 평가가 드물었다. 그러나 차트를 분석했다면 적어도 그 시점과 가격에서 특별히 주목할 만한 가치가 있다고 여겼을 것이다. 바닥에서는 늘 그렇듯 당시에는 이 주식에 대한 뉴스와 전망이 모두 좋지 않았다.

차트를 무시할 수도 있겠지만 성과형 펀드(performance fund)와 은행에서 차트 분석을 널리 활용한다는 사실은 적어도 차트에 관심을 가질 필요가 있다는 주장에 힘을 실어준다. 때로는 차트가 시장의 패턴이나 추세를 드러내 주식시장 변동에 대한 유일한 단서를 제공하기도 한다.

기술적 요인이 유도한 가격 변동은 기본적 요인을 이해하는 투자자에게 투자 기회를 제공하므로 환영할 일이다. 비합리적인 매수나 매도 이면에 있는 기술적 배경을 알면 펀더멘털에 대한 믿음을 유지하기가 훨씬 쉽다.

차트를 잘못 해석하는 것은 이윤, ROIC, 매출 성장과 같은 중요한 기본 정보를 잘못 해석하는 것보다 더 흔한 일이고 투자자에게 끼치는 손해도 훨씬 크다. 차트를 활용할 때 가장 큰 위험은 차트가 매매 지침이 되어 '매수 후 보유'라는 중요한 기회를 놓치는 것이다.

유나이티드프루트로 돌아가자. 운이 좋아서 1932년 최저가인 10.25달러에 주식을 매수했다고 가정하자. 1만 달러에 975주를 사고 3 대 1 주식 분할을 거쳤다. 보유한 주식을 1949년 6월 7일 최저가인 44.25보다 1달러 낮은 43.25달러에 매도해 헤드 앤드 숄더 탑 패턴을 확인했다고 가정하자.* 이 가격에 매도했다면 12만 6,506달러를 손에 쥔다. 수수료와 자본이득세를 합한 30%를 제한 순수익은 9만 1,555달러다. 이 순수익을 1960년 12월 5일 최저가인 14.875달러에 유나이티드프루트에 재투자하면 6,154주를 매수할 수 있다.

1968년 최고가인 88달러에 전체를 매도했다고 가정하자. 이

---

* 헤드 앤드 숄더 탑 패턴은 약세 반전 패턴으로, 주가가 하락 추세로 전환할 가능성을 시사한다.

100배 주식 불변의 법칙

전 고점인 2월 13일(2-13)에서 이전 저점인 12월 5일(12-5)을 빼면 213에서 125를 빼서 88이 나온다. 총 매도 수익은 54만 1,552달러 이고 수수료와 자본이득세를 제한 순수익은 40만 6,553달러다.

이처럼 가격이 크게 변동할 때 완벽한 타이밍을 포착했다면 투자금을 40배로 불릴 수 있었다. 그동안 수백 개 주식이 100배 이상 올랐다. 우리는 제대로 된 목표를 조준하고 있을까?

상승기의 종료일에서 시작일을 빼서 목표 가격을 구한다는 생각이 기발하지 않은가? 왜 이 생각을 진작 하지 못했을까! 나는 44.25에서 73.625로 상승한 기간이 6월 7일(6-7)에 시작해서 2월 13일(2-13)에 끝나는 것을 관찰했다. 213에서 67을 빼면 146이다. 다음 하락기 가격의 저점은 14.875였다.

나는 가격의 상승 추세가 끝나는 날짜에서 시작하는 날짜를 빼면 다음 하락 추세 때 가격 하단의 '신호'를 찾을 수 있다고 생각했다. 마찬가지로 하락세가 시작되는 날짜(2-13)에서 하락세가 끝나는 날짜(12-5)를 빼면 다음 상승 추세의 가격 상단의 '신호'를 발견할 수 있을 것이라고 생각했다.

실제로 그랬다.

주가는 랜덤워크(random walk), 즉 무작위 행보를 따른다. 그러나 버드워크(bird walk), 즉 탐조에 나서듯 눈을 크게 뜨고 걷는다면 훨씬 더 큰 재미를 찾을 수 있다.

13장

때로는 고통이 독이 된다

예전에 프린스(Prince)라는 이름의 복서 개를 키웠다. 프린스는 조금 둔한 편이었다. 날씨가 추우면 바닥보다 거실 소파에 누워 있기를 좋아했다. 프린스가 소파를 자꾸만 망가뜨려서 우리는 소파에 작은 덫을 올려놓았다. 프린스가 그 위에 누우면 덫이 프린스의 부드러운 아랫배를 꼬집었다. 깜짝 놀란 프린스는 소파에서 내려가 기억이 희미해질 때까지 소파 근처에 얼씬도 하지 않았다. 1주일, 어떨 때는 2주일까지도 효과가 있었다.

프린스가 조금만 더 영리했다면 아픔을 소파가 아니라 덫과 연관 지었을 것이다. 소파에 덫이 있으면 멀리 떨어져 있고, 덫이 없으면 소파에서 편안히 지낼 수 있었을 것이다. 그만큼 영리하지는 못했던 프린스는 추론 대신 기억에 따라 행동했다.

주식시장에서 사람들이 행동하는 방식도 이와 비슷하다. 사후에 알게 된 수익성 있는 전략을 지금 적용한다. 10일, 10개월, 10년 전이라면 통했겠지만 지금과는 상황이 크게 다르다. 많은 사람이 토끼가 있었던 자리에 총을 겨눈다.

나도 그랬다. 1927년 증권가에 발을 들인 나는 외부 영향에 쉽게 좌우되었다. 증권가에서 내가 처음 경험한 것은 1929년 9월부터 1932년 7월까지 이어진, 길고 야만적인 하락장이었다. 그 하락세가 내 잠재의식에 깊이 각인되었던 것 같다.

1929년 강세장이 정점에 도달하기 몇 달 전, 나는 서던레일웨이(Southern Railway) 보통주를 주당 140달러에 매수해서 몇 주 뒤 주당 160달러에 되팔았다. 나는 당시 허용된 대로 주당 20달러 증거금만 납부하고 차입금을 활용해 주식을 매수했고 주당 20달러 수익을 올려 투자금을 2배로 불렸다(수익률 100%). 내 투자 성과를 보며 J. P. 모건(J. P. Morgan)에게 형제애를 느낄 정도였다.

오래된 이야기지만 누군가 모건에게 코세어(Corsair) 요트의 유지비가 얼마나 드는지 묻자 모건은 "그게 중요하다면 요트가 감당이 안 될 겁니다"라고 대답했다. 언젠가 나도 요트를 구입하면 그렇게 말해야겠다고 생각했다.

〈월스트리트저널〉에도 하락장을 예견한 사람들이 있었다. 나는 하락세 초반에 여러 주식을 공매도했다. 주가 하락이 가속화되고 워싱턴 정치인들이 증권가를 저격하자 우리 발행인은 직원들의 공매도를 전면 금지했다. 나는 공매도했던 커티스퍼블리싱(Curtis Publishing) 주식을 회사 방침에 따라 주당 90달러에 매수해야 했다. 커티스퍼블리싱은 1932년에 주당 7달러에 거래되었다.

동료 기자들은 공매도를 하지는 못했지만 최소한 시장을 벗어나 있었다. 내가 160달러에 팔았던 서던레일웨이 주식이 8달러로 떨어지기 전까지는 나 역시 시장과 거리를 두고 있었다. 8달러는 내가 주식을 정리한 1929년에 서던레일웨이가 지급하던 연간 배당금 수준이었다.

주가가 매도 시점의 배당금 수준으로 떨어진 것을 보고 매수 기회라고 생각했다. 나는 주당 8달러에 50% 증거금으로 서던레일웨이 주식을 최대한 많이 매수했다. 그러나 서던레일웨이 보통주는 불과 몇 달 만에 주당 2.50달러까지 하락했고 나는 투자금 전액을 잃었다.

그때는 잃을 것이 많지 않았기 때문에 손실도 그다지 크지 않았다. 하지만 그때 배운 '교훈' 때문에 훗날 수백만 달러의 대가를 치러야 했다. 나는 평생 동안 위험을 감수하는 데 지나치게 소극적이었고 너무 빨리 팔았다.

1935년 루스벨트 대통령이 계획적 리플레이션(reflation)*을 직접 설명하는 것을 들었고, 금본위제가 무효화되던 날에는 미국 대법원 취재를 담당하고 있었다. 그럼에도 불구하고 기억이 추론을 압도했다. 나는 과거의 규칙이 여전히 유효한 것처럼 행동했다. 수없이 많은 사람이 그랬다.

중개인 시절 내가 거래하던 한 대학의 기부기금(endowment fund)은 다우지수가 200포인트를 향해 올라가는 동안 점진적으로 주식

---

* 디플레이션을 벗어나면서 인플레이션을 유발하지는 않을 정도로 통화를 재팽창시키는 정책을 의미한다.

　　　　　　　　　　　　　100배 주식 불변의 법칙

을 매도하고, 100포인트를 향해 내려가는 동안 점진적으로 주식을 매수하는 전략으로 오랫동안 운용되었다. 사후적으로 보면 1934년 부터 1946년까지는 이 전략으로 엄청난 돈을 벌 수 있었다.

그러나 다우지수가 160에서 1,000포인트로 상승한 1946년부터 1966년까지 이 전략은 완전히 실패했다. 10여 년 전에 효과적이었을 매도와 매수 기준을 사후적 판단으로 '지금', 즉 1946~1966년에 고수한 탓에 펀드의 스폰서들이 대가를 치렀다.

내가 100배 수익을 내는 주식을 경험한 것은 1932년 4월에 알루미늄[Aluminium Ltd. 현 알칸(Alcan)]의 D 워런트 100단위를 매수한 것이 시작이었다. 나는 3.75달러에서 1.125달러 사이의 가격에 단주(odd lots)로 매수했다. 워런트가 만료될 무렵 알루미늄 주가는 주당 50달러가 넘었다.

나는 투자금을 추가하는 대신 중개인을 통해 주당 30달러 증거금으로 워런트를 행사해서 주식을 추가 확보했다. 1937년 3월에는 마지막 10주를 처분해서 주당 100달러가 넘는 수익을 거두었다. 8개월 후 주가는 60달러 이하로 떨어졌다. 내가 현명했거나 운이 좋았던 것처럼 보였다.

하지만 알루미늄 주식을 매도하지 않고 지금까지 보유했다면 당시 10주는 현재 300주가 되어 총 시가평가액이 원금의 700배에 달할 것이다. 알루미늄 주식을 계속 보유했다면 자본이득세나 중개수수료를 부담할 필요도 없었다. 300달러 증거금 계좌에 대한 이자만 지불하면 되었다.

서던레일웨이 보통주 매매로 나는 '저점 매수'와 '고점 매도'가

부로 향하는 길을 안내한다고 확신했다. 완전히 틀린 생각이었다. 시장의 변동성을 포착해 활용하는 전략은, 설령 성공해서 수익을 올리더라도 제대로 매수해서 보유한 결과에 비하면 푼돈에 불과하다.

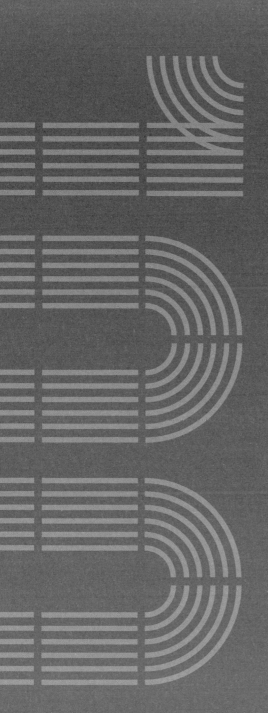

14장

컴퓨터가 세상을 지배하지 못하는 이유

컴퓨터가 세상을 움직이는 시대다. 하지만 선사 시대의 조상들은 언어, 논리, 수학이 없이도 수백만 년을 살았다. 인디언이 눈앞에 나타나기 전에 새들이 노래를 멈추자마자 곧바로 달아난 조상들 덕분에 지금 여기에 있는 사람도 있을 것이다. 어쩌면 현대인은 답을 찾기 위해 숫자에 과도하게 집착하는 것은 아닐까?

다음 기본 경제 원칙 3가지를 컴퓨터에 입력해보자.

첫째, 시장가격은 심리가 좌우한다. 아무도 원하지 않는 것은 가치가 없다. 아무리 구하기 어렵고 제작에 비용이 많이 들더라도 누군가가 원하는 만큼의 가치를 지닐 뿐이다.

상품이나 서비스의 시장을 추정하는 방법은 다양하다. 공통적으로 기본이 되는 것은 누군가가 얼마나 간절히 원하는지, 그리고 구하기가 얼마나 어려운지다. 경제학에서 일컫는 수요와 공급이다.

사람이 살아가는 데 반드시 필요한 것에는 꽤 일정한 수요가 있다. 숨 쉴 공기, 마실 물, 먹을 음식은 확실한 시장을 확보했다. 불확실성은 공급 측면에 있다. 만일 (달 위에 플라스틱으로 만든 돔 형태의 이주지처럼) 각자가 간신히 숨 쉴 만큼만 공기가 있고 다른 선택의 여지가 없다면 누구든 공기를 얻기 위해 무엇이라도 내줄 것이다.

지구에서와 같이 공급이 충분해서 누구나 원하는 만큼 공짜로 공기를 얻는다면 돈을 주고 공기를 사려는 사람은 없을 것이다. 타이어에 주입하는 압축 공기나, 방을 식히고 드라이아이스를 만들 수 있도록 차갑게 만든 공기를 제외하고 일반적인 공기는 시장에서 가치를 갖지 못할 것이다. 시장에서 판매하는 것도 사실은 단순한 공기가 아니라 압축, 냉각 또는 응고시킨 공기로 표현되는 에너지다.

노아(Noah)의 방주 시대처럼 물이 넘쳐나서 원하는 사람이 없다면 물도 가치를 갖지 못할 것이다. 예외적으로 얼음, 증기, 낙수 정도만이 그것이 품은 에너지로 인해 매수자를 찾을 것이다. 물 공급이 풍부하더라도 오염이 심해 마실 수 없거나 안전하지 않다면 지금도 그렇듯 순수한 물이 시장에서 가치를 가질 것이다. 끔찍한 생각이지만 지금과 같은 추세라면 부유층이 순수한 물을 사서 마시듯 가정과 사무실에서 깨끗한 공기를 사서 쓰는 날을 보게 될지도 모른다.

음식도 마찬가지다. 하지만 좋아하는 음식이 풍부해지면 그 음식을 더욱 많이 먹고 다른 음식은 아예 먹지 않을 수도 있다. 이 경우 다른 음식은 시장에서 가치를 잃을 것이다. 사람이 소비하지 않는 식량이 다른 용도로도 활용되지 못해도 가치를 잃는다. 소에게 먹이는 사료용 옥수수는 사람들이 먹지 않는 것을 활용한 사례다. 아무리 신선한 옥수수라도 아주 굶주리지 않는 한 사람의 주식이 되지는 못한다. 그러나 옥수수를 먹여 키운 소의 고기는 즐겨 소비되고 따라서 옥수수에 가치가 매겨진다.

시장에서 소비자가 현재와 미래에 기꺼이 지불할 가격 수준을 알지 못한다면 생산에 비용이 얼마나 들었는지 따지는 것은 무의미하다. 이 사실을 명심해야 한다. 사업에서 사람들이 원하는 것을 제공하는 대신 그들이 무엇을 원해야 마땅하다고 강요하는 것은 옳지 않다. 고객이 왕이라는 말은 이런 의미다. 고객을 거역하고 성공한 혁명은 없다.

둘째, 사람이 만든 법은 사람에 의해 바뀔 수 있다. 법이 바뀌면 더 좋아질 것이라는 충분한 합의가 있다면 법은 빠르게 바뀔 것이다. 헌법과 대헌장, 국제연합의 법에서 작은 시골 마을의 조례까지 모두 마찬가지다.

셋째, 특정 대상에 대한 누군가의 권리가 그것을 지키려는 다른 사람의 능력과 의지보다 더 가치 있을 수는 없다. 이것은 아무리 강조해도 지나치지 않다. 여기서 다른 사람은 동료 시민일 수도 있고, 약소국이 자국의 일을 스스로 결정하지 못하도록 "손을 떼라" 라고 명령하는 이른바 강대국의 시민일 수도 있다.

여론과 법은 물과 얼음의 관계와 같다. 즉 형태만 다를 뿐, 본질은 동일하다. 정치와 재산권도 마찬가지다. 재산권은 중력과 같은 절대적인 자연 법칙이 아니다. 사람들이 맺은 사회적 계약에서 파생된 것이다. 오늘날 인류의 절반 이상은 재산권이 거의 혹은 전혀

　　　　　　　　　100배 주식 불변의 법칙

없다. 재산권을 가진 세계 일부 지역이 눈부시게 발전하자 재산권이 발전을 장려하는 중요한 유인책이라고 주장하는 것처럼 보인다. 그러나 재산권은 불변의 것이 아니다.

그 소유권의 근거가 되는 법을 만드는 대중에게 불리한 방식으로 사용되는 재산에 대해서는 누구도 엄격한 소유권을 보장받지 못한다. 이것이 바로 세 번째 법칙이 의미하는 것이다. 비록 공익을 위해 사용하더라도 너무 많은 재산을 소유하면 사회가 그 일부를 회수한다. 누진 소득세율과 상속세가 회수 수단이다.

생물학자에게 벌레를 잡아먹는 까마귀에 대한 도덕적 판단이 중요하지 않듯이, 이러한 방식의 옳고 그름은 투자 심리를 이해하는 데 중요하지 않다. 우리 선조 순례자들이 그러했듯이 인류는 모두가 아무것도 갖지 않았던 시대에서 한 사람이 모든 것을 소유하는 시대로(루이 14세의 "짐이 곧 국가다"), 그리고 또다시 무소유의 시대로 여러 곳에서 여러 차례 변화를 경험했다.

양극단 모두 편하지 않았다. 행복한 중간 지점을 찾기 위한 노력은 지금도 계속되고 있으며 앞으로도 그럴 것이다. 승자가 되어도 구슬을 하나도 가질 수 없다면 아무도 이기려고 노력하지 않을 것이고 재미를 잃은 게임은 곧 끝날 것이다. 현상을 유지하기 위한 패자의 결집은 더딜 수밖에 없기 때문이다. 승자가 모든 것을 독식해도 게임은 계속될 수 없다. 유일한 승자 혼자서 현상을 지속시키는 것은 불가능하다.

이 기본 경제 원칙 3가지는 수학자가 아니더라도 충분히 이해할 수 있다. 숫자는 그다음에 계산하면 된다. 그러나 이 3가지 원칙을 무시하거나 원칙에 도전하는 기업을 본다면 멈춰서 숫자를 볼 필요도 없다. 그 주식을 팔고, 걷지 말고 빠르게 달려 달아나라. 어떤 가격에서든 다시 사고 싶은 유혹에 넘어가서는 안 된다.

15장

윤리의 이익

앞서 투자에는 두 가지 접근법이 있다고 언급했다. 개념적 접근법과 회계적 접근법이다. 정확히는 세 가지가 있다. 그리고 이 세 번째 접근법이 장기적으로는 가장 중요하다. 바로 윤리적 혹은 영적 접근법이다.

가장 크게 섬기는 사람이 가장 크게 성공한다. 장기적으로 볼 때 이것은 개인은 물론 기업에도 해당한다. 높은 지위에 있는 냉소주의자를 경계하라. 쉽게 돈을 버는 예술가나 거저 얻으려는 사기꾼을 피하라. 남의 것을 훔쳐서 내게 주는 사람은 결국 내 것도 훔칠 것이다. 내가 투자하려는 기업이 더 나은 세상을 만드는 데 기여하고 있느냐고 스스로에게 물어라. 그렇다고 대답할 수 없다면 전염병을 피하듯 멀리하라.

자본이득을 추구하는 것은 세계 최고 두뇌의 정수에 맞서 싸우는 것과 같다. 정직하지 못한 상품을 거래하면서 자신이 다른 누구보다 영리하다고 믿는다면 어리석은 생각이다.

"신뢰하지 않는 사람과는 절대로 거래하지 말라." 이것은 재산을 지키고 마음의 상처를 줄이는 법칙이다. 아무리 유혹적인 제안을 하고 아무리 빠르게 수익을 올릴 기회를 보장하더라도 고객을 돕는 것이 아니라 고객을 속이려는 사람과 조직이라면 피해야 한다.

평지에서 철로를 보면 철로 양쪽이 지평선 부근에서 한 점으로 모인다. 장기적인 시각에서 보면 무엇이 옳고 무엇이 가장 수익성이 높은지 어렵지 않게 알 수 있다. 50여 년 동안 이런저런 보도를 해오면서 나는 사기꾼보다 이기적이고 바보보다 탐욕스러운 것이 근시안적인 사람이라고 확신하게 되었다.

비현실적이고 이상적인 이야기라고 생각하는가? 이 황금률에 따라 JC페니(J.C.Penney)를 설립하고 운영한 제임스 캐시 페니(James Cash Penney)는 3,500만 달러의 재산을 남겼다. 헨리 포드(Henry Ford)는 거대한 부를 쌓았다. 이들의 성공은 오래 지속되고 있다. 반면 1달러를 벌던 곳에서 금융 기법을 이용해 2달러를 벌려고 했던 일부 대기업 모사꾼들의 경력은 짧게 불타오르고 사그라졌다.

35년 전 〈배런즈〉 편집장 시절, 나는 한 자동차회사의 고위 임원을 방문했다. GM 연구소에서 깊은 인상을 받았던 나는 이 회사에서 어떤 연구를 하고 있는지 물었다.

"더 나은 자동차가 나온다면 우리가 모방한 것입니다."(당시 뷰익은 "더 나은 자동차가 나온다면 뷰익이 만든 것입니다"라고 광고하고 있었다.)

물론 농담이었다. 웃고 넘길 일이었는지도 모른다. 하지만 1936년 주식시장의 저점과 고점과 비교하면 1971년 고점에서 GM의 주가는 다른 기업보다 3배 이상 더 뛰었다. 투자자에게는 웃어넘길 수 없는 차이다.

다우존스를 가장 크게 성장시킨 CEO인 버나드 킬고어(Bernard Kilgore)는 "정직한 사람을 속이기는 굉장히 어렵다"라고 자주 강조했다. 도둑질하겠다는 마음으로 문제에 접근하면 더 전문적인 도둑에게 당하기 쉽다. 동료와 직원을 이롭게 하겠다는 생각으로 회사를 운영하거나 투자하는 사람은 속임수에 훨씬 덜 취약하다. 성공한 사기 행위의 오랜 역사에서 미끼는 언제나 "거저 누리는 대박"이었다.

보도의 진실성(integrity)은 〈월스트리트저널〉이 재정적으로 큰 성공을 거둘 수 있었던 탄탄한 토대였다. 킬고어와 내가 합류하던 당시, 케네스 호게이트(Kenneth Hogate)가 회사를 이끌고 있었다. 정치적으로 민감한 자리였던 워싱턴 지국장과 이후 〈배런즈〉 편집장으로 일한 11년 동안, 나는 단 한 번도 기사의 방향에 대해 지시를 받은 적이 없었다. 이것이 호게이트와 그가 이끈 〈월스트리트저널〉의 모회사 다우존스에 내가 표하는 최고의 경의다.

물론 인류를 섬기는 방법에는 여러 가지가 있다. 인간은 빵만으로는 살 수 없다. 지난 40년 동안 주가가 100배로 성장한 많은 기업은 모두가 꿈꾸던 동화를 현실로 구현했다.

화장품업계의 선두 기업이 거둔 큰 성공은 영원한 젊음에 대한 사람들의 갈망에서 비롯된 것이다. 수백, 수천 킬로미터 밖에서 일어나는 일을 보고 듣게 하는 텔레비전은 마법의 거울이다. 모든 병을 치료하는 약에 대한 보편적인 갈망은 제약회사가 달성한 성공

의 근간이다. 마법의 양탄자에 대한 인류의 열망은 포드의 모델 T*
에서 보잉 747 항공기에 이르기까지 운송 수단의 발전이 벌어들인
부를 뒷받침한다. 컴퓨터는 인간의 정신에 먼 거리를 한걸음에 이
동하는 마법의 신발을 신긴다. 컴퓨터는 인간의 두뇌가 할 수 없는
일을 놀라운 속도로 처리한다.

투자의 윤리적, 영적 측면을 강조하는 데는 세 가지 주된 이유가
있다. 첫째, 기업은 매우 중요한 측면에서 인간의 신체와 유사하
다. 오랜 친구를 15년 만에 만난다고 가정해보자. 생물학적으로 두
사람이 마지막으로 만났을 때 존재했던 세포는 현재 단 한 개도 남
아 있지 않다. 그러나 두 사람은 쉽게 서로를 알아보고, 마지막으
로 만났을 때 서로가 관심을 가졌던 것들을 문제없이 기억해낸다.
죽어가는 세포 하나하나가 비슷한 세포로 충실히 대체되기 때문
이다.

기업도 마찬가지다. 아무리 넓은 마음으로 균등한 기회 보장을
위해 헌신한다고 해도 사람들은 '자신과 비슷한 사람'을 채용하고
승진시키는 경향이 있다.

도덕적으로 타락한 사람들이 대기업 수장이 되어 오랫동안 자
리를 지키면, 그들이 떠난 뒤에도 그 악행은 사라지지 않고 기업
내부에 남는다. 그들은 자신과 비슷한 사람을 조직에 데려와 더 높
은 직급으로 올려보낸다. 이렇게 유입된 도덕적 암 덩어리는 단순
히 가장 높은 자리에 있는 사악한 천재 하나를 없앤다고 해서 제

---

* 1908년에 출시되어 미국의 자동차 시대를 열었다는 평가를 받는다.

거되지 않는다. 나쁜 경영진이 나가고 좋은 경영진이 그 자리를 대체하더라도, 나쁜 경영진이 데려와 심어둔 부도덕한 인물을 조직에서 제거하는 데는 30년이 걸릴 수도 있다. 도덕적 원칙이 없는 경영진이 지배하는 조직에서 빠른 변화를 기대하는 것은 어리석은 일이다.

반대도 마찬가지다. 브루스터 제닝스(Brewster Jennings)는 내가 지금의 모빌오일에서 일했던 11년의 대부분 기간에 그곳의 최고경영자였다. 나는 홍보 부서를 통해, 회사가 심각한 분쟁에 휘말리게 되었다는 보고를 받았다. 나는 상대를 무너뜨릴 수 있는 공개 성명서를 준비했다. 제닝스에게 그의 이름으로 발표될 성명서를 건넸다. 자료를 주의 깊게 읽은 제닝스는 이렇게 말했다. "기술적으로는 맞는 이야기입니다. 법정에서도 통할 것 같군요. 하지만 석유업계를 잘 아는 사람이라면 이것이 사실이 아니라는 것을 알 겁니다. 업계에 능통한 사람들이 의문을 가질 이야기는 하고 싶지 않아요. 다른 방식으로 접근해봅시다." 그 자리에는 우리 두 사람뿐이었고 그는 진심이었다.

나는 지금까지 한 번도 이 일화를 공개한 적이 없다. 그 일은 경영자가 지녀야 할 자질의 표준을 높였고, 그가 떠난 후에도 여전히 기업 안에 살아남아 이어진다.

경영진의 도덕적 투명성이 의심되는 조직에 대한 투자를 피하는 것이 바람직한 두 번째 이유는 나쁜 것을 보기 좋게 꾸미고 기업의 행동과 결과에 가면을 씌우는 방법이 너무 많다는 점이다. 같은 사업으로 발생한 이익도 보고 방법이 매우 다양해서 회계 전문가도 조사하기가 쉽지 않다. 전문 회계사 사이에서도 무엇이 옳은지 의견의 일치를 보기 어렵다면, 법적으로 용의주도하고 도덕적으로는 파산한 기업의 경영진이 만든 교활한 미로를 비전문가인 일반 투자자가 어떻게 빠져나올 수 있겠는가.

감옥을 만든 것은 사람이고, 감옥에 가두기가 가장 어려운 것도 사람이다. 한 사람이 만들 수 있다면 다른 사람이 되돌릴 수 있다. 어떤 법이 통과되고 증권거래위원회가 아무리 거대해져도 남을 속이고 사기를 치는 사람은 항상 존재할 것이다. 최선의 방어책은 교활한 사기 행위의 첫 번째 전조가 있을 때 가능한 한 빨리 도망치는 것이다. 주식시장에서 투자할 기업은 무수히 많다. 경영진의 진실성이 의심되는 기업을 사는 것은 불필요하고 전적으로 어리석은 일이다.

윤리적 투자의 세 번째 이점은 자신만큼 뛰어나지 못한 다른 누군가에게 (훨씬 더 비싼 값에) 떠넘기려는 의도로 주식을 사는 함정을 피할 수 있다는 점이다. 투자 세계에는 '나보다 더한 바보' 이론이 있다. 이 이론에 따라 투자하는 사람은 나보다 더한 바보를 찾지 못할 수도 있다는 사실을 생각해야 한다.

"앞으로 10년 동안 모든 시장이 문을 닫는다고 생각하고 주식을 매수하라." 나는 직원들에게 이렇게 강조한다. 성과가 투자의 전부였던 시절에 제정신이 아니라는 소리를 들을 법한 말이다. 나는 여전히 이것이 옳다고 믿는다. 내가 좋다고 믿는 주식을 사서 평생 보유한다고 기대할 때 다른 사람들도 그 주식을 좋아하게 될 가능성이 높다. 언젠가 그 주식을 팔기로 했을 때도 역시 현명한 매수자가 매력을 느낄 것이다. 좋은 주식에는 언제나 수요가 있다.

나는 돈을 버는 투자에 대해 이야기하고 있다. 트레이딩은 재미있다. 큰 판돈을 걸고 브리지나 포커를 할 때처럼 골치 아픈 문제를 잠시 잊을 수 있다. 그러나 사람들 대부분에게 단기 트레이딩은 부로 가는 길을 방해하는 막다른 골목이다.

우리는 대부분 물질적 풍요를 원한다. 따라서 평균적인 몫보다 훨씬 더 많은 것을 얻으려면 평균에 안주하는 사람들과의 경쟁에서 어떻게든 벗어나야 한다. 개인뿐만 아니라 기업도 마찬가지다. 경주에서 1등과 2등, 3등 사이에는 큰 차이가 있다.

나만의 노하우가 있으면 경쟁자가 줄어든다. 내 회사의 방식을 배우는 데 시간이 오래 걸릴수록, 더 적은 비용으로 같은 수준의 일을 할 수 있는 경쟁자는 줄어든다. 부지런함도 경쟁자를 줄인다. 진실성도 그렇다. 사실 진부해 보이는 덕목 대부분이 경쟁자를 줄이는 요소다. 내 일을 잘 해내기 위해 노력해서 익힌 능력이 남들이 내게 바라는 것과 일치할 때 경쟁자는 줄어든다.

내 투자가 성공할 수 있을지 궁금하다면 내가 투자한 회사와 같은 일을 하는 회사는 얼마나 되고 수요는 얼마나 되는지 확인하라. 사람들이 내가 투자한 회사의 제품과 서비스를 원하고 그 회사가 유일한 공급자라면 성공적인 투자다. 독보적인 지식, 재능, 기술을 보유한 회사는 공공의 이익에 부합하고 규제에서 벗어난다. 누구나 이러한 독점 기업이 되고 싶어 한다. 반드시 목표에 도달해야만 승리하는 것은 아니다. 사회 대부분은 목표를 향해 확실하게 나아가는 것 자체를 성공으로 간주한다.

100배 주식 불변의 법칙

100배 오를 주식을 찾아서 최대의 수익을 얻으려면 돈을 버는 것이 유일한 목표인 기업을 매수해서는 안 된다. 인생에서 직선은 두 점 사이의 최단 거리가 아니다. 제 목숨을 구하려는 자는 죽을 것이요, 남을 위해 제 목숨을 내놓으면 살 것이다.

인간의 욕구와 필요를 충족시키려는 열의를 동력으로 삼아 인류의 문제를 해결하려는 열정으로 가득 찬 사람과 조직에 베팅하라. 선한 의도만으로는 충분하지 않지만 열정과 지성이 결합된 기업은 굳이 이익만을 추구할 필요가 없다. 더 나은 세상을 추구하는 기업에 이익은 뜻밖의 배당처럼 따라올 것이다.

16장

전능한 자아 대 전능한 돈

에고노믹스(egonomics)는 자아(ego)에 경제적 도움이 되는지를 기준으로 판단하고 결정을 내리는 행위다. 이기심이 인간의 본성이라고는 하지만 진정한 에고노미스트(egonomist)는 절대로 이타적이지 않다. 심지어 이타적으로 보일 때조차도 겉으로 보이는 자신의 관대함이 갖는 홍보 효과와 광고 가치를 계산하고 그것이 돈이 된다는 것을 감지한다. 에고노미스트에게 객관성은 이단이다. 오로지 사업과 사회적 위계질서에서 자신의 위치, 즉 자아만이 중요할 뿐이다.

다음 대화는 에고노미스트가 사고하는 방식을 잘 보여준다.

"2 더하기 2는 뭐지?" 선생님이 물었다.

"제가 살 때인가요, 팔 때인가요?" 학생이 대답했다.

에고노믹스는 투자와 어떤 관련이 있을까? 아주 깊은 관계가 있다. 나는 이것이 마음에 들지 않지만 현실주의자인 전 파트너 하드윅 스타이어스는 이렇게 말했다. "이게 현실이야. 받아들일 수 없으면 못 살지."

우리가 투자한 기업을 경영하는 최고 임원진부터 살펴보자. 그들은 이코노믹스(economics)보다 에고노믹스를 우선시하는 사람들인가? 그렇다면 어떻게 알아차릴 수 있을까?

절대로 그들에게 직접 물어서는 안 된다. 일단 묻고 나면 더는 기회가 없을지도 모른다. 그들의 목소리는 너무 커서 무슨 말을 하는지 알아들을 수가 없다. 그래서 주의 깊게 관찰해야 한다.

기업의 에고노미스트는 이윤보다 기업 규모를 키우는 데 더 관심이 있다. 기업의 이익 창출력을 높이기 위해서가 아니라 업계에서 자신의 존재를 더욱 크게 드러내기 위해 주주들의 돈을 쓴다. ROIC가 낮은데도 "경쟁력 향상을 위한 것"이라며 자본적 지출을 늘리는 기업은 맨 위에 에고노미스트가 있을 확률이 높다. 기업이 매출과 이윤보다 본사 건물에 더 관심이 많다면 팔아치워라. 에고노미스트 임원들이 흰개미처럼 기업의 기둥을 갉아 먹는 중이다.

기업이 더 큰 사회적 책임을 부담해야 한다는 사람들의 목소리가 벌써 들리는 듯하다. 내 생각도 그렇다. 하지만 나는 기업이 돈을 버는 대신이 아니라 돈을 벌면서 사회적 책임을 다하길 바란다.

자유사회에서 요구 자본수익률의 평균에 크게 못 미치는 수익을 내는 벤처에 사람들의 돈을 투자하게 만드는 것은 자신도 모르는 사이에 우리 경제를 저해하는 행위다. 우리 경제 체제에서는 이윤과 ROIC가 온도계 역할을 한다. 즉 이윤이 높으면 투자를 늘리고, 이윤이 낮으면 투자를 줄이거나 아예 하지 말아야 한다. 오랫동안 낮은 이윤과 평균 이하의 ROIC를 기록한 산업에 계속해서 새로운 자금을 투입하는 것은 자원과 인력을 잘못 활용하는 것이다. 사업을 접어야 하는 기업도 있고 경영진이 물러나야 하는 기업도 있다. 반드시 그래야만 하는 상황이 되기 전에 알아서 그만두는 사람은 거의 없다. 누가 따뜻한 임원실에서 추운 바깥으로 나서겠는가. 주주를 만족시키지 못하는 경영진은 물러나게 해야 한다.

　매년 유보이익을 영업에 재투자해서 거둔 이익이 주주가 직접 자본을 활용해 얻은 수익에 못 미칠 때도 경영진은 당연히 물러나야 한다. 철강업계가 좋은 사례다.

　다음은 철강업계 선두 기업인 US스틸의 과거 10년 치 실적이다.

	ROIC(%)	ROE(%)
1970	4.2	4.1
1969	5.4	6.1
1968	6.0	7.3
1967	4.6	5.2
1966	6.1	7.6
1965	6.5	7.3
1964	5.8	6.5
1963	5.1	5.6
1962	4.2	4.5
1961	4.7	5.3
1960	8.0	9.1

　같은 돈을 채권에 투자했다면 1970년에 2배나 높은 수익률을 거

　　　　　　　　　　　　　　　　　　　100배 주식 불변의 법칙

두었을 것이다.

나는 철강업에 전문가는 아니다. 일반인으로서 높은 인건비, 강성 노조, 외국산 철강 수입으로 인한 문제에 안타까운 마음이 없는 것은 아니다. 하지만 미뤄진 희망은 마음을 병들게 한다. 실적을 즉시 개선하거나 더 이상 사업에 주주들의 돈을 투자하지 않는 것이 경영진의 과제다.

투자회사 스커더, 스티븐스 앤드 클라크는 35년 전 '기념비에서는 배당금이 나오지 않는다'라는 제목의 작은 책자를 발행했다.

책에는 다음과 같이 쓰여 있다.

기업이 위용을 자랑하기 시작하면 현명한 투자자들은 조용히 빠져나온다. 수익을 위해 설계된 것이 아니라 상징물에 불과한 기념비에서는 배당금이 나오지 않기 때문이다.

거대 철도회사 거의 모두가 과거의 이익을 기념하는 거대하고 우스꽝스러운 묘비를 한 개 이상 세우고 있다. 은행 이사들은 웅장한 건축물의 강당에서 왕에게 임명받던 과거의 영광을 침울한 얼굴로 곱씹는다. 무너지기 직전까지도 경영진을 위해 100만 달러를 들여 골프장을 짓고 소궁전 여러 개로 이루어진 마을을 만들던 섬유 제국도 있다. 공장을 관리하는 화려한 본사 건물은 배당금을 지급하지 않은 것을 기념하는 건축물이다.

신생 기업은 언제나 위험하다. 열에 아홉은 6년 이내에 사라진다. 제품이 경쟁에서 우위를 점하고 대중에게 꾸준히 사랑받을 수 있을지, 재무구조가 불황과 예상치 못한 난관의 충격을 견딜 수 있을지, 경영진이 리더로서 필요한 자질을 키울 수 있을지 장담하지 않는다. 이러한 우려가 있는 곳에 투자하는 것은 순전히 투기다.

그러나 때때로 살아남을 힘이 있다는 것을 보여주는 기업이 있다. 그런 기업은 경쟁자에게 먹잇감이 아니라 두려움의 대상이다. 그들은 시장을 장악한다. 찰스 케터링(Charles Kettering)*과 같이 선두에 설 능력과 결단력을 갖춘 드문 천재들이 생산을 주도한다. 용기와 상상력, 결단력을 갖춘 투지 넘치는 경영자가 회사를 이끈다. 현실주의자가 자금을 관리한다. 피를 맛보았고 피를 좋아하는 패기 넘치는 젊은이들로 이루어진 훌륭한 조직이 있다. 그들의 사업은 아직 개척되지 않은 새로운 분야이자 앞으로 수년간의 기회를 약속하는 분야에 있다.

이런 사업에 적절한 시기에 적절한 가격으로 투자하는 것이 부를 축적하는 방법이다.

그러나 대담함과 위대한 아이디어, 신속한 공략이 필요하고 큰 보상이 따르는 이러한 사업을 구축하고 나면 대개 안일함과 무기력이 뒤따른다. 앞장서 싸우던 리더는 늙고 피곤하고 오만해진다. 창의적이던 천재의 시야가 흐려지고 새로운 아이디어를 받아들이지 못한다. 현실주의자는 탐욕스러워지거나 비열해지고 더 이상의 발전을 가로막는다. 어느덧 청년에서 중년이 되어 개인적인 명성과 보상을 노리는 이들의 음모가 성공을 경험한 뒤 물러진 조직을 마침내 분열시킨다.

인간이 마지막까지도 버리지 못하는 감정은 자부심이다. 인생에서 무

---

* 미국 교수, 과학자, 발명가, 사회철학가로서 델코를 창립하고 이후 GM 부사장으로서 연구소를 이끌었다.

언가를 만들어낸 창조적인 시절이 이미 과거가 된 사람은 자신의 업적을 증명할, 가시적이고 영속적이며 멋진 무언가를 만들고 싶은 충동에 빠진다. 그것은 고결한 충동이다.

같은 맥락에서 오랫동안 업계를 지배하고 돈을 번 기업이 영속적이고 실체가 있는 무언가로 자부심을 키우고 그를 통해 리더십과 힘을 과시하려고 하는 것은 당연하다.

그러나 기업은 이를 감당할 여유가 없다. 사업은 고정된 사물이 아니며 움직이고 진보한다. 과거는 아무런 의미가 없고 오로지 내일이 중요하다. 낡은 생각, 신념이나 기준, 심지어 자부심에 얽매여서는 안 된다.

사업에서 가장 큰 문제는 늙지 말아야 한다는 것이다.

발이 빠르고 수완이 뛰어난 기업은 무릎이 뻣뻣해져 경직된 기업이 제아무리 힘이 세도 언제든 이길 수 있다.

오래된 기업은 선례와 전통에 의존하는 경향이 있다. 변화를 견디지 못하고 끊임없이 변화하는 대중의 취향을 무시한다. 명성은 훼손되고 좋은 제품은 구식이 된다. 충성도가 떨어진 판매업자는 생기가 넘치는 의욕적인 업체에 마음이 끌린다. 새로운 세대가 등장한다. 그들에게 낡은 관습은 아무런 의미가 없다. 기업의 움직임이 둔화되고 기념비로서의 위엄은 정적인 것이 된다. 기념비에서는 배당금이 나오지 않는다.

사업의 숨겨진 가치를 이해하지 못하면 투자는 단순한 추측과 직감의 수준을 넘어설 수 없다. 회사가 오랫동안 이익을 창출할 능력이 있다는 확신이 필요하다. 재무제표만으로는 기업의 이익 창출력을 파악하기 어렵다. 건물과 기념비가 기업의 가치를 말해주지는 않는다. 이익은 인간의 정신과 노력, 즉 훌륭한 리더십에 돌아오는 보상이다.

그러나 에고노믹스에는 실속 없는 허세 외에도 더 많은 투자 위험 요소가 있다.

나는 대기업의 고위 임원 두 사람과 일한 적이 있다. 모두 유능했다. 하지만 동료와 부하 직원을 대하는 태도는 완전히 달랐다. 임원 1은 누군가 아이디어를 제시했을 때 좋은 점이 있으면 받아들여 개선하고 그 공로를 인정했다. 임원 2는 아이디어의 부족한 점을 부풀리고 그것을 제시한 사람을 폄하했다. 동료와 부하 직원을 상대로 지적 우월성을 입증하는 것이 우선이었던 임원 2보다 임원 1에게 훨씬 더 많은 제안이 올라온 것은 당연하다. 임원 2로 인한 내부의 결속력 저하는 아무리 강조해도 지나치지 않을 것이다.

투자업계 사람들은 특히 자아와 관련해 문제가 많다. 남의 아이디어를 받아들이지 않으려는 사람이 있는가 하면, 자아가 다치는 일이 없도록 남이 저지른 실수만 되풀이하는 사람도 있다.

업계 최장기 투자 기록을 보유한 스커더 스페셜펀드(Scudder Special Fund)의 최고경영자를 수년간 역임한 해밀턴 체이스(Hamilton Chase)의 성공 비결 중 하나는 친절함이다. 나는 해밀턴을 알고 지낸 30년 동안 그가 정보 제공자에게 잘못된 과거 투자 판단을 언급하는 것을 단 한 번도 보지 못했다.

투자자가 경영진에게서 확인할 비통계적 자질 첫 번째가 진실성(integrity)이라면(15장 참고) 두 번째 조건은 평정심이다. 투자자는 경영진의 평정심을 어떻게 판단하고 평가할 수 있을까?

평정심을 판단하는 데 정신과 의사와의 상담 기록은 필요하지 않다. 금융 관련 매체를 주의 깊게 읽으면 경제학보다 에고노믹스에 더욱 큰 영향을 받는 경영진을 파악하는 다양한 방법을 찾을 수 있다. 경영진 구성을 살펴보는 것도 그중 하나다.

경영진 가운데 유능한 사람이 한 사람 이상인가? 아니면 한 사람이 스포트라이트를 독차지하고 있는가? 유능한 사람이 다수라면 그들은 경쟁자보다 앞서 나가기 위해 노력할 것이다. 또한 높은 연봉에 걸맞은 능력을 입증하기 위해 노력할 것이다. 1인이 이끄는 기업을 경계하라. 그런 기업은 조금만 삐끗해도 큰 문제가 생길 수 있다. 스포트라이트를 독차지하는 사람은 은밀한 방식으로 회사에 해를 끼친다. 그의 최측근도 그가 있는 한 성과를 인정받을 수 없다는 것을 알기 때문에 회사를 떠난다. 그들의 빈자리는 더 많은 부하 직원으로 어렵지 않게 채울 수 있을지 모르지만 조직에 활력을 불어넣는 생기는 사라질 것이다.

몇 년 전, 오래전에 다른 기업에 흡수된 기업의 최고경영자를 방문했다. 그는 조명이 어두운 넓은 사무실에서 남쪽으로 난 창을 등지고 앉아 있었다. 나는 눈앞에 있는 그의 윤곽만 겨우 알아볼 수 있을 뿐이어서, 경찰서에서 범인을 식별하기 위한 용의자 대열에서 있는 기분이었다. 상대가 직원이든 외부인이든 그런 방식으로 대응해서 우위를 점하려는 최고경영자가 있는 기업이라면 돈을 투자하지 않겠다고 결정하는 데는 30초도 걸리지 않았다. 내 판단은 옳았다. 그런 기업은 주가가 아무리 떨어져도 결코 저렴하다고 할 수 없다.

정반대 사례도 있다. 세계 최대 홍보회사인 힐 앤드 놀턴(Hill and Knowlton)의 설립자이자 대주주인 존 힐(John W. Hill, 81세)이다. 두뇌가 거의 유일한 자산인 치열한 업계에서 힐은 직원을 공식 석상에 등장시키고 직함과 고객 관리 등을 통해 직원을 부각했다. 자신보다 더 유능한 사람을 주변에 두는 것이 그의 목표였다. 과연 그 목표를 달성할 수 있을지 의심스러울 만큼 그는 현명한 경영자의 면모를 보여주었다.

에고노믹스에 대한 내 생각이 사소한 것으로 보일 수도 있다. 하지만 연기 냄새로 화재경보기보다 더 빠르게 위험을 감지할 수 있는 법이다.

1927년 내가 〈월스트리트저널〉에 입사할 당시 회사의 소유주였던 클래런스 배런은 사람의 행동에 대한 자신의 분석을 신뢰했다. 배런은 입사 지원자에게 면접 당일 신문 기사를 잘라 오게 했다. 다시 다듬어야 할 수준으로 기사를 오려냈다면 더 이상 면접을 진행하지 않았다. 그런 사람은 부주의하고 소모적이며 관찰력이 부족하고 똑똑하지 않다고 판단했다. 가윗날의 끝이 아니라 가윗날이 만나는 지점을 보는 법을 배웠다면 주변을 침범하지 않고 원하는 기사를 깔끔하게 잘라낼 수 있었을 것이다.

100배 주식 불변의 법칙

17장

인플레이션을 통제하는 알약은 없다

화폐

동양에서는 종종 성스러운 장소에 들어가기 전에 신발을 벗어야 한다. 서양에서는 화폐에 대해 논의하기 전에 머리를 내려놓아야 한다. 극소수 전문가만이 이 주제를 이해하기 때문이다.

세계적으로 많은 민주 정부가 경제 환경을 책임지는 지금, 화폐를 폭넓게 이해하는 것은 매우 중요하고 또 시급한 문제다. 투자자라면 필수적으로 화폐를 이해해야 한다. 어린 양이 자라서 성체가 되듯 투자는 그 자체만으로도 금전적 가치가 불어날 수 있다. 그 자체로는 가치가 변하지 않는 투자라도 측정 단위가 달라지면서 금전적 가치가 증가할 수 있다.

현명한 투자를 하려면 다음과 같은 현실적인 질문에 변변치 않은 답이라도 할 수 있도록 노력해야 한다.

무엇이 화폐에 가치를 부여하는가?

무엇이 화폐의 가치를 변화시키는가?

화폐로 무엇을 할 수 있는가?

화폐로 무엇을 하고 있는가?

화폐를 이해하는 극소수에 해당하는 척하지는 않겠다. 나는 《이상한 나라의 앨리스(Alice in Wonderland)》에서 당당하게 왕을 쳐다보는 체셔 고양이처럼 대담하게 이 질문에 대한 답을 찾으려고 한다.

화폐의 가치는 다음 3가지 요소 가운데 하나 이상에서 비롯된다.

1. 내재가치

2. 세금

3. 정부의 명령(fiat), 즉 가격과 임금 통제

이 가운데 가장 역사가 깊은 것은 내재가치다.

최초의 화폐는 그 자체로 가치가 있었다. 예를 들면 금, 소금(샐러리, 즉 월급이라는 단어의 기원이다), 조가비, 상아, 얍섬(Island of Yap)에서 한때 화폐로 사용한, 속이 빈 커다란 돌 등이 있다. 이것을 화폐로 해서 상품과 서비스를 얻는 것은 공통분모가 있는 물물교환이었다.

이처럼 내재가치가 가치를 결정하는 화폐는 추가 단위의 화폐를 생산하기 위해 그 추가 단위로 구매할 수 있는 만큼의 노동력이 필요하다. 이런 화폐는 그 가치만큼 공급에 비용이 추가되기 때문에 가치가 유지된다. 가치를 부풀려서 얻는 이득, 즉 공짜로 얻는 것이 없기 때문에 가치를 부풀리려는 유혹이 없다.

내재가치는 더 이상 직접적으로 달러의 가치를 결정하지 않는다. 5달러 지폐의 가치는 5달러일 뿐이다. 5달러 지폐 자체는 아무것도 담보하지 않는다. 다른 무엇과도 교환되지 않는다.* 일부 오래된 지폐에는 "소지인이 요청하면 미국 정부가 5달러를 지불한다"라고 명시되어 있다. 그러나 5달러 지폐를 그대로 돌려주어도 약속은 이행된다. 5달러이기 때문이다.

최근까지만 해도 외국 중앙은행만이 자국이 보유한 달러를 금으로 교환할 수 있었다. 이제 모두가 알다시피 그들은 미국이 원할 때만 금을 얻을 수 있다. 과거에는 금 1온스에 21달러를 지불했다. 1971년에 금 지급을 중단하기 전까지는 금 1온스당 35달러를 지불했다. (물론 금 지급을 중단하지 않았다면 미국은 국제통화기금이 발행한 새로운 '페이퍼 골드'를 제공하는 방법을 선택했을 것이다.) 프랭클린 루스벨트 대통령 시절, 미국 정부는 누구의 허가도 받지 않고 금 가격을 변경했고 또다시 그렇게 할 수 있다. 다른 국가도 그렇게 할 수 있고 실제로 그렇게 해왔다. 주권 국가(그리고 미성년자)의 계약은 구속력이 없다.

돈으로 무엇을 살 수 있는지가 돈의 가치를 결정한다고 주장할 수 있다. 그러나 우리는 돈으로 살 수 있는 것을 결정하는 요인이 무엇인지 이해하려고 한다. 화폐의 구매력은 화폐의 가치를 측정

---

* "연방준비제도 지폐는 금, 은 또는 기타 상품으로 교환할 수 없다(Federal Reserve notes are not redeemable in gold, silver, or any other commodity)." – 미국 연방준비제도 웹사이트

100배 주식 불변의 법칙

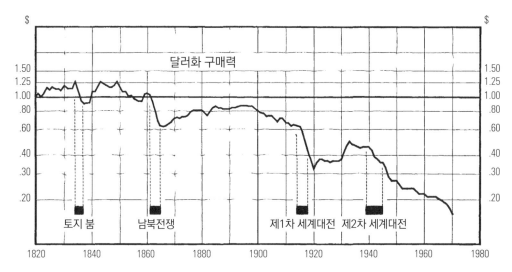

$$
\begin{array}{c}
\text{달러화 구매력}
\end{array}
$$

토지 붐   남북전쟁   제1차 세계대전   제2차 세계대전

구매력 변화: 같은 돈으로 예전만큼 구매할 수 없다.

하는 척도일 뿐이지, 화폐의 가치를 결정하는 요인이 아니다.

수요와 공급이 화폐의 가치를 결정한다고 주장할 수 있다. 그러나 우리는 화폐의 수요와 공급을 결정하는 요인을 이해하려고 한다. 독일인이나 일본인에게 미국 달러가 갖는 의미를 생각하면 쉽다.

그들에게 5달러 지폐에 내재된 가치는 없다. 교환이 불가능하다는 사실은 중요하지 않다. 즉 원하지만 구할 수 없거나 더 싸게 구할 수 없는 물건을 5달러 지폐로 다른 곳에서 살 수 있는지 여부는 중요하지 않다. 다른 곳에서도 미국 달러를 무한정 원하지는 않을 것이다. 그들이 미국에서 원하는 곳에 투자하고 원하는 것을 사기 위해 필요한 만큼만 원할 것이다.

다른 국가가 미국에서 얼마나 많은 것을 구매하고 싶은지는 미국 상품과 서비스의 가격과 품질에 달려 있다. 화폐를 이해하려면 미국 상품과 서비스의 가격과 품질을 결정하는 요인이 무엇인지 알아야 한다.

여기에서 화폐의 가치를 결정하는 두 번째 요인으로 이어진다. 바로 세금, 정확히 말하면 정부 지출 대비 세금이다. 네잎클로버로 세금을 납부하도록 허용한다면 네잎클로버가 화폐로 통할 수 있다. 네잎클로버 공급량에 비례해 네잎클로버로 납부할 수 있는 세금의 종류를 늘리거나 줄임으로써 네잎클로버의 가치를 높이거나 낮출 수 있다. 누군가 네잎클로버 공급량을 2배로 늘릴 방법을 찾아내더라도 그에 비례해 세금을 인상하면 네잎클로버의 가격을 안정적으로 유지할 수 있다.

요점은 본질적으로 가치가 없는 화폐, 심지어 교환 가치가 없는 화폐에도 '세금'이 가치를 부여할 수 있다는 것이다. 세금 납부 수단이 아니었다면 아무런 가치가 없었을 화폐의 발행 규모(공급)에 비해 납부할 세금(수요)이 충분히 많기만 하면 된다.

나는 1920년대에 콩고에서 이러한 현상을 목격했다. 벨기에 프랑은 서양인의 눈에는 유용했지만 원주민에게는 쓸모없는 화폐였다. 원주민들은 옷이 필요하지 않았다. 원주민 여성은 밭과 양 떼를 돌보았다. 바나나는 야생에서 자랐다. 원하지도 않고 필요도 없는 돈을 벌기 위해 어째서 어두운 구덩이 속에서 땀을 흘려야 한단 말인가.

이 문제는 세금과 인위적으로 유도한 교환 가치의 조합으로 해결되었다. 콩고의 깨끗한 공기를 마시는 특권에 인두세가 부과되었다. 남성들은 상점이 있고 임차료가 무료인 회사의 주거 단지(마을)로 가족과 이주할 수 있었다. 얼마 지나지 않아 사람들은 인두세를 내기 위해 돈을 받고 돼지를 거래하기 시작했다. 아내는 남편에게 회사 잡화점에서 파는 고급 의류를 사 오게 했다. 머지않아 원주민의 재정에는 인두세보다 훨씬 더 중요한 문제가 많아졌다. 벨기에 프랑은 소금만큼이나 귀해졌다. 현대의 광고가 그렇듯 회사 상점이 콩고인들에게 인위적인 필요와 욕구를 만들어낸 것은 아닐까?

화폐의 가치를 결정하는 세 번째 요인은 정부의 명령이다. 무슨 뜻일까? 예를 들어 내가 마스크로 얼굴을 가리고 기관단총을 겨드랑이 아래 낀 채, 사람들에게 손목에 찬 시계를 1달러에 사겠다고 말한다. 1달러에 시계를 내놓지 않는 사람은 총에 맞을 것이다. 내가 진심이라고 생각하거나 진심일지도 모른다고 두려워하는 사람들은 내게 시계를 판다. 이처럼 시계를 1달러에 파는 것과 빼앗기는 것의 차이는 절대적인 원칙의 문제가 아니다. 정도의 차이가 있을 뿐이다. 판매자가 생각하는 가치보다 낮은 가격에 상품이나 서비스를 제공하도록 강요하는 다른 모든 계약도 마찬가지다.

명목화폐(fiat money)는 미국이 말하는 대로 가치를 갖는다. 말한 것을 지킬 수 있을 만큼 미국이 크고 강하기 때문이다. 물가와 임금 통제는 명목화폐가 활용하는 수단이다. 물가와 임금 통제 아래서 사람들은 정부의 흥정을 받아들일 수밖에 없다. 완전한 자유사회였다면 이런 흥정에 응하지 않았을 것이다. 거부하는 사람에게 처음부터 총을 쏘지는 않는다. 대신 법정으로 끌고 간다. 역사적으로 보면 체제 불평등을 거부하는 반란이 일어난 뒤 그 반란을 진압

할 때 총을 쏜다.

정부가 물가와 임금을 통제하는 경우는 크게 두 가지다. 첫째, 화폐의 고유한 가치를 포기할 때, 둘째, 화폐의 구매력이 급락하는 상황에서 이를 견제하기 위해 세금을 부과할 의지가 부족하고 대중의 지지도 얻지 못할 때다. 즉 통제는 정치적 무능과 도덕적 파산을 공개적으로 자백하는 행위다. 통제를 가하려는 결정에 초당적으로 협력할수록 국가가 처한 상황이 더욱 심각하다는 뜻이다.

전쟁 중에는 통제가 용인된다. 사람도 징집하는 상황에 돈을 징발하지 못할 이유가 없다. 평시에는 통제가 허용되지 않는다. 단, 정부의 오랜 무책임에 따른 결과에 대처하기 위해 일시적으로 긴급한 조치를 취해야 하는 경우는 예외다.

한편으로 정부의 명령은 통제와 관계없이 중요하게 고려할 요소다. 모든 달러 지폐에는 두 가지 문구가 적혀 있다. "우리가 믿는 하나님 안에서(In God we trust)." 또 다른 문구는 안타깝게도 요즘 들어 더욱 중요해졌다. "이 지폐는 모든 공적·사적 채무를 변제하는 법적 효력을 갖는다(This note is legal tender for all debts, public and private)." 이는 채권자가 원하든 원하지 않든 채무자가 이 지폐를 내밀면 받아야 한다는 뜻이다. 지폐를 다른 가치 있는 것과 교환할 수 있다는 보증이 없는 한, 애초에 특정 무게와 순도의 금으로 변제받기로 하고 돈을 빌려준 채권자라면 지폐로 받기를 거부할 것이다.

습관이나 경직된 사회 시스템은 화폐의 구매력 변화를 늦추지만 화폐의 가치를 결정하지는 않는다. 하룻밤 사이에 모든 화폐의 가치가 반토막 난다고 해도 다음 날 모든 가격이 2배로 뛰지는 않는다. 새로운 가격 수준에 적응할 시간이 필요하기 때문이다. 임금과 물가가 오르지 않는 한, 집세와 식비를 2배로 지불할 수는 없다. 한동안은 습관적으로 이전 가격을 받는 사람도 있을 것이다. 결국은 기본 요소가 우세할 것이다.

국제적으로 미국 정부가 온스당 35달러에 해당하는 금(또는 IMF 등가물)에 대한 모든 중앙은행의 수요를 충족시킬 능력과 의지가 있는 한, 미국 달러의 고유한 가치는 보장되었다. 그러나 외국의 금 수요가 미국의 금 보유량을 초과했기 때문에 국제수지를 합리적인 수준으로 유지해야 했다. 이는 미국이 수출 가격을 지나치게 높게 책정하거나 수입품과 해외여행에 지나치게 탐닉해서는 안 된다는 뜻이기도 했다. 1971년에는 1893년 이후 처음으로 수입이 수출을 초과할 위기에 처하면서 상황이 심각해졌다.

닉슨 행정부는 예산의 균형을 맞추고 달러 발행 속도를 늦춤으로써 날러화의 구매력을 안정시키려고 했다. 금리와 실업률이 급격히 상승했다. 물가도 상승세를 지속했다. 연방준비제도는 금리를 낮추기 위해 달러를 찍어내 국채를 사들였다. 이것이 인플레이션을 초래했다. 정부는 실업률을 낮추기 위해 막대한 적자 예산을 편성하고 감세를 제안했다. 이것 역시 인플레이션을 유발하는 조치였다. 인플레이션에 대응하기 위해 닉슨 대통령은 임금과 물가를 동결하는 조치를 발동했다.

이것은 빅토르 위고(Victor Hugo)의 이야기를 떠올리게 한다. 신이 쥐를 창조했다. "이런! 실수했네." 실수를 바로잡기 위해 신은 고양이를 창조했다. 닉슨 대통령의 동결 조치는 고양이다. 우리 모두

고양이가 사람을 잡아먹는 호랑이로 자라지 않기를 기도해야 할 것이다.

인플레이션을 겪지 않으면서 인플레이션의 효과를 내려는 인간의 욕망에서 문제가 비롯된다. 그런 알약은 아직 존재하지 않는다.

인플레이션

인플레이션의 원인과 치료법은 무엇일까?

인플레이션은 속임수다.

무상으로 무언가를 얻으려는 데서 비롯된다.

정부가 가난한 사람들이나 베트남에 있는 미국 군인을 위해 우리에게서 무언가를 가져가서 어떤 조치를 취했다면 인플레이션은 발생하지 않았을 것이다. 가난한 사람들과 군인이 가진 것은 늘어나고 우리가 가진 것은 줄어들었을 것이다. 수요와 공급의 균형은 변하지 않을 것이다.

정부가 다른 출처에서 자금을 조달하지 않고 경제에 새로운 자금을 투입하면* 공급 대비 수요 증가로 이어진다. 낮이 저물고 밤이 오듯 자연스럽게 물가가 상승한다. 이것이 인플레이션이다.

이 문제를 해결하는 방법은 아주 간단하다. 무상으로 무언가를 얻으려는 시도를 중단하면 인플레이션을 방지할 수 있다.

의회가 세금을 활용하기로 의결하거나 정부가 국민에게서 돈을

---

* 통화량 순증

100배 주식 불변의 법칙

빌리지 않는 한, 의회가 지출하기로 의결한 달러 액수는 속임수에 불과하다. 아무리 좋은 정책을 위한 것일지라도 조폐기로 찍어낸 돈으로 자금을 조달한다면 베드로에게서 돈을 훔쳐 바울에게 빌린 돈을 갚는 것과 다르지 않다.

물론 좋은 정책을 이행하기 위해 세금을 인상해야 한다거나 국가 부채가 무제한으로 늘어나도 좋다는 의미는 아니다. 세금은 고통스럽다. 세금은 납세자를 아프게 한다. 생산적인 투자와 자녀 교육, 노후 대비 여력을 감소시킨다. 채권 발행은 세금을 나중으로 미루는 것일 뿐이고 궁극적으로 세금 부담을 가중시킨다.

따라서 정책 하나하나마다 그 혜택을, 세금으로 비용을 부담하는 데 따른 손해와 비교해야 한다. 무엇보다 중요한 것은 지출을 의결할 당시의 세금 비용과 혜택을 비교하는 것이다. 그러지 않으면 피할 수 없는 세금이 더욱 큰 비용으로 돌아온다.

인플레이션은 실제로 가장 잔인한 형태의 세금이다.

한편 무상으로 무언가를 얻으려는 모든 행위가 인플레이션을 유발하는 것은 아니다. 현재 받는 임금의 2배를 요구하면 단순히 일자리를 잃는 것으로 끝날 수 있다. 은행 강도와 사기꾼도 인플레이션과는 무관하다. 우리 계좌에서 그들의 계좌로 돈이 옮겨 갈 뿐이다. 즉 그들의 범죄는 통화 공급량에 영향을 미치지 않는다.

비용 상승으로 인한 인플레이션은 어떨까? 생산성 향상 이상으로 임금 인상을 누리는 노조는 인플레이션에 책임이 있을까? 인상된 임금을 충당하기 위해 가격을 인상한 고용주가 인플레이션의 주범일까?

물론 어느 쪽도 책임이 없다. 노조가 지나치게 많은 것을 요구하면 조합원이 일자리를 잃는다. 고용주가 가격을 과도하게 올리면 제품이 팔리지 않을 것이다. 이것이 경제 이론이다. 그러나 잔인한 현실이 아름다운 이론을 살해하는 비극이 재연되고 있다.

무엇이 문제일까?

첫째, 1946년 제정된 고용법(Employment Act)이다. 미국 정부는 모든 구직자에게 일자리가 주어지는 완전고용을 정책으로 명시했다.

둘째, 주권을 가진 인민으로서 단체교섭과 강압을 구분하지 못한 것이다. 물론 여기서 지적하는 것은 일부 노조가 원하는 것을 얻을 때까지 필수 공공서비스를 중단할 권리를 주장하는 행위다.

이 문제는 역사가 길다. 35년 전 〈배런즈〉 편집장 시절, 나는 미국광산노동조합 대표 존 루이스와 점심 식사를 했다. 루이스는 연좌 농성이 노동자들에게 적절하고 필요한 협상 무기인 이유를 몇 시간 동안 설명했다. 자리를 옮기지도 않은 채 오후 4시가 되었다. 그는 주먹을 불끈 쥐고 말했다. "발전소 노동자 100명이 스위치를 내려 도시를 마비시킬 수 있다면 협상력은 훨씬 더 커질 것입니다. 그렇지 않습니까?"

나는 질문으로 대답했다. "100명이 기관총을 들고 도로에 나와서 도시에 자신의 의사를 강요하는 것과 무엇이 다릅니까?"

루이스는 자리에서 일어났다. 그것이 마지막이었다. 질문에 대한 답은 아직도 듣지 못했다.

상대방의 머리를 물속에 밀어 넣어 억지로 동의를 얻어내는 것은 협상이 아니라 강탈이다. 1946년 고용법*을 근거로 연방정부

100배 주식 불변의 법칙

가 통화 공급을 늘림으로써 경제적으로 타당하지 않은 높은 임금을 고용주가 지급할 수 있게 한다면 강탈적인 임금 인상이 가능할 것이다. 이것이 인플레이션의 순환 고리를 형성한다. 결국 인플레이션의 가속화가 불가피하다. 인플레이션의 속도는 주요 부문에서 일하는 노동자의 요구가 얼마나 제한 없이 허용되느냐에 달려 있다. 지금까지 노동자들은 지나치게 많은 것을 요구한 적이 없다. 오히려 더 요구하지 않은 것이 놀라울 정도다. 모든 권력은 부패한다. 그 권력을 휘두르는 주체가 고용주든 노동자든 절대 권력은 절대적으로 부패한다.

인플레이션은 원죄처럼 영원히 우리와 함께할 것이다. 위대한 역사학자 아널드 토인비(Arnold Toynbee)는 지금까지 알려진 다양한 문명의 역사에서 화폐 가치가 지속적으로 상승한 사례가 있느냐는 질문에 "없습니다"라고 답했다.

인플레이션이 발생할 것인지 묻는 것은 현실적이지 않다. 인플레이션이 어떤 규모와 속도로 발생할 것인지가 중요하다. 이것은 보통주에 어떤 영향을 미칠까?

간단히 말하면 인플레이션은 주가를 끌어올린다. 그러나 5년 전 아르헨티나 부에노스아이레스의 증권거래소를 방문했을 때, 아르헨티나 시장의 주가 하락과 페소화 가치 하락을 겹쳐서 보여주는 차트를 본 적이 있다. 직전 4년 동안 아르헨티나의 주가는 페소화

---

* 1946년 고용법은 정부가 완전고용과 안정적인 경제 성장을 위한 여건을 조성할 책임이 있음을 인정했다. 이는 정부가 화폐를 발행해 통화 공급을 늘려 고용주의 임금 인상을 지원할 수 있음을 시사한다.

가치보다 더 빠르게 하락했다. 인플레이션이 항상 주가 강세를 유발하는 것은 아니라는 사실은 미국에서도 확인할 수 있다. 1966년 2월 9일 다우지수는 장중 사상 최고점인 1,001포인트까지 올랐다. 6년 가까이 지난 1971년 말 장중 고점은 895포인트였다.

'인플레이션이 수익과 배당에 미치는 모든 영향'이 곧 '인플레이션이 보통주에 미치는 영향'이다. 인플레이션은 예상 밖의 깊은 불황 이후 발생할 때, 보통주에 가장 분명한 강세 요인으로 작용한다. 업계는 유휴 생산 시설을 가동해서 불황 이후 증가하는 상품과 서비스 수요를 충족한다. 노동계는 생활비 부담이 늘어날 것을 아직 예상하지 못한다. 그리고 추가 증설이 필요할 즈음이면 늘어난 건설비 부담이 기존 설비의 이윤을 상쇄한다.

그러나 누구나 인지할 수 있을 정도로 인플레이션이 오랫동안 지속되고 워싱턴의 권력자가 정치적 부담을 느낄 만큼 속도가 빨라지면 인플레이션은 더 이상 기업 이익에 도움이 되지 않고 오히려 해가 될 수 있다.

이것이 현재 미국이 처한 상황이다. 일부 기업은 인플레이션의 혜택을 누리겠지만 통제가 확대될수록 타격을 입는 기업이 많아진다. 인플레이션은 기업의 경쟁력이나 경영진의 역량에 관계없이 모든 기업의 이익을 확대하지는 않는다. 인플레이션은 특별히 뛰어난 기업만이 효과적으로 해결할 수 있는 도전 과제가 되었다.

그런 기업을 찾는 것은 앞으로 훨씬 더 중요해지겠지만 1960년대에도 중요한 문제였다. 투자자로서 어떤 기업을 선택해야 하는지는 28장에서 자세히 다루겠다.

100배 주식 불변의 법칙

이자

이자는 시간의 가격이다. 이자는 미래에 지불 가능한 것을 현재 소유하거나 실행하는 데 드는 비용이다. 따라서 빌린 돈으로 구입한 모든 것은 현금으로 구입한 것보다 더 비싸다. 빌리는 주체가 남성이든 여성이든, 회사든, 시 정부든, 주 정부든, 국가든 마찬가지다.

시간을 산 사람은 미래의 합의된 날짜나 대출기관의 요구가 있을 때 빌린 자산을 반환할 의무가 있다. 이것이 차용증, 부채, 채무, 대출, 모기지, 사채 또는 채권이다. 용어는 다르지만 본질적으로 의미는 같다. 지금 돈을 사용할 권리를 가진 대신 대가를 지불하는 것은 물론이고 나중에 그 돈을 돌려주기로 합의한다. 원칙적으로 돈을 빌리는 것은 자동차를 빌리는 것과 다르지 않다. 둘 다 빌린 것을 반환하고 빌린 대가를 지불하겠다고 약속해야 한다.

"빌리지도 말고 빌려주지도 말라"라는 청교도적 명령에도 불구하고 빚과 이자 자체에는 선악이 없다. 많은 사람이 빚으로 무너졌고 많은 사람이 빌린 돈으로 부를 일구었다. 그 차이는 오로지 빌린 시간을 수익성 있게 사용했는지 여부에 달려 있다. 사업가가 돈을 빌려 수익을 낼 수 있는데도 빌리지 않는다면 그것은 돈을 빌려서 수익을 내지 못하는 것만큼이나 잘못이다. 사업가뿐만 아니라 모든 사람이 마찬가지다.

나는 1954년에 병원비를 지불하기 위해 폴라로이드 주식 150주를 7,415.97달러에 팔았다. 매도 확인서를 첨부한다. 그보다 13개월 전의 매수 확인서와 50% 주식 배당 수령 통지서도 공개한다.

FRANCIS I. DU PONT & CO.
ONE WALL STREET • NEW YORK 5. N. Y.

BOUGHT	SOLD	DESCRIPTION	PRICE	OFFICE	ACCOUNT NO	C H	MKT
	150	POLAROID CORP	49 ¾				3 8

AMOUNT	INTEREST OR ODD LOT STATE TAX	COMMISSION	FEDERAL TAX	REGISTRATION FEE OR POSTAGE	NET AMOUNT
7462 50	6 00	40 41	12		7415 97

MR. THOMAS W. PHELPS,
22 LAFAYETTE RD.,
PRINCETON, N. J.
63-7126-13 M

12 08 54 — TRADE DATE
12 14 54 — PAYMENT DATE

FRANCIS I. DU PONT & CO.
ONE WALL STREET • NEW YORK 5. N. Y.

BOUGHT	SOLD	DESCRIPTION	PRICE	OFFICE	ACCOUNT NO	C H	MKT
100		POLAROID CORP	40 ½				3

AMOUNT	INTEREST OR ODD LOT STATE TAX	COMMISSION	FEDERAL TAX	REGISTRATION FEE OR POSTAGE	NET AMOUNT
4050 00		24 63			4074 63

MR THOMAS W PHELPS
22 LAFAYETTE RD
PRINCETON N J

10 27 53 — TRADE DATE
11 02 53 — PAYMENT DATE

FORM 4810 REV.

FRANCIS I. DU PONT & CO.
ONE WALL STREET
NEW YORK 5, N. Y.

RECEIVED FROM _____   DATE 3/1/54

FOR ACCOUNT OF 63 7126

THE SECURITIES LISTED BELOW HAVE BEEN RECEIVED FOR YOUR ACCOUNT,
AND YOUR ACCOUNT HAS BEEN DEBITED

QUANTITY	SECURITY	AMOUNT
50	POLAROID CORP A/C 50% STOCK DIV	

MR. THOMAS W. PHELPS,
22 LAFAYETTE RD.,
PRINCETON, N. J.
63-7126-13 M

CUSTOMER'S NOTICE

1953년 11월 2일에 4,074.63달러에 매수한 폴라로이드 주식 100주를 18년 동안 보유했다면 7,200주가 되어 1971년에는 시가평가액이 84만 3,300달러에 달했을 것이다. 나는 1954년 12월 8일에 150주를 7,415달러 97센트에 팔아서 병원비를 지불했다. 50주는 1954년 2월에 50% 주식 배당으로 받았다.

100배 주식 불변의 법칙

병원비를 연 8% 복리로 빌렸다면 1954년의 진료비 7,500달러는 1971년 말에 2만 7,750달러라는 엄청난 금액이 되었을 것이다. 타고난 데다 후천적으로 배운 조심스러운 성격 덕분에 나는 빚을 지지 않았다.

정말로 신중한 결정이었을까? 폴라로이드 주식 150주는 1971년 현재 7,200주가 되었고 시가는 84만 3,300달러에 달한다. 그때 빚을 지지 않으려고 한 탓에 80만 달러 이상의 대가를 치렀다. 1954년에 병원비를 연 30% 복리로 빌렸다고 가정해도 1971년 폴라로이드 주식의 가치는 빚보다 20만 달러 더 컸을 것이다.

헐버트 트립(Hulbert Tripp, 24장)처럼 유능한 투자자도 비슷한 통념에 무릎을 꿇었다. 그는 새집을 지을 돈을 마련하기 위해 제록스 주식을 팔았다. 결국 빚 없이 집을 지었지만 좋다고만 할 수는 없다. 매도한 제록스 주식의 현재 시장가격을 생각하면 트립은 그 집을 짓느라 100만 달러를 포기한 셈이다.

100배로 오른 수백 개 종목을 초기에 산 사람들 중에 얼마나 많은 사람이 빚을 갚기 위해 주식을 팔았을까? 조용한 한여름 밤, 그들의 탄식이 들린다.

세상 모든 말과 글 중에서 가장 서글픈 말.
'그럴 수도 있었는데.'

어떤 규칙이나 공식, 프로그램이 판단에 도움을 주지 못하고 심지어 판단을 대체하면 위험하고 폐기해야 한다. 우리는 빚이 '자유사회에서 선택 가능한 합법적 대안'이라기보다는 '악'이라고 배우며 자라왔다. 우리는 빚의 중요성과 정당성을 어렵게 배웠다. 빚은 우리를 파멸시킬 수도 있고 부로 이끌 수도 있다. 그 차이는 빚을 이용해 대출기관이 청구하는 사용료보다 더 많은 돈을 벌 수 있는지 여부에 달려 있다.

소득 한도 내에서 생활을 꾸릴 의지가 부족해서 빚을 지는 행위는 수백 년 동안 사람들을 파멸시켰고 앞으로도 그럴 것이다. 지금 탐닉하고 나중에 갚겠다는 생각은 마약과 같이 교활한 유혹이다. '지금 사고 값은 나중에 치르는' 방식으로 생활하는 사람은 사실 그때그때 결제하는 성실한 사람만큼 인생을 즐기지 못한다.

휴가비로 매년 500달러를 쓸 수 있는 두 부부가 있다. 스미스 부부는 여행을 시작하며 휴가비를 지출한다. 존스 부부는 돈이 생기기 1년 전에 첫 번째 휴가 여행을 다녀왔다.

2년 차에는 500달러로 1년 전 여행비 500달러를 갚을 수 있었지만 이자 등 '금융비용'으로 100달러가 더 필요했다. 존스 부부는 휴가비 500달러로 첫 여행 때 빌린 돈을 갚고 두 번째 휴가를 위해 다시 500달러를 빌렸다. 첫 여행으로 발생한, 예산에 없던 금융비용 100달러도 추가로 빌렸다.

3년 차에도 검소한 스미스 부부는 500달러짜리 휴가를 떠났다. 존스 부부도 500달러를 들여 휴가를 다녀왔다. 존스 부부는 두 번째 여행 경비를 갚기 위해 또 500달러를 빌려야 했다. 앞서 다녀온 두 번의 여행으로 예산에 없던 금융비용 220달러가 발생했다 [100(1+20%)+100=220].

4년 차에도 존스 부부는 500달러를 들여 휴가를 다녀왔다. 다시 500달러를 빌렸다. 앞서 다녀온 세 번의 여행으로 발생한 금융비용은 364달러다[220(1+20%)+100=364].

4년 차의 말, 다섯 번째 여행을 준비하던 존스 부부는 네 번째 여행으로 빌린 500달러가 남아 있다는 것을 발견했다. 게다가 네 번의 여행에서 발생한 금융비용도 536.80달러나 되었다[364(1+20%)+100=536.80]. 존스 부부는 그때 이후 2년 동안 휴가를 떠나지 않고 빚을 갚았다. 검소한 스미스 부부는 여느 해와 같이 휴가를 다녀왔다.

6년 차가 되었을 때, 존스 부부의 여행 횟수는 스미스 부부보다 1회 적었다. 그러나 휴가비로 지출한 총 금액은 같았다.

존스 부부는 여유가 생기기 전에 먼저 휴가를 다녀온 탓에, 5번의 휴가를 즐길 비용으로 4번밖에 다녀오지 못했다.

돈을 빌릴 때는 돈을 주고 사는 '시간'이 그만한 가치가 있는지 스스로에게 물어야 한다. 청년이 교육받기 위해 돈을 빌리는 것은 일반적으로 매우 좋은 일이다. 숙련된 기술자가 필요한 도구를 구입하는 것도 마찬가지다. 대출은 필요한 수단과 장비를 마련할 돈이 모일 때까지 오랜 시간 기다리지 않고 필요한 것을 빌려, 앞선 세대가 멈춘 지점에서 다시 출발할 수 있도록 돕는다. 젊은 세대든 나이 든 세대든 마찬가지다.

인플레이션은 이자와 부채에 중요한 요소를 몇 가지 추가한다.

필요한 장비의 가격이 1년 뒤 20% 더 오를 것으로 예상하는 제조업체는 10% 이자를 부담하더라도 당장 돈을 빌려 장비를 구매할 것이다. 동시에 대출기관은 예상되는 화폐 구매력 하락에 대한 보상을 요구한다. 1달러를 빌려주고 돌려받은 1달러의 가치가 50센트가 된다면 이자를 100% 받아도 본전이다.

일반적으로 인플레이션율이 높을수록 시간을 사는 데 드는 비용, 즉 금리가 높아진다. 자유사회에서 정부가 통화 공급을 계속 늘려 금리를 낮추는 것이 가능하다는 생각은 정치적으로 인기를 끌지 몰라도 우리 시대의 한심한 망상이다. 대출기관이든 돈을 빌리는 사람이든 그런 일을 두고 볼 정도로 어리석지 않다. 대출기관에는 불리하고 돈을 빌리는 사람에게는 유리한 일이라는 것을 둘 다 안다. 따라서 대출기관은 더 많은 이자를 청구할 것이다. 돈을 빌리는 사람은 기꺼이 그 이자를 부담할 것이다. 링컨(Abraham Lincoln) 대통령이 말했듯이 모든 사람을 영원히 속일 수는 없다.

1920년대 독일처럼 인플레이션이 극에 달하면 모든 사람이 자신을 지키기 위해 돈을 빌린다. 지금 사고 나중에 갚아야 화폐 구매력 급락에서 자신을 보호할 수 있다. 대출을 받으려는 사람들이 몰려들면서 자금 수요가 증가한다. 대출기관은 예상되는 화폐 가치 하락에서 스스로를 보호하기 위해 금리를 올린다. 이러한 상황에서 금리는 이론적으로 무제한 상승할 수 있다. 돈을 더 많이 찍어내는 방법으로 돈을 빌리는 비용을 낮추려는 정부의 노력은 휘발유로 불을 끄려는 것만큼이나 헛된 일이다.

역사의 교훈은 분명하다. 금리는 인플레이션을 반영한다. 썩어가는 화폐에 가치가 남아 있는 한, 화폐 가치의 추가 하락을 예상하는 대출기관과 차용자의 기대가 금리에 반영된다. 그 무엇도 자비심 없는 시장의 평결을 막지는 못한다.

1920년대 독일처럼 채무자가 채권자를 쫓아다니며 빚을 갚는 일은 화폐 가치가 소멸하지 않는 한 반복되지 않을 것이다. 만일 그렇게 된다면 새로운 화폐가 등장할 것이다.

1940년대에 금리가 영원히 낮은 수준에 머무를 것이라고 믿었던 데는 논리적 근거가 있었다. 반면 지금 고금리가 영원히 유지될 것이라고 믿을 근거는 없다. (실제로 25년 전에는 많은 사람이 저금리가 영원할 것이라고 예상했다. 그러지 않았다면 왜 금리가 2.5% 미만인 장기 채권을 샀겠는가.)

아래 그림을 보자. 콜옵션이 보장되는 장기 우량 회사채 수익률은 1921년 6%에 가까운 고점에서 1946년 2.5% 미만의 저점에 이르기까지 25년 동안 하락했다. 이렇게 장기간 금리가 하락한 후에는 사람들 대부분이 기억과 추론을 혼동하며 다시는 금리가 오르지 않을 것이라고 확신한다.

그러나 금리는 그 시점부터 24년 이상 상승했다. 1970년 5월 주요 회사채 수익률은 약 8.5%로 고점을 기록했다. 이제 사람들 대부

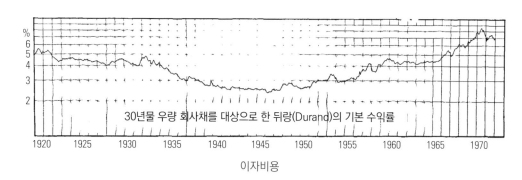

30년물 우량 회사채를 대상으로 한 뒤랑(Durand)의 기본 수익률

이자비용

분은 기억과 추론을 혼동하며 장기간 오른 금리가 다시는 떨어지지 않을 것이라고 확신한다.

돈을 빌려서 지금 사용할 때의 이득과 그 이자비용을 상대적으로 비교했을 때, 금리가 낮아지면 더 저렴한 비용으로 돈을 빌릴 수 있기 때문에 지출을 연기하려는 유인이 발생한다. 즉 금리가 하락하는 데는 다음과 같은 이유가 있을 수 있다. (1) 나중으로 미루지 않고 지금 구매하는 것이 더 이상 유리하지 않은 금리 수준이 되었다. (2) 인플레이션 속도가 둔화하거나 기업 실적 전망이 악화해, 나중으로 미루지 않고 지금 구매하는 이점이 크게 줄었다.

고금리가 영원하기를 기대한다는 것은 나중으로 미루지 않고 지금 구매할 때의 이점이 영원히 더 클 것이라는 말과 같다. 이러한 전제의 기본 가정은 (1) 높은 인플레이션이 지속되거나, (2) 미국 산업이 역사적 수준보다 높은 ROIC를 영구적으로 유지한다는 것이다.

인플레이션이 완화되면 나중으로 미루지 않고 지금 구매할 때의 이점이 분명히 줄어든다. 따라서 지출을 나중으로 미루는 결정을 더 쉽게 내릴 수 있다. 대외 경쟁, 과잉 생산, 세금, 원가 압박 등으로 인해 이익 전망이 악화하면 자금을 빌려 새로운 사업에 진출하거나 기존 사업을 확장할 유인이 줄어든다. 따라서 자금 수요도 감소할 것이 분명하다.

자본에 대한 수요는 매우 크다. 하지만 자본 수요와 유효 수요는 다르다. 자본 수요를 충족하기 위해 단순히 돈을 더 많이 찍어내어 공급하는 것은 인플레이션을 가속화할 위험이 있다. 인플레이션은 이미 기업 이익의 전망을 밝히는 것이 아니라 어둡게 하는 수준에 도달했다. 자본 수요를 충족하기 위해 세금을 부과해도 문제는 해결되지 않는다. 세금은 정부 지출을 위한 재원 마련에 도움이 되겠지만 단순히 일부 사람과 산업에서 세금의 혜택을 받는 다른 사람과 산업으로 구매력을 이전하는 것이다. 이것으로 투자된 자본의 수익성이 개선되었다고 가정할 근거는 없다.

투자업계에서 직업상 직면하는 위험 가운데 특히 심각한 위험은 '무엇이든 합리화하는 비범한 능력'과 '미래를 예측할 수 없는 평범한 무능력'에서 비롯된다. 겸손하기만 해도 아무도 예상하지 못한 특정 수준의 금리가 영원하리라는 기대를 쉽게 하지는 않을 것이다. 영구적인 고금리에 대한 기대를 뒷받침하는 가정을 세우기는 쉽다. 하지만 그 가정을 뒷받침하기는 쉽지 않다.

채권 대 주식

회사의 주식을 소유하고 있다면 동업자다. 회사의 채권을 소유하고 있다면 채권자다.

주주는 회사의 일부를 소유한다. 주주는 소유주로서 이사회가 배당을 의결하면 자신의 지분만큼 회사의 이익을 나눠 받을 권리가 있다. 그러나 배당을 보장받지는 못한다.

채권자는 회사가 돈을 벌든 벌지 못하든 돈을 돌려받을 권리가 있다. 그러나 신중한 채권 매수자는 자신의 권리뿐만 아니라 발행 회사의 약속 이행 능력을 검토해야 한다.

1929~1932년 대공황 이전에는 키플링(Rudyard Kipling)의 "동은 동이요 서는 서니 둘은 결코 만날 수 없다"라는 시구를 인용해, 채권맨은 채권맨이고 주식맨은 주식맨이라서 각자 다른 분야에서는 성공할 수 없다는 말이 있었다.

사실 채권 전문가가 주식을 모른다는 것은 안과 의사가 인체의 다른 부분에 대해 완전히 무지한 것만큼이나 나쁘다. 어떤 의미에서 주식은 운명의 돌팔매와 화살로부터 채권을 보호하는 완충 장치 역할을 한다. 주식의 상태나 기업의 실적에 민감한 채권 투자자는 지급 의무를 이행하지 않는 디폴트(default) 채권을 보유하는 경우가 거의 없다. 이러한 투자자는 선순위 증권인 채권의 지불 능력에 영향이 미치기 훨씬 전에 문제를 발견한다. (주주가 어떤 형태로든 이익을 얻기 전에 채권 보유자의 청구가 충족되어야 하므로 채권은 선순위 증권이다.)

기업이 아무리 번창해도 채권 보유자가 얻는 것은 약정 이자와 만기 때 돌려받는 원금뿐이다. 채권 보유자는 기업의 번영을 공유할 수 없다. 따라서 역경의 위험을 감수하는 것은 정말로 어리석은 일이다. 취약한 기업은 우량한 채권보다 더 높은 금리로 경솔한 매수자를 유혹한다.

내 경험에 따르면 최고나 최악의 채권만 매수하고 그 사이에 있는 채권은 모두 피해야 한다. 역설적으로 들릴지도 모르지만 이유는 다음과 같다. 최고의 채권은 강력한 실적과 상당한 자산이 뒷받침하므로 채무불이행(디폴트) 가능성이 극히 희박하다. 내 기억으로 1929년에 AAA 등급을 받은 채권 가운데 1932년까지 3개 채권이 디폴트되었다. 그러나 그것은 원칙을 시험하는 예외였다. 1929년에 발행된 AAA 등급 채권 전체의 1%에 불과했을 것이다. 어떤 경우에도 1929~1932년과 같은 공황이 다시 발생할 가능성은 거의 없다. 그때 이후로 세상은 크게 변했다.

물론 최악은 디폴트 채권이다. 앞서 언급한 리치필드오일과 팬아메리칸페트롤리엄 채권처럼 디폴트 채권은 최종 회생절차에서 회사의 전부 또는 대부분이 넘어가는 경우가 많다. 따라서 디폴트 채권을 매수할 때, 나는 그 채권이 재편된 회사의 지분이 될 것을 기대하고 바란다. 즉 채권이라는 이름의 '주식'을 내가 생각하는 헐값에 구입하는 것이다.

기생충은 멸종하지 않는 유일한 생물이라는 말이 있다. 디폴트 채권도 기생충과 비슷하다. 최악의 상황이 발생하고 회생절차를 밟을 때까지 몇 년 동안 채무불이행 상태가 지속되거나 발행 회사가 청산될 수도 있다. 그러나 디폴트 채권을 산 사람은 아직 신문에서 나쁜 소식을 접할까 봐 두려워할 필요가 없다. 보유한 채권에 대해 더 나쁜 소식이 나올 가능성이 거의 없기 때문이다. 역사적으로 볼 때 디폴트 채권은 최종적으로 가치가 상승할 가능성이 큰, 무위험에 가까운 투기라고 할 수 있다.

전환사채는 어떨까? 전환사채는 발행 회사의 주식으로 교환할 수 있는 채권이다. 대개 채권 발행 시점의 시장가격보다 높은 가격에 교환된다. 주식 가격이 장기간에 걸쳐 큰 폭으로 상승하면 전환사채 보유자에게 유리하다. 회사에 문제가 발생해 주가가 하락하면 전환사채 보유자는 이자를 계속 수령하면서 어느 정도 지위를 보호받는다. 그러나 주가가 상승하면 전환사채를 보유한 사람보다 주주가 더 많은 돈을 번다. 주가가 크게 하락하면 전환사채 가격은 최고 등급의 '스트레이트채권(이표채)'보다 훨씬 더 큰 폭으로 하락하고 때로는 채무불이행이 발생하기도 한다.

전환사채는 보통주 매입에 제약이 있는 기관에 유용하다. 특히 '적정선을 벗어난' 가격을 식별하는 데 능숙한 전문가의 조언을 받을 수 있는 기관이라면 더욱 그렇다.* 개인 투자자의 경우, 전환사채는 주식과 채권 중 어느 것을 살지 결정하지 않아도 되는 회피 수단이 되기도 한다. 그러나 주식과 채권 사이에서 결정을 내리지 않기 위해 전환사채를 선택한다면 더 나은 수익률을 희생할 수도 있다.

경제가 인플레이션에 시달릴 때 채권을 사는 이유는 무엇일까? 금리는 수요와 공급의 결과이기 때문이다. 대출기관은 빌려준 돈의 가치는 물론 예상되는 구매력 하락까지 반영한 금리를 부과하고, 돈을 빌린 사람은 이자를 지불한다. 이론적으로 돈의 대여 가치가 4%이고 연 4% 수준의 인플레이션이 지속될 것으로 예상되는 경우, 금리는 약 8%로 설정된다. 최고 우량 채권의 수익률이 돈의 대여 가치와 예상 물가상승률을 모두 반영할 경우, 실제 물가상승률이 예상보다 낮으면 채권 매수자는 이익을 얻는다.

지난 2~3년 동안 채권 매수자 일부는 연간 5~6%의 달러화 구매

---

* 전환사채 가격이 주식의 기본 가치를 정확히 반영하지 않을 때 전문가가 이를 인식할 수 있다. 이때 기관은 전문가의 조언을 바탕으로 정보에 입각해 투자 결정을 하고 잘못된 가격을 기회로 활용할 수 있다.

100배 주식 불변의 법칙

력 하락이 미국의 사회 구조가 견디고 허용할 수 있는 최고 인플레이션 수준이라는 믿음으로 채권을 샀다. 따라서 우량 완전 과세 채권이 9% 이상의 수익률을 제공하고 우량 비과세 채권이 7% 이상의 수익률을 제공하던 시기에 채권을 매수한 사람들은 인플레이션이 더 악화하기 전에 대응 조치가 나올 것이라고 기대했다. 임금과 물가를 '동결'한 닉슨 대통령의 조치는 정책의 성공 여부와는 별개로 '적어도 정부가 6% 수준의 인플레이션이 지속되는 상황을 그대로 두고 보지만은 않을 것'이라는 채권 매수자의 기대를 뒷받침했다.

최고 등급 채권의 가격은 단순히 금리 변화를 반영한다. 표면금리 6%, 만기 20년인 채권을 예로 들어 설명하겠다. 시장금리도 6%인 경우, 이 채권은 액면가(1,000달러)에 판매된다. 시장금리 수준이 8%로 상승하면 동일한 채권의 가격은 액면가의 80%(800달러) 수준으로 낮아진다. 800달러에 채권을 산 사람의 현재 수익률은 7.5%이고 만기 수익률은 8%를 약간 상회한다. 만기 수익률은 20년 뒤 '추가로' 받게 될 200달러의 매년 현재가치를 고려해 계산한 수익률이다. 여기서 예로 든 것은 최고 등급 채권이다. 따라서 만기 시점에 채권 매수자는 800달러가 아니라 채권의 액면가인 1,000달러를 돌려받는다고 가정했다.

앞으로 5년 내에 시장금리가 4%로 하락할 경우, 시장금리가 8%일 때 800달러에 판매되던 표면금리 6% 최고 등급 채권 가격은 50% 이상 상승한 1,220달러에 거래될 수 있다. 실제 결과는 미지의 미래에 대한 다양한 가정에 따라 달라질 수 있겠지만 1971년을 기준으로 이후 채권 투자수익은 일반적인 주식의 자본이득을 능가할 수 있을 것으로 보인다.

물론 한 가지 유의할 것이 있다. 콜 프로텍션(call protection, 채권 발행자의 조기 상환을 제한해서 매수자 보호) 조항이 필요하다. 기업은 당연히 위험을 최소화하고 이익을 극대화하려고 한다. 따라서 시장금리가 높을 때는 매수자를 구하기 위해 이자율이 높은 채권을 발행하는데 여기에 조기 상환이 가능하다는 조건을 붙인다. 즉 시장금리가 하락할 경우 고금리 채권을 상환하고 새로운 채권을 발행할 권리를 갖는 것이다.

현재 표면금리 9%를 지급하고 1990년에 만기가 도래하는 채권을 소유하고 있더라도 3년 뒤 수의상환이 가능한 채권, 즉 발행자가 일방적으로 원금을 상환할 수 있는 채권이라면 해당 콜(조기 상환) 날짜가 채권의 만기가 될 수 있다. 시장금리가 1975년에 6%로 하락할 경우(이렇게 예측하지는 않지만 불가능한 일도 아니다) 9% 금리 채권은 콜될 것이고, 채권을 매수했던 사람은 새로운 '현행 금리(going rate)' 6%로 그 돈을 재투자해야 한다.

많은 채권이 장기간 조기 상환을 금지한다. 대부분 10년간 조기 상환이 금지되고 더 긴 기간도 가능하다. 분명한 사실은 발행자가 콜옵션부 채권(callable bonds)의 조기 상환을 요청한다면 채권 보유자에게 불리한 상황이라는 것이다.

주식과 채권은 어떻게 비교할 수 있을까? 주당순이익이 1달러, 연평균 순이익 성장률이 20%인 주식을 50달러에 매수한다고 가정하자. 배당은 주식으로만 지급하고 모든 이익은 사업에 재투자한다. 또한 주식을 매수한 시점에 콜 프로텍션 조항이 있는 수익률 8%의 우량 회사채를 매입할 수 있었다고 가정하자.

주식의 주당순이익이 매수 가격의 8%(4달러)가 되기까지 얼마나 걸릴까? 연평균 순이익 성장률 20%를 지속할 경우 7~8년이 소요된다.

그러나 연간 20% 성장률이 장기간 지속될 것이라고 확신하더라도 주식이 더 나은 투자 대상이라는 결론을 내리기 전에 마저 해결해야 하는 질문이 있다.

그중 하나는 "7~8년 뒤 우량 채권의 수익률은 어떨까?"이다. 같은 기간에 채권 수익률이 4%로 하락했고, 8% 수익률로 산 콜옵션부 채권은 10년 후에 콜이 가능하거나 만기가 도래한다면 대안으로서 채권의 매력은 과거에 비해 크게 떨어진다.

50달러, 즉 PER 50배에 이 주식을 매수할지 여부를 결정하기 전에 확인할 또 다른 질문이 있다. 지금부터 7~8년 후 예상 PER이다. 주당순이익이 예상대로 4달러로 증가했지만 PER이 12.5배에 불과하다면 투자로 자본이득도 배당소득도 발생하지 않을 것이다. 8% 채권을 사는 것이 분명히 더 나은 선택이었을 것이다.

주당순이익이 4배로 성장해 4달러가 되고 PER이 25배라면 주가가 100달러, 즉 2배로 뛰었다는 뜻이다. 7~8년 동안 가격이 2배로 올랐다면 연평균 수익률 10%다. 그렇다면 8% 수익률 채권보다 주식이 더 좋은 투자다.

PER이 50배라면 주가가 4배로 뛰었다는 뜻이고 주식을 매도하면 연평균 수익률 20%를 달성할 수 있다. 물론 이러한 이익을 실현하기 위해서는 '가정'이 핵심이다. 결론은 가정에 따라 달라질 수 있다.

세금과 소득 요건도 고려해야 한다. 연방소득세율 50%를 적용받는 개인은 채권 수익률 8% 가운데 절반을 세금으로 납부해야 한다. 연금펀드는 수익 전체를 고스란히 재투자할 수 있다. 따라서 경상지출이 연간소득의 4% 수준이고 50% 과세 구간에 속하는 사람이 8% 채권에 투자할 경우, 경상지출과 세금을 제하면 채권 투자로 얻는 순수익은 전혀 없다.

한편 성장주를 사서 매년 연간소득의 4%에 해당하는 경상지출을 조달할 만큼만 매도한다면 자본이득 차감 후 순수익은 매도 시점의 주가에 따라 달라진다. 그 주가 수준을 미리 알 수는 없다. 하지만 원금에서 매년 고정 금액을 인출한다는 개념으로 주식을 매도함으로써, 일반적으로 주당 평균 매수 비용을 줄이는 매입단가 평준화(dollar cost averaging) 효과를 역방향으로 이용할 수 있다. 즉 주가가 낮을 때는 많이 매도하고, 주가가 높을 때는 적게 매도하는 것이다.

앞서 제시한 예시와 설명이 지루하고 복잡해 보일 수 있지만 일상에서 직면하는 실제 투자 문제에 비하면 비교적 간단한 것이다. 투자의 궁극적인 결과를 수학적으로 미리 증명하는 것은 불가능하다. 대용량 컴퓨터와 정교한 프로그램이 있다면 더욱 다양한 가정을 시험해볼 수 있을 것이다. 물론 그렇다고 해도 미래는 알 수 없고 앞으로도 그럴 것이다. 이러한 불확실성을 고려할 때 가정을 세우고 확률을 평가하는 것은 투자 성공에 핵심 요소다.

18장

제대로 선택하기

제대로 사서 보유하는 것이 부로 향하는 길임을 아는 것과 이를 실행하는 것은 별개의 문제다. 어떻게 제대로 된 주식을 살 수 있을까?

이솝 우화에서는 여름이 끝나갈 무렵 메뚜기가 개미를 찾아갔다.

메뚜기가 개미에게 말했다. "겨울을 나기 위해 집을 짓고 식량을 가득 쌓아두셨군요. 나는 그동안 즐겁게 지냈지만 밤이 점점 쌀쌀해지니 걱정돼요. 어떻게 해야 할까요?"

개미가 대답했다. "간단해요. 바퀴벌레로 변신해서 사람의 집 안으로 들어가면 따뜻하게 겨울을 날 수 있고 먹을 것도 얻을 수 있죠."

메뚜기가 말했다. "고마워요. 어떻게 바퀴벌레로 변신할 수 있죠?"

개미가 말했다. "자세한 방법은 스스로 해결하세요."

궁극적인 전략은 제대로 사서 장기간 보유하는 것이다. 자세한 방법은 스스로 해결해야 한다. 그러지 못하면 메뚜기와 함께 추운

100배 주식 불변의 법칙

곳에서 밤을 보내야 할 수도 있다.

제대로 사는 것과 장기간 보유하는 것 가운데 어느 것이 더 어려운지는 알 수 없다. 미래가 과거만큼 좋다고 가정해도, 눈을 감고 신문의 주식 시세표에서 아무 기업이나 손으로 짚어서 100배 상승할 주식을 맞힐 확률은 100분의 1도 되지 않는다. 좋은 주식을 찾아서 매수했다고 해도 증권가 최고의 두뇌들이 그 주식을 팔고 다른 주식을 사라고 설득할 것이다. 적어도 단기적으로는 그들이 옳을 때가 많다. 그들이 옳을수록 다음번에 그들의 조언에 귀를 기울이지 않기가 더 어려워질 것이다. 주가가 2배로 오르면 개럿에게 했던 것처럼 주식을 매도하라고 조언할 것이다.

1만 달러를 투자해 큰돈을 버는 전략을 "제대로 사서, 보유한다"라는 두 부분으로 구분해서 제시했으니, 먼저 제대로 선택하는 문제를 살펴보겠다.

투자자로서 분별 있게 선택하려면 미래에 대해 몇 가지 합리적인 가정을 세워야 한다. 그러지 않으면 젖을 가장 많이 생산하는 동물에게 상금이 돌아간다는 사실을 모른 채 말에게 베팅하는 엉뚱한 선택을 할 수도 있다.

미래에 대해 현명하게 가정하려면 현재 상황을 인식하고 이해해야 한다. 다양한 유형의 증권이 제공하는 가치를 비교하려면 그 전에 화폐, 금리, 인플레이션, 채권과 주식, 정치적 상황을 고려해야 한다.

결국 실용적인 상상력, 즉 지금은 눈에 보이지 않지만 얼마 후 자신에게 중요해질 문제를 상상하는 능력이 필요하다.

19장

승자는 어디에 있는가?

존 웨스트콧(John Westcott)은 내가 아는 최고의 시장 애널리스트다. 언젠가 내게 버나드 바루크(Bernard Baruch)와의 일화를 들려주었다. 웨스트콧은 바루크에게 최근 매수한 우량주에 대해 자연스럽게 언급했다. 아마 아메리칸텔레폰(American Telephone)이나 GM이었을 것이다.

바루크가 말했다. "어떻게 그런 높은 가격에 주식을 살 수 있는지 모르겠네. 난 못 해."

바루크의 말은 가격이 낮은 주식에서만 큰 상승 잠재력을 기대할 수 있다는 보편적인 관념을 반영한다. 1달러가 100달러로 불어나는 것보다 1페니가 1달러로 불어나는 것이 더 쉬워 보인다. 그러나 [표 2] (380~394쪽)에서 보듯 지난 40년 동안 고가의 주식으로도 100배 수익을 올릴 기회는 많았다.

저가 주식은 흔하다. 가난한 사람이 부유한 사람보다 많은 것과 비슷하다. 많은 저가주가 눈부시게 성장했다. 그러나 주가가 1달러 미만인 주식이 10달러 이상에 거래되는 주식보다 주가가 100배 이상 상승할 가능성이 더 높다는 증거는 아직 없다. 저가 주식의 상승 잠재력이 더 크게 보이는 것은 단순히 시장에 고가 주식에 비해 저가 주식이 훨씬 더 많기 때문일 수 있다. 그러나 가능한 한 많은 자본이득을 추구하는 투자자라면 주가 하나만 봐서는 안 된다.

주식시장에서 정말로 좋은 기회는 뉴욕증권거래소나 아메리카 증권거래소보다 장외시장에서 찾을 가능성이 더 높다는 인식도 있다. 뉴욕증권거래소에서 거래되는 주식이 장외시장의 훨씬 더 많은 주식에 비해 전문 증권 애널리스트의 검토를 받을 기회가 더욱 많다고 가정하는 것이다. 따라서 뉴욕증권거래소에서 거래되는 주식은 저평가되었을 가능성이 낮다고 생각한다.

그러나 이런 관념을 뒷받침하는 증거는 어디에도 없다. 지난 40년간 100배 이상 상승한 주식 365개 이상을 보면 다른 어느 시장보다 뉴욕증권거래소에서 거래된 주식이 많았다(358~379쪽 [표 1] 참조). 어느 시장에서든 투자자는 미지의 미래를 살 수 있을 뿐이다. 미지의 미래가 예상보다 훨씬 더 좋을 가능성은 뉴욕증권거래소에서도 다른 곳 못지않게 크다.

그러나 신문의 주식 시세 면을 펼친 다음 눈을 감고 아무 주식이나 짚어서 선택해도 된다는 뜻은 아니다. 가치가 100배 상승한 주식 가운데서도 투자자에게 더 유리해서 우선순위에 두어야 할 주식이 있다. 투자금 전액을 잃을 위험이 다른 주식보다 몇 배나 더 큰 주식도 있을 것이다. 러시안룰렛은 모든 것을 한 번에 잃을 수 있는 게임이다. 러시안룰렛으로 벌었든 다른 방법으로 벌었든 돈의 가치는 다르지 않다. 같은 돈으로 살 수 있는 식료품의 양은 같다. 하지만 생계 수단으로서 러시안룰렛은 가장 나중에 선택할 방법이다.

그렇다면 100배를 버는 주식은 어디에서 찾을 수 있을까? 다음은 지난 40년의 기록이 가리키는 사냥터다.

1. 늘 꿈꾸었지만 과거에는 불가능했던 일을 가능하게 하는 발명품. 예: 자동차, 비행기, 텔레비전
2. 늘 해야 하는 일을 과거보다 더 쉽고 빠르게, 더 적은 비용으로 할 수 있는 새로운 방법이나 장비. 예: 컴퓨터, 토목 기계
3. 서비스의 품질을 유지 혹은 개선하면서 서비스 제공에 필요한 노동력을 대체하는 절차나 장비. 예: 병원의 일회용 주사기와 시트, 냉동식품, 제록스가 주도하는 복사기 제품군
4. 고래기름을 대체하는 등유, 석탄을 대체하는 연료유, 그리고 이 모든 것을 대체하는 원자력발전 등 새롭고 저렴한 에너지원
5. 생태 환경에 끼치는 피해를 줄이거나 전혀 피해를 주지 않으면서 늘 수행해온 필수 작업을 하는 새로운 방법. 예: 유해한 화학물질 대신 불임 처리한 곤충을 이용한 해충 박멸
6. 막대한 규모의 쓰레기와 오수를 만들지 않으면서, 문명화된 인류가 필요로 하는 물과 물질을 재활용하는 개선된 방법이나 장비.
7. 배달원이나 폐기물 없이 조간신문을 가정으로 배달하고 나중

100배 주식 불변의 법칙

에도 쉽게 볼 수 있게 하는 새로운 방법이나 장비. 날짜가 지난 신문만큼 가치가 하락하는 물건은 없지만, 영구적인 기록을 원하는 극소수 구독자를 위해 매일 수백만 부를 인쇄해 수년간 보존한다. 그 과정에서 숲이 망가진다.

8. 사람과 물품을 육상으로 운송하기 위해, 기존의 바퀴 달린 운송 수단을 대체할 새로운 방법이나 장비. 오랫동안 불과 바퀴는 인간을 야만의 심연에서 끌어올리는 데 가장 크게 기여한 발명품으로 여겨졌다. 하지만 불과 달리 바퀴에는 충분한 경의를 표하지 않은 듯하다. 바퀴는 빠르게 움직일수록 원심력이 커진다. 공중에서 초음속을 달성하기 위해 인간은 바퀴의 한계를 극복할 방법을 찾아야 했다. 언젠가는 에어쿠션, 자기부상, 그리고 아직 상상할 수 없는 아이디어와 방법, 장비를 이용한 육상 운송이 가능할 것이다.

제1차 세계대전 당시 독일군과 연합군을 가리지 않고 환자를 돌본 간호사 에디스 카벨(Edith Cavell)은 "애국심이 전부는 아니다"라고 말했다. 나는 발명이 전부는 아니라고 말하고 싶다. 금융의 역사는 번뜩이는 아이디어가 무능하게 집행된 뒤 남은 폐허로 가득하다. 자동차산업은 크게 번성했다. 그러나 1900~1920년에 살 수 있었던 모든 자동차회사의 주식을 산 투자자는 저축은행에 투자했을 때만큼 수익을 올렸을까?

같은 맥락에서 석유 시추에 투입된 전체 비용의 수익률을 아는 것도 흥미로울 것이다. 그러나 매장이 확인되지 않은 지역에서

석유를 탐사하며 높은 불확실성과 위험을 감수하는 와일드캐터
(wildcatter) 개인의 손실에 대한 자료는 없다. 석유산업에서 지하자
원 채굴회사에 인정해주는 감모 공제(depletion allowance)와 무형시추
원가(intangible drilling costs)의 비용 처리처럼 논란이 많은 조항이 존
재한다는 것은 의회가 석유 탐사와 생산에 내재된 위험을 인정한
다는 것을 시사한다. 복권에 당첨되듯 석유를 발견해 큰돈을 번 사
람도 있지만 그들이 석유산업 참가자 전체를 대표하지는 않는다.

나는 전수 조사 없이도 지난 40년 동안 시장가치가 100배 이상
오른 주식을 365개 이상 찾아냈다. 가치가 100배 오르는 데 많은
주식이 40년이 걸렸고 일부는 30~35년이 필요했다. 25년이 걸린
주식도 적지 않았고 20년이 걸린 주식도 20개 이상이었다. 5개 주
식은 10년도 채 걸리지 않았다. 100배를 버는 데 40년이 꼬박 걸린
펀드도 있었지만 같은 기간 동안 전문적으로 운용한 펀드의 실적
이나 자산가치 성장을 크게 앞질렀다.

100배를 번 주식의 특징은 크게 네 가지 범주로 분류 가능해 보
인다. (가능하다고 말하려고 했지만 겸손해야 할 것 같다.)

내가 생각하는 네 가지 범주는 다음과 같다.

1. 사상 최악의 약세장에서 가격이 바닥까지 극단적으로 하락한
   뒤 회복했다. 다른 시기에 이례적인 공황(panic)이나 경기 악
   화로 주가가 하락했지만 회복했다.
2. 원자재 가격 급등에 따른 기초 원자재 수요·공급 비율 변화에
   힘입어 상승했다.

3. 인플레이션이 장기간 상승하는 가운데 사업을 확장하며 자본 구조에서 레버리지를 크게 활용했다.

4. 이익을 재투자해서 일반적인 수준보다 훨씬 높은 ROIC를 달성했다.

기업 자체의 문제나 그 기업이 속한 산업의 특수한 문제로 인해 매물이 헐값에 나올 수도 있다. 그러나 1932~1933년 뱅크런을 막기 위한 '은행 휴업'이 선포되기 직전의 상황처럼 아무도 사려는 사람이 없어서 주가가 바닥까지 떨어지려면 전 세계적으로 당시와 같은 디플레이션과 실업 사태가 재발해야 한다. 그런 상황은 정치적 이유에서도 불가능할 것이다. 하나만 선택해야 한다면 서구 세계는 대공황을 다시 겪느니 임금이나 물가와 관계없이 인플레이션을 선택할 것이 분명하다. 적어도 인플레이션이 문제의 만병통치약이 아님을 인류가 배우기 전까지는 범주 1과 같은 상황에서 100배 기회를 찾는 것은 비현실적으로 보인다. 그리고 인류가 그것을 배우는 데는 상당히 오랜 세월이 필요할 것이다.

대량으로 매장된 석유나 광물을 발견하면 단기간에 주식의 가치가 몇 배 올라가는 것은 분명하다. 포세이돈(Poseidon)의 주가는 호주에서 니켈 광산이 발견된 지 1년 만에 저점 대비 100배 이상 상승했다. (그 후 엄청난 상승분 대부분을 반납했다.) 이러한 발견을 예측하기는 거의 불가능하다. 이 방법으로 돈을 번다면 운이 좋은 것이다.

운을 경시하는 것이 아니다. 머리가 좋아야만 돈을 버는 것은 아니다. 무엇이 필요한지 이해하고 적절히 실행하기만 하면 된다. 부를 쌓을 기회는 때때로 너무나 단순하고 분명해서 '평범한 애덤스'* 외에는 누구도 알아차리지 못할 수도 있다. 기억하는 독자도 있겠지만 소설의 주인공 애덤스는 특별히 똑똑한 인물은 아니었다. 그러나 평범한 일을 해서, 예를 들어 빗방울이 떨어지기 시작하면 주저 없이 안으로 들어옴으로써, 머리가 좋은 경쟁자보다 더 많은 돈을 벌었다. 즉 유리한 상황에 기회를 인식하고 주저 없이 행동에 나섰다.

대량 매장된 천연자원을 발견하는 도박을 거는 것은 경마장에서 매일같이 복승식 베팅을 하는 것과 같다. 즉 1등과 2등 말의 조합을 한 번에 맞히는 것처럼 평생 불가능할 수도 있다. 하지만 천연자원에서 또 다른 기회를 찾을 수도 있다. 매장된 자원의 존재는 확인했지만 아직 수익성이 없는 가격이라 채굴하지 않는 기업이 있다. 방대한 타코나이트 매장량을 보유한 메사비아이언(Mesabi Iron)이 이런 경우였다. 1930년대 대공황 시기에 경기 침체와 수요 부진으로 주가가 크게 하락했지만 대공황이 끝나고 주가가 100배 이상 뛴 석탄회사들도 있다. 우라늄 정광, 유혈암, 역청암, 입목 등의 자원과 관련해서도 언젠가 유사한 기회가 있을 수 있다.

레버리지 기회는 회사의 이익과 자산에 대한 선순위 채권이 그 이익이나 자산의 가치와 같거나 더 큰 경우에 발생할 수 있다. 이 경우 선순위가 아닌 일반 주주가 누리는 현재가치는 전혀 없다. 가

---

* 로버트 업데그래프(Robert Updegraff)가 쓴 소설 《평범한 애덤스(Obvious Adams: The Story of a Successful Businessman)》의 주인공.

시적인 변화 없이 이와 같은 상태가 장기간 지속되면 주식은 명목 가격으로 평가된다. 선순위 청구권이 우세해서 주식의 가격이 크게 하락했던 1940년대 트라이콘티넨털 보통주와 워런트의 상황이 바로 이런 경우였다. 대기업의 실적 둔화가 장기화되면 매출 레버리지가 발생할 수 있다. 예를 들어 투자자는 현재 주식의 시장가격 1달러당 기업의 매출 10달러나 20달러를 살 수 있다. 기업의 이윤이 개선되어 매출의 5%가 보통주 주주에게 돌아간다면 단순히 계산해도 수익률이 상당할 것이다.

차입한 자금을 투자에 활용하는 자본 레버리지를 통해 이익을 얻을 기회는 쉽게 찾을 수 있다. 그러나 레버리지를 활용해 얻는 잠재 이익이 잠재 위험보다 클지 판단하는 것이 중요하다. 마진 계좌(margin account)의 원리가 그것이다. 매수 대금을 차입해 주식을 사서 가격이 2배로 오르면, 전액 현금으로 매수했을 때보다 거의 2배의 투자수익을 올릴 수 있다. 반면 주가가 50% 하락하면 원금 손실이 발생한다.

자본 구조상 선순위 증권의 비중이 매우 큰** 대기업이 사업과 실적이 일시적으로 심각한 부진에 시달린다면 주목할 기회다. 이때 총 기업가치(total enterprise value)의 5%, 10%에 주식을 살 수 있다면,*** 훗날 총 기업가치가 2배가 되었을 때 보유한 주식의 시가평

** 차입금 비중이 큰 기업
*** 기업가치는 크게 자기자본(equity)과 타인자본(debt)의 시장가치의 합이다. 주식의 가격이 기업가치의 5%, 10%라면 자기자본에 비해 부채가 상당히 많은 자본 구조라는 뜻이다. 예를 들어 총 기업가치가 100달러라면 자기자본의 가치(주식의 시가)가 5달러, 10달러에 불과하고 부채가 95달러, 90달러라고 볼 수 있다.

가액은 10배, 20배 증가할 수 있다.*

아직 실제 불황기에 검증해보지 않은 비교적 새로운 레버리지 투자로 현 스커더, 스티븐스 앤드 클라크의 최고경영자 조지 존스턴(George Johnston)이 미국에서 개척한 듀얼 펀드(dual fund, 이중 목적 펀드)가 있다. 일반적으로 자본의 절반은 소득(income)을 추구하는 투자자가, 나머지 절반은 자본이득을 추구하는 투자자가 출자하는 구조로 구성된다.

소득을 추구하는 투자자에게는 결합 펀드에서 발생하는 배당금과 이자 등 모든 소득이 돌아간다. 펀드는 이들에게 최소 소득을 보장하는데, 약속한 최소 소득을 창출할 다른 방법이 없다면 자본이득을 추구하는 투자자의 비용(손해)으로 약속한 소득을 지급한다.

자본이득을 추구하는 투자자는 소득 지향 투자자에게 지급된 약속한 소득과 투자금을 차감한 후 해당 듀얼 펀드에서 발생한 모든 자본이득에 대한 권리를 갖는다.

듀얼 펀드에서 자본이득을 추구하는 주주는 사실상 주식 매수 대금의 50% 이상을 차입한 마진 계좌를 보유했다고 볼 수 있다. 다시 말해 주가가 자신이 납입한 자본금의 2배 이상 올라야 이익을 얻는다. 이들은 배당금과 이자를 받지 않는다. 하지만 펀드 자산의 '차변 잔액', 즉 자신의 자본금을 초과하는 부분에 대한 이자도 지불할 필요가 없다.

---

* 총 기업가치가 100달러에서 200달러로 2배가 되면 (부채가 95달러, 90달러로 동일하다고 가정할 때) 자기자본의 시장가치는 5달러에서 105달러, 10달러에서 110달러로 각각 20배, 10배 증가한다.

예를 들어 펀드 자산의 주당 가격이 소득 목적 주식 10달러, 자본이득 목적 주식 10달러로 구성되고 소득 목적 주식에 주어지는 소득은 주당 10달러로 제한된다면, 자본이득 목적 주식의 잠재 수익은 마진 계좌와 거의 같다. 단, 마진 계좌와 달리 추가 증거금을 납부하거나 강제 청산될 위험이 없다. 주식시장이 상승할 것이라고 확신한다면, 듀얼 펀드로 자본이득 목적 주식을 매수하는 것은 브리지 게임에서 자신의 카드가 승산이 있을 때 베팅 금액을 2배로 올리는 것과 비슷하다.

과거에는 듀얼 펀드의 자본이득 목적 주식을, 두 그룹이 보유한 전체 주식에 해당하는 총자산가치의 절반이 아니라 3분의 1 가격이나 그보다 더 싸게 매수할 수 있었다. 예를 들어 펀드 자산의 주당 가격이 소득 목적 주식 10달러, 자본이득 목적 주식 6달러로 이루어졌다고 가정하자. 또한 자본이득 목적 주식이 뉴욕증권거래소에서 주당 5달러에 거래되었다고 가정하자. 1971년에 실제로 주가가 이런 관계를 형성한 적이 있다.

주식시장이 1949~1964년과 유사하게 15년간 현재 평균 가격의 5배까지 상승한다고 가정하자. 듀얼 펀드가 시장 평균과 보조를 맞춘다면 1986년 펀드 자산의 주당 가치는 초기 가치인 16달러(소득 주식 10달러+자본 주식 6달러)의 5배인 80달러가 될 것이다. 자산 가치에서 소득 주식의 권리는 주당 단 10달러로 정해져 있으므로 나머지 70달러는 자본이득 주식에 귀속된다. 즉 주당 5달러에 듀얼 펀드의 자본이득 주식을 매수했다면 투자 원금이 14배로 불어나는 것이다.

지난 40년 동안 보아왔고 현재 추구하는 100배 수익에는 크게 못 미치는 수익이다. 그러나 전쟁, 전쟁 위협 혹은 전혀 예상하지 못한 불황으로 인해 자본이득 주식의 시장가격이 5달러가 아니라 1달러, 심지어 50센트까지 떨어졌다고 가정해보자. 그 후 경제와 정치 상황이 갑자기 반전한다면 우리가 추구하는 100배 수익을 달성할 가능성이 있다. 또한 자본이득 목적 주식의 가격이 크게 하락하지 않더라도 듀얼 펀드 포트폴리오가 뛰어난 성과를 낼 경우 원하는 100배 수익을 달성할 수 있다.

　네 번째 범주는 수년 연속 평균을 크게 뛰어넘는 ROIC를 달성한 기업이다. 이러한 기업에 투자하는 것은 단순한 계산으로 평가해도 유리하고 시간의 흐름도 투자자의 편이다. 그러나 이 범주에 있는 주식이라도 공짜 점심이나 '확실한 것'은 없다. 먼저 사업의 높은 ROIC가 너무 많은 경쟁자를 끌어들여 경쟁이 치열해질 위험이 있다. 경쟁자가 너무 많으면 아무리 좋은 사업도 무너질 수 있다.

　경쟁자 진입이 불가능하지는 않더라도 어렵게 하는 '장벽'이 있어서 높은 이윤을 보호하는 것이 중요하다. 특히, 우수한 연구와 발명에 기반한 끊임없는 혁신, 원자재 공급원에 대해 독보적으로 유리한 소유권, 널리 알려진 브랜드 등이 사업을 보호하는 장벽이 될 수 있다. 다른 요소들도 있겠지만 무엇보다 '장벽'이 튼튼하고 높아야 한다.

　좋은 음식, 좋은 옷, 좋은 주거 환경, 자녀를 위한 좋은 교육 여건 등 사람들이 인생에서 원하는 물질적인 것은 거의 비슷하다. 평균 이상을 누리려면 평범한 수준보다 더 많이 하거나 더 잘할 수 있어야 한다. 내가 할 수 있는 일이 세탁이라면 세상에는 무게당 2센트 더 싸게 세탁물을 수거할 경쟁자가 언제나 존재한다.

'높은 장벽'으로 사업이 보호된 100배 주식을 지난 40년 동안 한 번쯤 소유한 사람은 수천 명에 달할 것이다. 그러나 그 주식의 가치가 100배가 될 때까지 오랫동안 보유한 사람은 거의 없을 것이다.

물론 모든 사람이 더 오랫동안 보유하지 않은 것을 후회한다. 그러나 그것 못지않게 큰 실수는 과거의 성과가 미래에도 무한정 지속될 것이라고 가정하는 것이다. 미래에 기대되는 모든 성장에 대한 대가를 현재 지불하는 것도 경계해야 한다.

40년 동안 주가가 100배 성장하려면 연평균 성장률이 12.2% 수준이어야 한다. 40년보다 짧은 기간에 가치가 100배 증가하려면 다음과 같은 주가 상승률이 필요하다.

기간	연평균 성장률
35년	14.0%
30년	16.6%
25년	20.0%
20년	26.0%
15년	36.0%

어떤 기업이 아무리 작게라도 무한히 성장하는 것은 수학적으로 불가능하다. 수학적 관점에서 고려할 현실적인 문제는 지금의 성장률이 얼마나 오랫동안 지속될지, 그리고 지금의 성장률이 얼마나 지속되어야 현재 주가를 정당화할지 추정하는 것이다.

먼저 작게라도 무한히 성장하는 것이 가능한지에 대한 논쟁을 끝낼 필요가 있다. 1,971년 전 투자한 1달러에 연평균 성장률 5%를 적용하면 지금은 얼마일까? 나는 1965년에 스커더, 스티브스 앤드 클라크의 경제 부문 부사장 루이스 컬리(Louise Curley)에게 처음 이 질문에 대한 답을 구했다. 컬리는 합계액이 너무나 커서, 당시 온스당 35달러이던 금으로 만든, 지름이 약 1억 5,000만 킬로미터(지구에서 태양까지의 거리)인 공으로 환산할 수 있다고 대답했다. MIT 경제학 박사 출신인 그의 계산이라면 신뢰할 수 있다. 나는 1971년을 기준으로 다시 성장률을 물었다. 그는 지름 1억 6,000만 킬로미터가 넘는 금 공으로 환산할 수 있다고 대답했다.

하지만 현실적으로 생각했을 때 앞으로 1,971년 후를 기대하고 투자하는 사람은 없다. 좀 더 현실적인 투자 기간을 기준으로 답을 찾아야 한다. 첫째, 앞으로 15~40년 안에 가치가 100배로 증가할 수 있는 주식을 찾는다면 기업 실적이 연평균 12~36% 범위에서 성장을 지속할 가능성을 추정해야 한다. 자본의 장기적 성장은 실적의 장기적 성장과 관련이 있다.

한편 투자자가 실적 성장률을 넘어서는 자본 성장률을 달성하는 유일한 방법은 주식시장의 심리가 낙관론에서 비관론으로, 그리고 다시 비관론에서 낙관론으로 바뀌는 순간을 포착하는 것이다. 그러나 시장의 변동을 잘못 판단하면 자본 성장이 실적 성장에 크게 못 미칠 수 있다.

GM과 IBM 같은 거대 기업의 성장 전망을 평가할 때 이 논리를 적용할 수 있다. GM의 실적이 1965년에 기록한 사상 최고 수준에

100배 주식 불변의 법칙

서 100배 성장한다면 순이익은 2,000억 달러를 훨씬 넘길 것이다. 순이익이 매출의 10%라고 해도 매출 2조 달러를 달성해야 가능한 순이익이다. GM의 제품이나 경영진을 폄하하는 것은 아니지만 40년 후 GM의 매출 규모가 현재 미국 국민총생산(GNP)의 2배에 달할 가능성은 희박해 보인다.

IBM은 1969년에 사상 최고 실적을 기록했다. 당시 순이익의 100배는 연간 110억 달러 수준이다. 1969년 수준의 높은 순이익률을 유지한다고 하더라도 연간 매출이 7,000억 달러 이상일 때 달성할 수 있는 순이익이다.

IBM에 낙관적인 사람들은 내 논리가 터무니없다고 주장할 수도 있다. IBM은 뮤추얼펀드에서 가장 인기가 높은 주식이다. 1972년 〈인스티튜셔널 인베스터(Institutional Investor)〉가 실시한 설문 조사에서도 IBM은 펀드매니저와 증권 애널리스트가 가장 선호하는 주식이었다.

그러나 이러한 전문가들은 자신이 무엇을 하고 있는지 정확히 알아야 한다. 아마도 그들은 주식의 가치가 2배가 될 때까지만 보유할 계획일 것이다. 향후 5년 안에 실현 가능하다면 괜찮은 수익을 낼 것이다. 주가가 2배로 뛴다면 (현재 주식 수 기준으로) 주당 700달러에 거래된다는 뜻이다. 이를 위해서는 실적이 2배로 성장하거나 실적과 함께 PER이 상승해야 한다. 향후 5년 안에 순이익이 2배로 성장하기 위해서는 연평균 성장률 15%를 달성해야 한다. IBM은 이보다 더 높은 실적 성장률을 기록한 전례가 있다.

주식시장이 IBM의 1975년 순이익 1달러에 1970년 순이익에 부

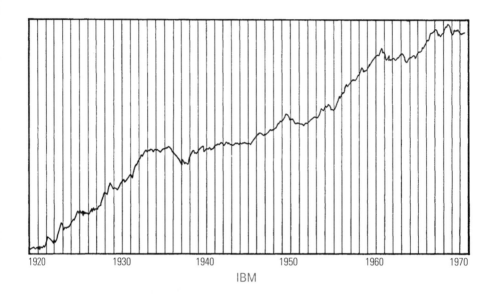

IBM

여한 것보다 더 높은 가치를 부여하려면 다음 두 가지 전제 조건
중 최소 한 가지가 충족되어야 한다. 첫째, 1975년 이후 실적 성장
이 지금보다 더 빨라질 것으로 전망된다. 둘째, 금리가 하락할 것
으로 전망된다. 1919~1971년 IBM의 상대 주가 차트를 보면 거의
반세기 동안 주가는 일관된 상승 추세였다. 그리고 지금은 거의 모
든 투자자가 이 사실을 알고 있다.

　　　　　　　　　　　100배 주식 불변의 법칙

20장

멀리 있는 것은 늘 매혹적이다

투자를 하면서 도저히 답이 나오지 않을 때는 문제를 외면하고 해외로 눈을 돌려 해결책을 찾고 싶을 수 있다. 그러나 사람들 대부분에게 해외 투자는 눈에 보이는 위험을 피해서 보이지 않는 위험을 찾아가는 것과 같다. 이러한 자본 이동은 미래 전망에 대한 명확한 이해보다는 뒤늦은 판단에 따른 것인 경우가 많다.

나는 1930년대에 '수준 높은' 투자자들이 미국의 뉴딜 정책과 달러화 평가 절하로 인한 위험을 피해 아르헨티나와 프랑스로 자금을 옮기는 것을 보았다. 사람들은 손실보다는 수익에 대해 더 편히 이야기한다. 내 의구심을 입증할 자료는 없지만 그 투자자들이 미국에서 시장의 폭락을 기회로 활용해서 벌 수 있었던 것만큼 많은 돈을 해외에서 벌 수 있었을지는 의문이다.

10대 시절 미네소타 농장에서 여름을 보낼 때, 무성한 목초지의 소들이 철조망 울타리를 부수고 옆 풀밭으로 넘어가는 것을 보았

100배 주식 불변의 법칙

다. 소에게는 울타리 너머의 풀이 더 푸르게 보인다. 사람도 마찬가지다. '멀리 있는 것'은 매혹적이다.

제2차 세계대전 당시 해외 투자를 조심해야 하는 또 다른 이유를 배웠다. 내 고객 가운데 영국인이 있었다. 영국 정부는 영국인이 소유한 미국 증권을 '가압류'하고 1942년 주식시장의 바닥에서 주식을 팔아서 달러를 확보해 전쟁 비용을 충당했다.

내 결론은 다음과 같다.

1. 투자한 돈을 따라 해외로 갈 수도 있다는 의지가 없다면 해외 투자를 국내의 위험에서 벗어나기 위한 수단으로 삼아서는 안 된다.

2. 해외로 갈 생각이 없다면 해외 투자는 국내에서 찾을 수 있는 어떤 기회보다 훨씬 더 전망이 좋을 때에 한해서만 실시해야 한다. 여기서 '훨씬 더'는 모국에 대해 아는 것과, 가끔 방문하고 간헐적으로 공부한 국가에 대해 알고 싶은 것의 차이를 보완할 만큼을 말한다.

이렇게 생각할 수도 있다. "백계 러시아인*은 프랑스에 투자해둔 덕분에 러시아혁명에서 재산을 지킬 수 있지 않았나? 독일계 유대인들은 해외에 투자한 덕분에 히틀러(Adolf Hitler)의 영향이 미치지

---

* 서구 세계의 반공 러시아인. 1918년 러시아제국에서 혁명이 발생하자 미국으로 이주한 러시아인의 후손이다.

않는 곳에서 새로운 출발을 할 수 있었던 것 아닌가?" 그러나 두 경우 모두 돈을 따라 이주할 의지가 있었고 그것이 가능했기 때문에 해외 투자로 이익을 얻을 수 있었다.

"하지만 해외 투자의 필요성이 분명해질 때는 이미 해외 투자가 불가능할 것"이라고 주장할 수도 있다.

이것은 모든 투자에 해당하는 문제다. 필요성이나 기회가 분명할 때는 이미 가격에 잠재 수익이 반영되어 있다.

이상적으로 보자면 해외 투자는 전 세계에서 최선의 상대적 가치를 찾는 것이다. 국내의 불리한 사회·정치적 상황에 대비한 사실상 무료 보험이다. 무료로 보험에 가입할 수 있다면 언제나 유리하다.

이미 확실해 보이지만 영국이 공동 시장(common market, 현 유럽연합)에 가입하고 경제적으로나 정치적으로 통합된 유럽 연합이 탄생한다면, 새로운 초강대국으로 부상할 영국에 훌륭한 투자 기회가 있을 것이다.

지구 반대편에 자연은 빈 공간을 싫어한다는 것을 보여주는 대륙이 있다. 바로 호주다.

지난 75년 동안 호주 주식시장은 60배 상승했다. 다우지수 대비 2배 이상 높은 상승 폭이다. 1929~1932년 세계 대공황 이후 미국과 캐나다, 영국의 주식시장이 1929년의 고점을 회복하는 데는 25년이 걸렸다. 호주는 5년 만에 새로운 고점을 달성했다. 그 이유는 무엇일까?

호주는 영토가 넓다. 알기 쉽게 설명하면 미국이 알래스카를 매입하기 전 미국의 최대 주였던 텍사스를 호주에서 가장 큰 주인 서호주(West Australia) 위에 겹쳐보면, 가장자리에 알래스카를 넣어도 약 26만 제곱킬로미터가 남는다.

호주는 영토가 넓기만 한 것이 아니다. 상대적으로 비어 있다. 호주의 면적은 알래스카와 하와이를 편입하기 전 미국의 면적과 거의 비슷하다. 하지만 미국의 인구는 호주 인구의 16배에 달한다.

호주는 영토가 넓고 비어 있기만 한 것이 아니다. 아직 개발되지 않았다. 호주 대륙이 발견된 것은 필그림들이 플리머스록(Plymouth Rock)에 상륙하고 150년이 지난 뒤였으니 미국의 역사가 150년 앞서 시작되었다. 호주는 여러 면에서 미국보다 반세기 이상 개발이 뒤처져 있다. 미국에서 시추된 유정은 200만 개 이상인데 호주에서 시추된 유정은 아직 2,000개에 불과하다. 이처럼 호주의 자원 탐사는 심각하게 미비한 실정이다. 호주의 국토 면적은 약 770만 제곱킬로미터, 대륙붕 면적은 약 260만 제곱킬로미터에 달한다. 이처럼 방대한 면적에 비례해 더 큰 규모로 지하 탐사를 실시하면 큰 수익을 창출할 것이다.

지금까지 호주에서 이루어진 주요한 발견은 대부분 고도의 기술력을 요하는 집중 탐사 결과로 드러난 것이 아니라 사람들 앞에 자원이 스스로 존재를 드러낸 것이었다. 호주의 자원 발굴은 이제 시작에 불과하다.

호주인들은 카펜타리아만 서쪽에 있는 고브(Gove)의 보크사이트 매장지에 대한 재미있는 이야기를 들려준다. 호주군은 제2차 세계대전 중 그곳에 활주로를 건설하기로 했다. 군인들은 활주로를 만들기 위해 불도저를 이용해 붉은색 암석을 긁어냈다. 전쟁 당시 그곳에는 호주인, 영국인, 미국인 남성이 5,000여 명 있었지만 누구도 그 붉은 물질을 알아볼 생각을 하지 않았다.

전쟁이 끝나고 1~2년 후, 호주 북쪽 섬에 보크사이트가 있다는 소문을 확인하기 위해 지질학자 일행이 탐사에 나섰다. 그러나 비행기 엔진에 문제가 생겼다. 조종사는 버려진 활주로를 떠올리고 그곳에 임시 착륙했다. 엔진을 손보려면 4~5시간은 더 걸릴 것이었다. 지질학자들은 다리를 펴기 위해 비행기에서 내려 주변을 둘러보았다. 일행 가운데 한 사람이 발밑에 있는 무언가를 주시했고 이렇게 5억 톤 규모의 보크사이트가 '발견'되었다.

발견자의 눈앞에 스스로 모습을 드러낸 우연한 방식도 놀랍지만 서호주에서 철광석을 발견한 것은 그 자체로 호주 역사에서 매우 중요한 사건이다. 철광석을 발견한 랭 핸콕(Lang Hancock)은 해머슬리에서 철광석이 선적될 때마다 수익의 2.5%를 로열티로 받는다. 핸콕은 호주에서 과세 대상 소득이 가장 많은 사람이다.

아내를 태우고 경비행기를 직접 조종해 문제의 지역 북쪽에 있는 이착륙장(목장)에서 남쪽 방향으로 비행하던 핸콕은 심한 폭풍우를 만났다. 맹목비행(blind flying) 장비가 없었기 때문에 핸콕은 저고도로 비행했다. 폭풍우를 뚫고 협곡을 통과하던 그는 줄무늬 형태로 붉게 녹이 슨 바위를 보고 그 위치를 기록해두었다. 그리고 그곳에서 거의 순수한 산화철로 이루어진 산을 발견했다. 전통적으로 용광로에 공급하던 철광석보다 더 높은 등급의 산화철이 산을 이루고 있었다.

호주는 넓고 비어 있으며 개발되지 않은 땅을 보유하고 있을 뿐만 아니라 과학과 기술 발전의 주요 수혜국이기도 하다. 그 존재를 알았지만 당시 방법과 장비로는 경제성이 없어서 잠자던 많은 자원이 새로운 기술 덕분에 개발할 수 있게 되었다.

호주에서는 캐터필러 트랙터들을 체인으로 연결해서 땅을 개간한다. 미국 버몬트와 뉴햄프셔의 선조들처럼 나무를 하나하나 베어내고 1~2년 후에 그루터기를 파내는 대신, 잡초를 뽑듯 나무를 뽑고 밭 가장자리에 쌓아 태워버린다. 두 사람이 하루에 2제곱킬로미터를 개간할 수 있다.

해머슬리와 마운트뉴먼의 철광석 발굴에는 한 번에 24톤을 들어 올리는 삽과 한 번에 100톤을 싣는 트럭이 동원된다. 이 삽으로 철광석을 네 번 들어 올려 트럭 한 대를 채운다. 한 사람은 삽을, 다른 한 사람은 트럭을 운전한다. 이렇게 모은 철광석을 파쇄기에 쏟아붓는다. 이것을 두 사람이 운전하는 150량 화물 열차에 옮겨 싣는다. 오늘날과 같은 장비가 없었다면 효율적인 작업이 불가능했을 것이다.

과거에는 접근이 불가능하고 경제성이 떨어졌던 지역이 현대 기술, 즉 항공 운송에 의해 개방되고 있다. 이동 시간 기준으로 호주와 뉴욕은 25~30년 전의 뉴욕과 캘리포니아보다 더 가까워졌다.

호주의 지하수 개발 역시 기술의 수혜다. 불과 50~100년 전에는 사람들이 갈증으로 목숨을 잃었지만 이제는 지하 90미터에서 물을 끌어 올린다. 수질이 좋고 펌프의 도움 없이도 안정적으로 물을 공급할 수 있다.

에어컨은 호주, 특히 북부 열대 지역의 잠재력에 혁명을 일으키고 있다. 과거에 백인들은 열대 지역에서 농사를 지을 수 없었다. 기후 여건상 힘든 육체노동이 어려웠고 남성이 아내와 아이를 데리고 이주할 환경이 아니었기 때문이다. 지금은 심지어 농기계 운전석까지 모든 곳에 에어컨이 설치되어 있다.

이런 호주의 대규모 개발, 특히 철광석, 보크사이트, 석탄 개발 자금은 대부분 일본이 지원했다. 앞으로 투자와 관련해 중요한 문제는 "일본이 싼값에 계약한 호주산 원자재로 무엇을 할 것인가?"이다. 일본인은 매우 독창적이다. 일본은 제2차 세계대전 때 폭격기를 몰고 호주 다윈까지 내려와 수많은 배를 침몰시켰다. 전쟁이 끝난 뒤에는 호주로 돌아와 난파선을 사들였고 일본으로 인양해 고철을 얻었다.

투자에서 확실한 것은 없다. 그러나 전 세계 온대 지역에서 가장 인구밀도가 낮은 땅덩어리를 가진 호주의 천연자원 개발은 더욱 신속하게 진행될 가능성이 높다. 영국법에 기반한 호주의 법률 체계와 사유 재산권 존중도 이러한 전망을 뒷받침한다.

지옥의 도시

통화, 금리, 인플레이션은 모두 투자 환경에 중요한 영향을 미친다. 하지만 무엇보다도 중요한 요소는 투자할 곳의 사람과 그들의 가치관이다. 그들은 어떤 희망과 목표, 신념을 가지고 있는가? 자녀에게 어떤 삶을 물려주고 싶어 하는가? 어떤 종류의 국가를 원하는가? 무엇을 위해 투쟁하는가? 그리고 우리는 지구의 상처를 치유하고 인류의 삶이 더 나아지도록 돕기 위해 우리가 할 수 있는 일을 하고 있는가?

제2차 세계대전이 일어나기 전, 투자자들은 교회와 교인의 수를 토대로 지역사회의 결속력을 평가하기도 했다. 지금은 진부한 사고라고 여길 수도 있지만 당시에는 모호하고 불확실한 것이 아니라 명확하고 유용한 기준이었다. 재산권과 인권 사이에서 고민하는 것은 의미가 없었다. 재산권 없이는 개인의 자유와 인권도 상상할 수 없다는 인식이 지배적인 시대였기 때문이다. 또한 옳고 그름의 구분이 확실했다. 잘못을 저지른 사람에게 책임을 묻고 처벌하는 데 중점을 두었고, 개인의 일탈에 사회가 책임이 있을지도 모른다는 생각은 없었다.

이제는 모든 경계가 흐릿해졌다. 대기가 오염되어 비행기 안에서 도시의 황갈색 구름 사이로 맨해튼의 마천루를 보기 힘들어진 것처럼, 도덕적으로 오염되어 옳고 그름을 구분하기가 힘들어졌다. 많은 사람이 다 함께 잘못된 행동을 할 때는 특히 그렇다.

이러한 현상은 대도시에서 가장 극명하게 드러난다. 대도시는 투명에 가까운 익명성을 보장한다. 보는 사람만 없다면 마음대로 행동해도 좋다고 느낄 만한 환경을 조성한다. 도덕적 해이가 가장 먼저 발생할 곳도 대도시다. 대도시에서는 상호 의존도가 높다. 대도시만큼 눈에 띄지 않으면서 비리를 저지를 수 있는 곳도 없다. 대량 생산과 전문화의 이점이 비효율적인 치안과 검열로 인한 비용 증가로 무력화되는 곳은 대도시뿐이다.

아프리카 사람들을 포로와 노예로 미국에 데려온 탐욕은 오늘날 국가 통합을 저해하는 인종적 긴장의 씨앗을 뿌렸다. 정치는 그 후손들이 대도시에 발을 들이자마자 그들에게 생활보호수당을 안내한다. 빈곤층이 폭발적으로 늘면서 거주 납세자의 이탈이 가속화되었다. 1960년 뉴욕시의 백인 인구는 61만 7,127명 감소했고 백인 외 인구는 70만 2,903명 증가했다. 1971년 11월까지 10년 동안 생활보호대상자는 총 124만 2,785명으로 89만 2,917명 증가했다. 인종별 생활보호대상자 통계는 아예 존재하지 않는다.

주식시장에서 수백만 달러를 버는 법을 이야기하면서 취약 계층 지원에 반대하는 것이냐며 나를 비난하는 것은 부당하다. 내가 비판하는 것은 구호 기준과 지급액의 지역적 차이가 비경제적이고 비정한 대량 이주를 조장한다는 것이다. 미국의 구호 체계는 가난한 사람들이 대도시로 이주하도록 재정적 유인을 제공한다. 그 결과, 빈곤한 도시에 거주하는 아이들은 마약에 무방비 상태로 노출되고 부모는 절실히 필요한 직업 교육과 훈련을 제대로 받기 어렵다. 의회가 국가 차원에서 이 문제의 본질을 인식하려면 얼마나 더 시간이 필요할 것인가?

대도시의 역할과 미래를 생각해본다. 비관론자들은 통신과 교통수단이 발달해 연결성이 향상되었으므로 대도시는 더 이상 쓸모없고 필요하지 않다고 단정한다. (그러나 대도시로 통근해보면 생각이 달라질 것이다.) 어쩌면 더 나은 무언가가 대도시를 대체할지도 모른다. 그러나 투자자는 두 가지를 생각해야 한다. 첫째, 대도시는 죽어가는 것이 아니라 정치가 대도시를 죽이고 있다는 증거다.

둘째, 모든 시기 모든 국가에서 문명의 중심지 역할을 해온 도시의 역사다.

대도시는 오랜 세월 동안 정치라는 몸을 주도하는 머리 역할을 해왔다. 머리가 죽으면 몸이 살 수 있을까?

문제를 해결하려면 제대로 정의하는 것이 먼저다. 나는 대도시가 직면한 위기를 심각하게 보고 있다. 이것이 대도시뿐만 아니라 국가 전체에 심각한 위기로 번진다면 사람들도 이를 깨닫고 조치를 취하기 시작할 것이다. 특히 대중교통, 주택, 교육, 보건 측면에서 엄청난 산업적, 상업적 효과가 있을 수 있다.

대도시를 '공매도'해서는 안 된다. 언제나 동트기 직전이 가장 어두운 법이다.

21장

아직 늦지 않았다

앞으로 10년, 20년, 30년, 40년 후는 과거와 다를까? 1932년부터 1967년 사이에 어느 때든 제대로 사서 보유했다면 얼마나 쉽게 100만 달러를 벌었을지 이제는 안다. 앞으로도 그런 일이 가능할까? 이미 배는 떠났을까?

매우 중요한 몇 가지 요소가 달라졌다. 이것만은 확실하다. 다우지수는 1932년 7월 8일 40.56포인트로 장중 최저점을 기록했고, 1966년 2월 9일 1,001포인트로 장중 최고점을 기록하며 절정에 달했다. 주가 상승을 촉진한 요인은 다음과 같다.

첫째, 투자 심리가 불황 심리에서 호황 심리로 크게 전환했다.

1932년 다우지수의 PBR은 0.5배였다. 1966년에는 2배였다.

1932년에는 주식의 기대수익률이 채권의 2배였다. 1966년 고점에서는 주식의 기대수익률이 채권의 절반 수준이었다. 경기 전망이 비관적일 때는 채권의 수익률이 절반에 불과한데도 '더 안전하기 때문에' 주식보다 채권을 선호한다. 경기 전망이 낙관적이고 인플레이션이 우려될 때는 '기업 실적 개선과 배당금 증가'를 기대하기 때문에, 채권 수익률이 거의 2배인데도 주식을 더 선호한다.

1932년 이후 다른 요건이 모두 동일하다고 할 때, 심리의 대전환 하나만으로도 주식시장의 4배 상승을 설명할 수 있다. 주식시장은 이미 심리 전환의 수혜를 누렸다. 앞으로 몇 년 동안은 같은 혜택이 반복되지 않을 것이다.

둘째, 제2차 세계대전으로 미국을 제외한 모든 선진 강대국의 생산 능력이 소진되었다.

전쟁이 끝나자 국내에서는 이연된 수요가 분출되었다. 미국은 내수를 공급했고 영국, 프랑스, 독일, 일본의 생산 시설 재건을 도왔다. 수많은 저개발 국가에 대한 원조는 말할 것도 없다.

앞으로 몇 년 동안 그러한 경기 부양 효과를 기대하기는 어렵다. 미국은 이제 미국이 재건을 도운 국가들과의 경쟁에 직면해 있으며 그 경쟁을 뼈아프게 실감하고 있다.

셋째, 미국은 전 세계 화폐용 금의 대부분(260억 달러 이상)을 보유하고 있었기 때문에, 전쟁이 끝난 후에도 외환시장에서 달러 가치의 큰 하락 없이 오랫동안 막대한 정부 적자를 충당할 수 있었다. 금 보유량이 100억 달러로 줄어들자 미국은 결제 수단으로서 금을 지급하는 것을 중단했다. 미국은 더 이상 분수에 맞지 않는 생활을 할 수 없다.

넷째, 무역 장벽을 제거하기 위한 국제 협력을 촉진하는 데 총 1,400억 달러에 달하는 미국의 원조 프로그램이 중요한 역할을 했다. 사람들은 협력이 자신의 직접적 이익에 확실히 부합할 때는 언제나 협력한다. 이제 그 유인이 줄어들면서 인간의 본성이 되살아나기 시작했다. 국제 무역 전쟁의 위험은 현실이다. 경쟁적인 보호무역주의는 국제 교역의 위축과 전반적인 디플레이션을 의미한다.

케이크를 먹어버리면서 동시에 손에 들고 있을 수는 없다. 마찬가지로 이 네 가지 요인이 계속해서 주식시장을 자극하기를 기대하기는 어렵다. 우리는 이미 그 효과를 누렸다.

그렇다면 우리는 무엇을 가질 수 있을까?

15년 전 원자력의 평화적 이용을 위한 국제 학술대회의 의장을 맡은 저명한 인도 원자과학자 호미 바바(Homi Bhabha)는 인류에게 세 가지 위대한 시대가 있었다고 말했다. 수만 년 동안 지속된 첫 번째 위대한 시대를 이끈 것은 인간의 근력이었다. 약 300년 동안 지속된 두 번째 시대는 화학 에너지의 시대였다. 세 번째는 1942년 시카고 스태그 경기장에서 시작된 원자력 에너지의 시대다.*

바바는 인류가 첫 번째 시대에서 두 번째 시대로 발전하면서 가져온 변화는 상상할 수 없을 정도로 컸지만 세 번째 시대가 가져올 변화는 그것을 압도할 것이라고 말했다.

당시 학술대회에서는 원자력의 주요 발전 방향을 세 가지로 예측했다.

---

* 1942년 엔리코 페르미(Enrico Fermi)가 이끄는 물리학자 팀이 시카고대학교 스태그 경기장 콘크리트 관중석의 지하에 세계 최초의 원자로인 '시카고 파일(Chicago pile)'을 제작했다. 같은 해, 그곳에서 사상 최초로 핵분열에 따른 연쇄반응 실험이 이뤄졌다.

1. 동력: 핵융합 반응을 제어하는 데 성공하면 무한한 동력을 얻을 수 있다.
2. 새로운 물질: 방사선으로 물질의 분자 구조에 비가역적 변화를 유도할 수 있다.
3. 새로운 생명체: 식물과 동물의 '씨앗'에 방사선을 조사해 진화 과정을 가속화함으로써 새로운 생명체를 탄생시킬 수 있다.

잠수함처럼 지구라는 우주선에서 점점 더 많은 에너지를 사용하는 '승무원'이 삶의 질을 유지하고 개선하는 데 충분한 산소를 확보하려면 궁극적으로 원자력을 동력으로 사용해야 한다.

새로운 물질과 새로운 생명체에 대해서는 알려진 것이 거의 없지만 잠재적인 중요성은 조금도 덜하지 않다.

전등, 말이 없이 달리는 마차, 비행기, 라디오와 텔레비전, 피임약 등 과거의 거의 모든 주요 신기술 개발에서 경험한 것처럼, 이 세 가지 발전 방향에서도 100배 수익의 투자 기회를 발견해야 한다.

헨리 카이저(Henry Kaiser)가 말했듯 문제가 곧 기회라면 공해 저감이 큰 투자 기회가 될 수 있다. 갈수록 늘어나는 일회용품 생산도 마찬가지다.

레이저의 잠재력은 심지어 군대에서도 이제야 인식하기 시작했다. 전쟁의 역사는 과거에 공격이 방어에 굴복했듯이 오늘의 막강한 공격력이 내일의 철통같은 방어에 또다시 굴복할 것임을 분명히 보여준다. 화약의 공격력은 성, 해자, 갑옷의 방어를 이겼다. 제1차 세계대전에서는 방어 참호가 화약을 견제했다. 대륙 간 탄도

미사일은 다시 한번 공격 능력으로 균형을 이동시켰다. 그러나 결국 그 우위가 쇠퇴하고 새로운 방어 기술이 등장할 것이다. 그 새로운 방어 능력에 100배 수익의 기회가 있을 수 있다.

멀리 있는 사람을 총천연색 3차원 이미지로 보여주는 기술인 홀로그래피는 개인이 서로를 직접 만나기 위해 먼 거리를 여행할 필요와 욕구를 줄여줄 것이다. 또한 사업 협상이나 경영진의 중대한 의사 결정을 위한 만남을 제외한 일반적인 대면 회의의 필요성도 줄어들 것이다.

전력 손실이 거의 없이 전기를 전송하는 초냉각 전선이 개발되면서, 획기적인 발전 능력과 효율성을 갖춘 소수의 발전 시설로 국가 전력망을 구축할 길이 이론적으로나마 열렸다.

앞으로는 기계가 주요 언어들로 쓰인 인쇄 활자와 손글씨를 읽고 전기 자극으로 변환해서 컴퓨터가 그것을 이해하고 처리할 것이다.

공장에서 제조한 식품이 전통적인 가정식의 품질을 능가하고 비효율적인 측면을 없앨 수 있다. 앞으로는 더욱 그럴 것이다. 미래 발전 방향의 가능성을 일일이 나열하는 것은 불가능하다. 지금까지 언급한 것은 확실한 전망 가운데 일부에 불과하다.

한 가지 문제가 있다. 아담과 이브의 아들들과 딸들은 늘 에덴동산의 문을 열고 돌아가기 위해 노력했다. 그곳에서는 누구나 심신을 단련하는 데 필요한 만큼만 일하고 풍요롭게 살 수 있다. 서로 먼저 가려고 싸우다가 지치지만 않는다면 우리는 문을 가로지른 빗장을 들어 올리고 다시 그곳에 들어갈 수 있다.

공상적이고 비현실적이며 마법 같은, 말도 안 되는 이야기일까? 그럴지도 모른다. 하지만 믿음과 상상력이 부족한 투자자에게는 지난 40년 동안 회의와 냉소로 치른 대가를 잊어서는 안 된다고 강조하고 싶다.

이번 한 번만 세상의 종말에 반대로 베팅하라. 세상에 정말로 종말이 온다면 내기에서 지겠지만 그때는 어차피 모두가 끝이다.

주식시장이 나빠질수록 제대로 사서 보유하라는 조언은 더욱 유효하다. 로스차일드 가문은 주식시장이 폭락했을 때 오히려 주식을 샀다. 왜 그랬을까? 더 이상 나빠질 수 없을 만큼 최악일 때는 나아질 일만 남았기 때문이다. 나아지지 않으면 어차피 모든 것이 끝이다. 그런 투자 기회가 우리에게 닥치지 않기를 바라고 기도한다. 그러나 만일 기회가 온다면 도망쳐서는 안 된다.

22장

젊은 세대를 위한 응원

이솝 우화에 실린 늑대와 어린 양의 이야기다.

배고픈 늑대가 시냇가에서 물을 마시는 어린 양을 보았다. "내가 마시는 물을 흐리고 있구나. 그러니 너를 잡아먹어야겠다!" 늑대가 으르렁거렸다.

어린 양이 대답했다. "제가 더 낮은 쪽에 있는데 어떻게 물을 흐린단 말인가요?"

늑대가 말했다. "어제 진흙탕을 만든 녀석이 바로 너였구나. 그러니 너를 잡아먹어야겠다."

어린 양이 말했다. "하지만 저는 오늘 아침에 태어났는걸요."

늑대가 말했다. "그럼 그건 네 어미였구나. 그러니 너를 잡아먹겠다." 늑대는 어린 양을 잡아먹었다.

옛날에는 아직 태어나지 않았으니 100배 수익의 기회를 놓친 것에 잘못이 없다고 생각하는 독자들에게 이 이야기를 들려주고 싶다. 지난 10년 동안 100배 수익의 기회는 내가 기억하는 것만 일곱 번 있었다. 실제로는 더 많을 것이다.

인생에서 운명은 배고픈 늑대와 같다. 운명을 이기려면 핑계를 찾을 것이 아니라 행동에 나서야 한다.

1961년에 매스코스크루 프로덕트(Masco Screw Products) 주식을 샀다면 1971년에는 투자금 1달러를 100달러로 만들 수 있었다. 1963년에 스카이라인홈(Skyline Homes), 1964년에 아메리칸래버러토리(American Laboratories), 1965년에 오토매틱 데이터 프로세싱, 1966년에 플리트우드엔터프라이즈(Fleetwood Enterprises), 1967년에 US홈 앤드 디벨롭먼트(US Home & Development)나 디벨롭먼트 코퍼레이션 오브 아메리카(Development Corporation of America)를 샀어도 마찬가지다. 이 일곱 개 주식 가운데 하나에 1만 달러를 투자했다면 1971년에는 100만 달러 이상으로 불어났을 것이다.

일곱 개 주식 가운데 하나는 디트로이트증권거래소, 하나는 아메리카증권거래소, 나머지 다섯 개는 장외시장에서 매수할 수 있었다.

이런 기회를 어떻게 예측할 수 있었을까? 먼저 일곱 개 기업의 사업 분야를 확인하고, 다음으로 1971년 최고가의 1% 미만 가격에 거래되었을 때는 어떤 상황이었는지 살펴보겠다. 이렇게 하면 앞으로 있을 100배 수익의 기회를 포착하는 데 도움이 될 추론 방식을 알게 될 것이다.

1961년부터 1971년까지 10년 동안 가치가 100배 상승한 일곱 개 기업 중 다섯 개 기업이 건설업종에 속했다. 다른 한 곳은 급여와 증권사 거래 기록을 보관하는 자동화 사업을 영위했다. 나머지 한 곳은 지금의 아메리칸 메디컬 인터내셔널(American Medical International)로 급성기 치료 병원을 소유하고 운영했다. 또한 중앙 의학연구소를 운영했고 흡입 치료 장비를 판매했으며 환자 상담용 영상을 제작했다.

1달러를 100달러로 만들려면 어떤 주식을 사야 했는지 시간 순서대로 살펴보자.

1961년 2월에 디트로이트증권거래소에서 매스코스크루 프로덕트(이하 매스코) 주식을 주당 6.25달러에 살 수 있었다. 그때의 1주는 현재 18주에 해당한다. 1971년 최고가 기준으로 18주의 시장가격은 729달러여서 1961년 가격의 116배였다.

1961년보다 이전에 샀다면 100배가 훨씬 넘는 수익을 올릴 수 있었다. 매스코는 1937년부터 디트로이트증권거래소에서 거래되었다. 1938~1939년에는 주당 55센트에 거래되기도 했다. 그때 사서 1971년까지 보유했다면 투자한 1달러는 1,325달러가 되었을 것이다. 1만 달러를 투자했다면 1,325만 달러다.

그렇게 오랜 기간 보유하려면 엄청난 끈기가 필요했을 것이다. 주당 55센트로 최저가를 기록한 후 1946년에 기록한 5달러가 20년 내 최고가였다. 1949년에는 최고가에서 75%나 하락한 1.25달러에 거래되었다. 매스코는 모든 사람을 지치게 만든 주식이었다. 1961년에 애널리스트는 매스코를 어떻게 분석했을까?

매스코의 매출은 1953년 900만 달러에서 1956년에 절반 이상 줄었고 1960년에는 640만 달러를 회복했다. 주당순이익은 1952년

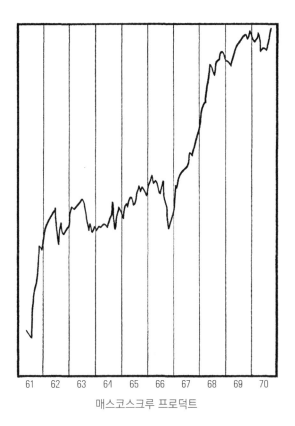

매스코스크루 프로덕트

에 1.07달러로 최고치를 기록했고 1956년에 11센트로 감소했지만 1960년에 1.28달러로 최고치를 경신했다.

매스코에 투자하기 좋은 시기가 언제였는지는 다음 수치로 추정할 수 있다.

1956년부터 1960년까지 주당 자기자본의 장부가치는 37%, 주당 영업투하자본은 41% 증가했다. 주당 매출액은 10.88달러에서 17.44달러로 60% 증가했다. 이처럼 극적인 개선에도 불구하고 1960년 매스코 주식의 PER은 2.7~6.9배 수준에 그쳤다.

	주당 영업투하자본 (달러)	주당 자기자본 (장부가치, 달러)	ROIC (%)	ROE (%)	영업투하자본 1달러당 매출액(달러)
1956	6.16	6.16	1.7	1.7	1.80
1957	6.32	6.32	6.7	4.7	2.20
1958	6.52	6.80	5.0	4.5	1.60
1959	7.36	7.64	13.2	12.9	2.00
1960	8.72	8.44	15.1	15.1	2.00

1961년에 주가가 크게 상승하기 시작했다. 1961년 PER은 최저 2.9배에서 최고 26.9배까지 급등했다. 1969년에는 PER 38배 이상에 거래되었다.

매스코도 주가가 오르기를 기다리는 대신 이익 대비 주가가 쌀 때 매수하는 것이 중요하다는 사실을 입증한다. 1960년부터 1969년까지 순이익이 전혀 증가하지 않았더라도 (사실은 급격히 성장했다) PER 상승만으로 주가는 14배 올랐을 것이다. 중요한 것은 PER이 비교 시점에서 14배 상승했다면 순이익이 7배 조금 넘게 성장하면 충분하다는 것이다(14×7=98). PER이 그대로라면 주가가 100배 상승하기 위해서는 순이익이 100배 성장해야 한다.

영업투하자본과 ROIC보다 매출액과 이익률에 초점을 맞추는 애널리스트도 있다. 실제로는 둘 사이에 큰 차이가 없다. 매출액×이익률은 영업투하자본×ROIC와 같다. 두 식은 같은 이익을 표현(및 분석)하는 다른 방법일 뿐이다. (주당 매출액 10달러×세전 이익률

30%=3달러. 법인세 50% 차감 후 순이익 1.50달러. 영업투하자본 7.50달러×
ROIC 20%=1.50달러).

1956년부터 1960년까지 매스코가 꾸준히 개선되지 않았다면 주
식시장에서 지금과 같은 극적인 성과는 없었을 것이다. 다음은 지
난 10년간의 기록 중 일부다.

	ROIC (%)	ROE (%)	영업투하자본 1달러당 매출액(달러)
1961	20.0	20.2	1.80
1962	26.7	27.5	2.10
1963	27.7	27.6	2.20
1964	29.8	29.8	2.20
1965	28.4	28.3	2.20
1966	26.9	26.2	2.30
1967	21.9	24.4	2.00
1968	22.7	23.5	2.20
1969	12.2	20.7	1.20
1970	11.0	18.5	1.10

ROIC는 재무상태표에 채권, 우선주, 보통주, 잉여금으로 표시되
는지에 관계없이 영업활동에 투입된 모든 자금의 이익 창출력을
측정한다. ROE는 재무상태표에 보통주와 잉여금으로 표시되어 영
업활동에 투입된 자금의 이익 창출력을 측정한다.

채권과 우선주를 발행하지 않은 경우, ROIC와 ROE는 당연히 같다. ROE가 ROIC보다 높다면 회사가 채권이나 우선주로 조달한 자본으로 선순위 자본의 비용보다 더 많은 이익을 벌어들이고 있다는 뜻이다. 예를 들어 회사가 채권에 5% 이자를 지급하고 우선주에 5% 배당금을 지급하면서 영업에 투자한 자본에서 10% 이익을 올리는 경우다. 반대로 영업에 투자한 자본 대비 이익률보다 선순위 증권에 지급하는 금리나 배당수익률이 더 높은 경우에는 ROE가 ROIC보다 낮다.

영업투하자본 대비 매출(투자한 1달러당 매출) 비율은 치열해지는 경쟁을 조기에 경고하기도 한다. 경영진이 생산 확대에 집중하는 대신 경쟁력을 유지하기 위해 상당한 금액을 투자해야 한다면 회사가 치열한 경쟁에 직면해 있다는 뜻이다.

나는 100배 수익의 기회를 찾는 사람들에게 '저PER'의 중요성을 꾸준히 강조했다. 고PER주를 매수해서 PER 상승으로 이익을 누리기는 어렵다. 그 이익은 이미 다른 사람이 가져갔다. ROIC도 마찬가지다. ROIC가 낮다는 것이 좋은 신호는 아니지만 ROIC가 상승할 때 실적도 크게 증가할 수 있다. 물론 높은 ROIC를 달성한 후에는, 낮은 ROIC에서 높은 ROIC로 개선되어 이익을 얻을 기회가 사라진다.

숫자가 기업의 모든 것을 말해주지는 않는다. 1959년 《무디스 산업 편람》은 매스코를 "자동차와 기타 산업에 사용되는 나사류를 제조하는 업체"로 설명했다. 1961년에는 수전이 주요 수익원이었다. 델타 브랜드 1구 수전이 큰 성공을 거둔 덕분이었다. 매스코는 현재 중간 가격대의 2구 수전도 제작하고 있다.

지난 10년 동안 큰 수익을 거둔 다른 여섯 개 기업은 어떨까? 스카이라인홈(이하 스카이라인)은 이동식 주택, 여행용 트레일러, 텐트 캠핑카, 영구 거주에 적합한 조립식 주택을 제작한다. 1963년 1월 주가 저점은 11달러였고 그해 주당 순이익은 1.70달러였다. 따라서 스카이라인의 초기 PER은 6.5배 미만이었다. 그때의 스카이라인 1주는 19.8주가 되었고 시가평가액은 1,183달러였다. 회계연도

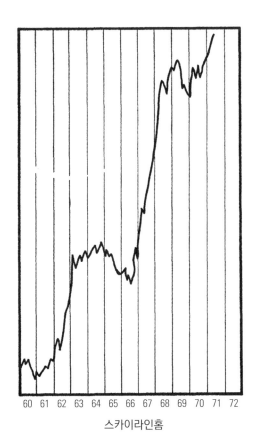

스카이라인홈

1971년(5월 31일 결산) 이익을 기준으로 스카이라인은 1971년 최고가에서 PER 31배에 거래되었다.

스카이라인의 현재 명칭은 아메리카 메디컬 인터내셔널이다. 회사는 1964년에 주당 75센트에 거래되었고 PER은 4배 미만이었다. 1964년의 1주는 1971년의 3.4주에 해당했다. 1971년 주가는 1970년 주당순이익의 44배 수준이었다. 1971년 PER 44배는 1964년(4배 미만)의 11배다. 따라서 주식의 가치가 100배 상승하기 위해서는 이익이 1964년 수준의 9배만 성장하면 되었다. 실제로 이익은 그보다 더 많이 성장했고 1971년 주가 고점은 1964년 저점의 172배에 달했다.

오토매틱 데이터 프로세싱은 급여 처리와 중개 업무 기록의 전산화를 전문으로 했다. 주식은 1965년 장외시장에서 주당 7달러 최저가에 거래되었다. 당시 1주가 지금은 9주가 되었고 1971년 최고가 기준으로 시가평가액은 704달러였다. 1965년 주당순이익은 56센트였다. 따라서 주가 7달러에서 PER은 12.5배였다. 1963년에는 PER이 1.5배 수준으로 낮았다. 1971년 최고가에서는 1971년 회계연도(6월 30일 결산) 이익 기준으로 PER 90배에 거래되었다.

플리트우드엔터프라이즈 역시 주택 관련 기업으로 이동식 주택과 여행용 트레일러를 제작한다. 1966년에는 그해 이익의 6배가 조금 넘는 가격에 거래되었다(PER 6배). 1966년의 1주는 1971년 말 16주에 해당한다. 1971년 PER은 37배 수준이었다. 즉 주가가 크게 상승한 것은 대부분 실적 성장에 기인했다.

US홈 앤드 디벨롭먼트는 뉴저지와 플로리다에서 단독주택과 아

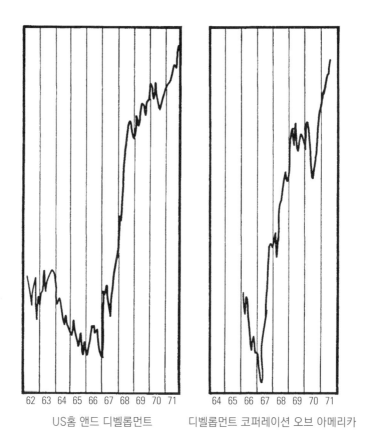

US홈 앤드 디벨롭먼트	디벨롭먼트 코퍼레이션 오브 아메리카

파트 건설, 토지 투자와 개발을 전문으로 시행한다. 장외시장의 매수호가 저점은 1965년 56.25센트, 1966년 50센트, 1967년 62.5센트였다. 1967년의 1주는 현재 2주가 되었다. 1971년 최고 시가평가액은 78달러였다. 1967년 회계연도(2월 28일 결산)의 주당순이익은 20센트였으므로 PER은 3배를 조금 넘었다.

디벨롭먼트 코퍼레이션 오브 아메리카(이하 디벨롭먼트)는 뉴저지와 플로리다를 근거로 단독주택 콘도미니엄과 커뮤니티를 건설하고 부동산사업을 영위한다. 알루미늄 창호와 문도 제작한다. 1967년 장외시장에서 최저 38센트에 거래되었다. 당시의 1주는 1971년 2.2주가 되었고 시가평가액은 74달러였다.

1963년 디벨롭먼트가 전직 임원에게서 29만 7,582주를 주당 1달러에 매입했다는 보고는 소위 내부 정보의 가치가 얼마나 제한적인지 보여준다. 이 주식은 1971년 65만 4,680주에 해당하며 최고 시가평가액은 2,200만 달러였다.

디벨롭먼트 주식은 1967년 저점에서 1966년 이익의 3배, 1967년 이익의 2배 미만에 거래되었다. 1971년 고점에서는 1970년 주당순이익 50센트의 67배에 거래되었지만, 회사는 1971년의 9개월 동안 이미 주당순이익 1.07달러를 보고했다.

지난 10년간 100배 수익을 낸 주식 가운데 매수 기회이던 시점에 PER이 높은 주식은 없었다. 이들의 주가가 크게 상승한 것은 실적 성장과 밸류에이션 상승이 복합적으로 작용한 결과였다. 실적이 성장했고 이익 1달러당 시장가격도 상승했다.

(고PER 주식으로 100배 수익을 내는 것이 불가능하다는 뜻은 아니다. 밸류에이션 상승에서 오는 효과를 거의 또는 전혀 기대할 수 없는 상황에서 100배 가격 상승을 보장하려면 커다란 실적 성장을 기대해야 한다는 뜻이다.)

단순히 운이 전부였을까?

1971년 가치의 1%도 안 되는 가격으로 7개 주식 중 하나라도 사서 보유한 사람들은 단순히 운이 좋았던 것이 아니다. 차익을 실현하라는 온갖 조언과 유혹을 뿌리치고 버틸 수 있었다는 점에서 결코 평범하지 않은 정신력이 드러난다. 하지만 애초에 이런 주식을 매수한 것은 그저 운이 좋았던 덕분일까?

당시 상황을 돌이켜 보면 공장형 주택 주식이 크게 상승할 것을 예견했어야 했다. 낡은 건축 법규와 건설 노동자 임금 상승으로 소비자들은 원하는 주택을 맞춤 제작하기 어려웠다. 공장에서 만든 주택이 인기를 끈 것은 당연했다.

공장에서 주택을 제작하는 기업들의 주식이 두루 상승했다. 내셔널홈(National Homes)도 100배 주식 목록에 이름을 올렸다([표 1] 376쪽 1945년 참조). 내셔널홈은 공장에서 제작한 주택을 현장에서 조립하는 세계 최대 모듈러 주택 기업이다. 챔피언홈빌더(Champion Home Builders)는 100배 주식은 아니지만 1971년에 1967년 최저가의 43배에 거래되었다.

같은 업종의 주식이 이렇게 큰 규모로 함께 움직인 것은 통계를 이용한 투자와 구별되는 개념 위주 투자의 중요성을 보여준다. 공장식 수택이 미래의 물결이라는 사실을 입증할 통계가 존재할 때쯤이면 큰돈을 벌 기회는 이미 사라졌을 것이다.

해결책이 있는 인간의 모든 문제가 투자 기회다. 도둑이 있기 때문에 자물쇠가 팔린다.

23장

다음 기회를 놓치지 않는 법

매년 환상적인 기회가 이렇게 많은데도 이 기회를 활용하는 사람은 거의 없다. 어째서일까?

답은 간단하지 않다. 일단 여섯 가지 정도 떠오르지만 더 많은 이유가 있을 것이다.

1달러를 투자해 100달러를 번 사람이 거의 없는 근본적인 이유는 시도하지 않는다는 점이다. 우리는 투자를 100배로 늘리는 것과는 거의 또는 전혀 관련이 없는 종류의 정보를 찾고 그 정보에 따라 행동하도록 세뇌되어왔다. 우리는 잘 익은 멜론이 가득한 밭에서 땅콩 한두 알을 열심히 찾는 어린아이와 같다. 취향 문제라면 할 말은 없다. 돈을 버는 것보다 매매 자체를 더 즐긴다면 그렇게 해도 좋다. 그러나 잘 익은 멜론의 재정적 열량은 땅콩 한두 알과는 비교할 수 없을 만큼 높다.

많은 사람이 자본을 100배로 늘리려는 시도조차 해보지 않았다.

　　　　　　　　　　　　　100배 주식 불변의 법칙

그것이 가능하다는 사실을 모르기 때문일 것이다. 투자에 관한 많은 연구가 자본 증식을 위한 전략보다는 '주식 사고팔기'에 초점을 맞추고 있다. 이러한 현실의 책임은 투자자 본인, 중개인, 금융 서비스, 언론 매체에 있다. 심지어 학교에서 제대로 가르치지 않은 교사에게도 원죄가 있다.

중개인의 주된 수입원은 수수료다. 나는 11년간 중개인으로 일했다. 중개인이 수수료를 버는 방법은 크게 두 가지다. 첫째, 투자에 관한 조언을 포함해 양질의 서비스로 명성을 쌓아서 새로운 고객을 유치하고 주식을 매매하게 한다. 둘째, 기존 고객에게 현재 보유한 주식을 팔고 다른 주식을 사야 하는 이유를 알려주어 매매를 제안한다.

나는 두 가지 방법을 모두 활용했다. 연말이 가까워지면 고객에게 손실을 확정하라고 권했다. 그해 확보한 수익을 상쇄해 세금을 줄이려는 목적이었다. '아끼는' 성장주가 하락할 가능성을 조기에 경고해서 가치가 크게 하락하기 전에 매도할 수 있게 함으로써 고 고펀드 펀드매니저의 주문을 받았다. 5만 주를 50달러에 매도한 뒤 한두 달 만에 주가가 40달러로 하락하는 것을 볼 때만큼 만족스러운 일도 드물다.

그러나 보유한 주식을 팔고 훨씬 더 싼 가격에 다른 주식을 사서 자본이득세와 수수료를 부담한다고 해도 그 거래가 이익인지 손실인지는 알 수 없다. 토끼와 거북이 이야기처럼 결승선을 통과하기 전까지는 진정한 승자를 알 수 없다. 인생에서 결승선은 죽음이다. 그 시점에서 미실현 이익에 대한 자본이득세는 1971년 제정된

법에 따라 면제된다.

무익한 과다 매매에 언론 매체도 책임이 있다면, 그것은 시장에 영향을 미치는 기사로 우쭐해진 일부 언론의 행태를 가리킨다. 〈데일리 클래리언(Daily Clarion)〉을 읽으면 나쁜 뉴스에 팔고 좋은 뉴스에 사서 돈을 벌 수 있을 것 같은 생각이 든다. 이처럼 근시안적인 접근 방식이 나쁜 뉴스와 좋은 뉴스가 가져올 것이라고 예상한 바로 그 결과를 낳는다. 이런 뉴스 대부분은 장기적 관점을 가진 투자자와는 무관하다. 또한 겉으로 보이는 것과는 정반대 의미를 갖는 뉴스도 있다. 현명한 투자자는 나쁜 뉴스를, 할인된 가격에 좋은 주식을 매수할 기회로 여긴다. 따라서 시장이 크게 하락한 뒤 우량주가 먼저 반등하는 것을 흔히 볼 수 있다.

뉴스를 비판하거나 그 중요성을 폄하하려는 의도는 결코 아니다. 뉴스는 문명사회의 신경계 역할을 한다. 내가 경계하는 것은 뉴스만 보고 자동으로 투자 결정을 내릴 수 있다는 착각이다.

뉴스는 주식을 갈아탈 이유나 핑계를 제공하기도 한다. 이론적으로 좋은 주식을 팔고 더 좋은 주식을 사는 것은 문제가 없다. 그러나 흔히 간과하는 사실이 있다. 그것이 유익한 결정이 되려면 대체하는 주식이 얼마나 '더 좋은' 주식이어야 할까? 예를 들어 100달러에 산 주식을 1,000달러에 판다. 세금은 주마다 다르지만 연방과 주, 시에서 부과하는 자본이득세와 매매에서 발생하는 수수료를 합하면 수익의 최소 30%에 해당한다. 따라서 순수익은 730달러를 넘지 않는다고 가정하는 것이 타당하다. 1,000달러에 매도한 주식이 50% 더 상승하면 보유했던 주식의 시장가격은 1,500달러다. 같은 수익을 달성하려면 매도 후 손에 쥔 730달러로 산 주식이 105% 이상 상승해야 한다. 다시 말해 대체 주식이 매도한 주식보다 2배 이상 상승해야 같은 수익을 달성할 수 있다는 뜻이다.

부진한 주식의 매도를 반대하는 것이 아니다. 그러나 이미 큰 수익을 내고 있는 좋은 주식을 더 좋은 주식으로 대체하려고 할 때는 새로 사려는 주식이 일반적으로 생각하는 것보다 훨씬 더 좋을 때만 유익한 매매가 될 수 있다.

100배 수익을 목표로 하는 투자자가 5포인트나 2배 수익을 노리는 개인보다 위험을 덜 부담한다는 것은 역설적이다. 그러나 최소 다섯 가지 근거가 이를 뒷받침한다.

1. 최고의 자산을 위한 시장은 항상 존재한다. 부동산과 골동품은 물론 주식과 채권도 마찬가지다. 품질을 높이 평가하고 추구하는 사람들은 최고의 자산을 취득할 재정적 능력이 있다.

2. 장기 성장 극대화에 초점을 맞추고 주식을 매수하면 앞으로 나보다 더 높은 가격을 지불할 의사가 있는 다른 사람을 찾아야 하는 함정을 피할 수 있다. 앞으로 20년, 30년, 40년 동안 실적과 배당금이 100배 증가할 것으로 기대하고 주식을 매수하면 나보다 덜 똑똑한 사람에게 손해를 입힐 계획을 세울 필요가 없다.

3. 이윤이 뛰어나고 ROIC가 평균 이상이며 해당 업계는 물론 전체 산업을 능가하는 매출 성장을 기록하는 주식을 매수하면 시간은 나의 편이다. 확실한 기회가 있는데도 불확실한 가능성

에 베팅할 필요는 없다. 시간은 흐른다. 앞으로도 그럴 것이다. 이것만큼은 확실한 사실이다. 잠재력이 무한한 주식이라면, 초기 매수 가격이 잘못되었더라도 시간이 바로잡을 것이다.

4. "좋은 쥐덫을 만들면 외딴 숲속에 살더라도 사람들이 문 앞까지 몰려든다"*라는 말은 진부할지 몰라도 유의미하다. 마케팅이나 광고가 아니라면 아무리 좋은 쥐덫도 주목받지 못하고 사라질 것이라고 그 의미를 폄하하는 사람도 있다. 그러나 현실에서 더 나은 쥐덫을 만들 정도로 능력 있는 사람이나 기업이라면 쥐덫을 개량하는 데서 멈추지는 않을 것이다.

5. 현명한 어머니는 딸에게 "결혼해서 남자를 고쳐놓겠다는 생각은 금물"이라고 조언한다. 주식을 사서 회사를 개선하겠다는 생각도 마찬가지다. 사람을 바꾸기 어렵듯 기업도 기대만큼 개선되지 않는다. 설령 개선된다고 해도 오랜 기간이 필요하다. 기대가 미뤄지면 속이 탄다. 턴어라운드를 기대하고 투자한 주식의 주가가 2배로 뛸 수도 있다. 그러나 10년이 걸린다면 연평균 수익률은 7.2%에 불과하다.

성장에 뚜렷한 한계가 없는 우량 주식에 투자할 때 가장 큰 이점은 예측할 수 없고 가늠할 수 없는 미래의 발전에서 이익을 얻을 기회가 있다는 것이다. 인류는 언제나 불가능해 보이는 일을 해냈

---

* "더 좋은 책을 쓰고 더 좋은 설교를 하고 더 좋은 쥐덫을 만든다면, 외딴 숲속 한가운데 집을 짓고 산다 하더라도 세상 사람들이 문 앞까지 길을 다져놓을 것이다."- 랠프 월도 에머슨

다. 그럼에도 불구하고 미래의 능력과 업적을 과소평가한다. 이미 달에 사람을 보낸 인류는 필요하고 원하는 것은 무엇이든 할 수 있을 것처럼 보인다.

그러나 역사를 돌아보면 스스로를 믿지 못하는 듯하다. 100년 전에는 이미 모든 발명은 끝났으니 특허청을 폐쇄하자는 관료들이 있었다. 80년 뒤에는 작곡가 리처드 로저스(Richard Rodgers)와 작사가 오스카 해머스타인(Oscar Hammerstein)이 "캔자스시티에서는 모든 것이 새롭고 더 이상 새로워질 것이 없다"라고 노래했다.

오랜 친구이자 〈월스트리트저널〉에서 함께 일했던 펜들턴 더들리(Pendleton Dudley)가 1905년경 뉴욕의 한 은행이 만든 자료에 관한 재미있는 이야기를 들려주었다. 은행의 경제학자는 마차를 대체하는 새로운 운송업을 심도 있게 분석하면서, 미국의 도로가 수용할 수 있는 자동차가 최대 50만 대라고 주장했다. 나는 그 이야기를 들었을 때 굉장히 흥미로웠다. 그리고 미국에서 달리는 자동차와 트럭이 3,000만 대를 넘어 심지어 4,000만 대가 되더라도 자동차산업은 한계에 부딪히지 않을 것이라고 확신했다. 1971년 현재 미국에는 1억 대 이상이 운행 중이다.

메이플라워호 탑승객보다 더 많은 인원을 태운 비행기가 매일 대서양을 횡단한다. 인류는 "에너지=질량×광속의 제곱"이라는 아인슈타인(Albert Einstein)의 방정식을 증명하고 실용화했다. 무시무시한 음속의 장벽을 넘어섰다. 위성을 우주로 보내 구름을 관찰하고 날씨 통제력을 꾸준히 높여왔다. 생명의 과정을 규명하고 영향을 미치는 인류의 발전 속도는 너무나 빨라서, 영국인 의사 윌리엄

하비(William Harvey)가 처음으로 설명한 혈액 순환 이론이 선사 시대의 유물처럼 보일 정도다. 그러나 첫 비행을 하는 새처럼 더 높이 날아오를수록 추락에 대한 두려움은 더욱 커진다.

어쩌면 우리는 정말로 한 시대의 종말을 맞이했는지도 모른다. 지난 세기의 성취로 신경계에 큰 부담이 가해져서 생물학적으로 지쳐 있을 수도 있다. 인류에게 휴식을 주기 위해 새로운 암흑기가 필요할지도 모른다. 물론 이런 생각을 한 것이 처음은 아니다. 1930년대 중반 〈배런즈〉 편집장 시절, 나는 하버드대학교의 한 교수와 함께 경기지수를 검토했다. 그의 결론은 미국 경기가 장기적으로 약간 우하향 추세라는 것이었다.

비슷한 시기에 루스벨트 대통령의 사회보장위원회는 1980년 미국의 총인구를 1억 5,000만 명으로 예측했다. 위원회는 노동장관 프랜시스 퍼킨스(Francis Perkins), 재무장관 헨리 모겐소(Henry Morgenthau), 농무장관 헨리 월리스(Henry Wallace), 법무장관 호머 커밍스(Homer Cummings), 연방 긴급구호관리관 해리 홉킨스(Harry Hopkins)로 구성되었다. 그리고 미국 인구는 2억 명을 넘어섰다.

누군가의 실수를 조롱하려는 것이 아니다. 신이 인간에게 미래를 예측하는 능력을 주려고 했다면 애초에 또 다른 감각을 부여했을 것이다. 우리는 미래를 알지 못하고, 안 적이 없으며, 알 수도 없다. 누구보다 똑똑한 사람들이 예측한 것보다 훨씬 더 나은 미래가 온다면 이를 활용할 수 있는 투자 전략은 단 하나뿐이다. 제대로 사서 오랫동안 보유하는 것이다.

사람들은 불행의 책임을 자신에게 돌리기 싫어한다. 남을 탓하면 자존심은 지킬지 몰라도 주머니에는 아무런 도움이 되지 못한다. 이 책을 쓰는 동안 자료를 조사하고 연구하면서 나의 재정적 상처도 아프게 되살아났다. 다른 투자 원칙을 따랐더라면 결과가 더 나았을지도 모른다는 생각을 떨쳐버리기가 쉽지 않았다. 한 친구가 나를 위로했다. "비현실적인 생각이야. 바닥에서 살 수 있는 사람은 없어. 반대로 1961년에 스톱 앤드 숍(Stop and Shop)을 주당 66달러에 기분 좋게 사서 쭉 보유했는데 1971년 최고가가 고작 28.50달러였다면 어땠겠어?"

친구의 말을 듣고 기분은 나아졌지만 곧 궁금해졌다. 1941년 최저가인 주당 10달러의 2배를 주고서라도 스톱 앤드 숍을 살 기회가 내게는 몇 번이나 있었을까? 20달러 미만에 살 기회는 1938년부터 1945년까지 해마다 있었다. 게다가 이 기간 동안 최고가는 19달러였다.

"그렇지만 19달러에 샀다면 1961년 최고가에서도 100배를 벌지는 못했을 것"이라며 스스로를 위로했다. 그렇다. 1938~1945년의 고점에 샀다면 1961년 최고가 기준으로 주식의 가치는 투자금의 65배에 그쳤을 것이다. 나는 생각했다. "나는 100배 수익을 목표로 주식을 계속 보유한다고 결심하고 매수했을 거야. 따라서 1971년에도 여전히 주식을 보유하고 있었을 테고, 그때는 미실현 이익의 절반 이상이 사라졌겠지."

다행이었다. "역시 내가 그렇게 바보는 아니었어. 7년 중 최고가에 사서 계속 보유했다면 1971년 최고가에서도 투자금의 가치는 고작…" 생각을 멈추고 계산해보았다. 28배 수익이었다. 주식을 사고파는 트레이딩을 반복해서 장기 자본이득을 실현하며 총 28배 수익을 얻으려면 사서 팔기를 6번 하고 매번 투자금을 2배로 불려야 한다. 그 과정에서 한 번도 손실을 보지 않고 최소 100% 수익률을 냈다는 것이 기본 가정이다.

계산을 멈출 수가 없었다. 주식을 사고파는 트레이딩을 반복해서 장기 자본이득을 실현하며 1만 달러를 100만 달러로 만들려면 8번 연속으로 자금을 2배로 불리고(100% 수익률), 마지막 거래에서는 60% 이상 수익을 내야 하며, 단 한 번도 예외가 있어서는 안 된다. 트레이딩이 아니라 투자(매수 후 보유)로 단일 종목에 투자한 1만 달러를 100만 달러로 불리려면 6.5회에 걸쳐 가치가 2배로 불어나야 한다. 다음 표를 보자.

	트레이딩 계좌(달러)	투자 계좌(달러)
초기 자본	10,000	10,000
1	17,000*	20,000
2	28,900*	40,000
3	57,800*	80,000
4	83,521*	160,000
5	141,986*	320,000
6	241,377*	640,000
7	410,341*	1,280,000
8	697,580*	2,560,000

* 직전 금액의 2배에서 세금과 수수료로 수익의 30%를 차감했다.

100배 주식 불변의 법칙

자본이득세와 수수료를 제한 후 왼쪽 트레이딩 계좌 열의 숫자가 100만 달러가 되려면 9번째 매매의 수익률이 62%가 되어야 한다. 같은 수익률이라면 오른쪽 투자 계좌 열의 숫자는 414만 7,000달러다. 이때 수익을 실현해 30% 세금을 차감하더라도 투자 계좌에는 약 300만 달러가 남는다.

　이 숫자들은 질문을 제시할 뿐이다. 투자자는 스스로 답을 찾아야 한다. 주식시장에서 돈을 버는 것이 목표라면 어떤 방법이 더 성공할 가능성이 높을까? 표에서 보듯 8번 매수에서 연속으로 돈을 2배로 불리고, 9번째 매수에서 62% 수익을 내야 한다. 매수 후 보유 전략을 따른다면 6.5회에 걸쳐 투자금의 가치가 2배로 불어날 주식을 찾아야 한다. 어느 쪽도 쉽지 않다. 돈을 버는 일이 쉬웠다면 누구나 부자가 되었을 것이다.

　기록이 보여주듯 지난 40년 동안 단일 주식에 1만 달러를 투자해 1971년에 100만 달러 이상으로 불릴 수 있었던 기회는 수백 번 있었다. 물론 트레이딩으로 100배 수익을 낸 사람들도 있다. 두 길 모두 열려 있다. 1만 달러로 100만 달러를 벌기 위해 큰 결정을 1번 하는 것이 쉬울지, 아니면 작지만 절대로 틀려서는 안 되는 결정을 9번 하는 것이 쉬울지는 투자자 스스로 답할 문제다.

　집중과 분산 가운데 선택하라는 것이 아니다. 트레이더도 투자자처럼 한 번에 한 종목에만 모든 자금을 투자할 수 있다. 매수 후 보유하려는 투자자도 매력적인 주식을 얼마든지 다양하게 살 수 있다. 차이는 투자 자금의 집중도가 아니라 매수자의 의도에 있다. 트레이더는 역동적이고 급변하는 세상에서 가시성이 제한된 가운데, 앞으로 20년 동안 잘될 기업을 찾기보다 일련의 단기 투자를 거듭할 때 성공 가능성이 높다고 믿는다. 투자자는 제대로 사서 보유하는 데 집중한다. 투자자는 경영진과 제품, 프로세스를 평가해서, 예측 불가능한 상황이 발생할 때 그것을 탐색하고 대처할 능력이 있다고 판단되는 기업을 선택한다.

제대로 매수해서 보유하는 전략은 지난 30년 동안 365개 이상의 종목에 투자한 투자자들에게 큰 수익을 안겨주었을 것이다. 더 재미있는 것은 당연히 트레이딩이다. 트레이딩은 확실히 전문가의 활동이다. 제대로 매수해 보유하면 비전문가에게도 성공의 기회가 어느 정도 공평하게 주어진다. 물론 더 쉬운 방법은 결코 아니다. 경험이 풍부한 투자자도 장기 투자 결정을 하기까지 몇 달이나 걸리기도 한다. 하루하루의 주가 변화는 트레이더에게 생명줄과도 같지만, 투자자는 일단 결정하면 더 이상 매일의 변화에 집중하지 않는다.

트레이딩을 할 경우에도 영원히 보유하고 싶은 종목이 아니라면 절대 사지 않는다는 원칙이 도움이 될 수 있다. 이익이 커야 헤어짐도 아름답다.

최대한 부를 쌓으며 법에 따라 최소한의 세금을 부담하는 것은 모든 투자자의 목표일 것이다. 1940년대에 빅터 사순(Victor Sassoon) 경은 다음과 같은 귀중한 조언을 남겼다. "앞으로 몇 년 동안 쉽게 돈을 벌 것이다. 하지만 당신이 현명한지 아닌지를 증명하는 것은 '세금을 제하고 얼마가 남았는가'이다."

지속 가능하며 건전하게 성장하는 기업에 투자해서 발생하는 미실현 평가이익보다 더욱 효과적인 세금의 피난처는 없을 것이다. 그러나 매수 후 장기간 보유한다는 목표로 투자해서 차익을 실현하거나 더 좋은 곳에 투자하고 싶은 마음, 단순히 투자를 분산하고 싶은 유혹을 모두 이기고 목표를 고수하는 사람은 극히 드물다.

중개인들은 좋아하지 않지만 투자 효율성을 측정하는 간단한 방법이 있다. (나는 대형 증권사에서 11년 동안 중개인으로 일했다.) 실현 및 미실현 순자본이득 대비 중개수수료의 비율을 계산하는 것이다. 개럿이 보유한 제록스는 이 비율이 0에 가깝다. 이 비율이 높다는 것은 투자 결정이 잘못되었음을 시사한다. 주식 매도는 매수가 잘못된 결정이었다고 인정하거나 더 나은 대안을 찾았다는 의미이기 때문이다.

나는 이러한 원칙을 지키며 살았을까? 안타깝게도 그러지 못했다. 우리는 너무 빨리 늙고 너무 늦게 현명해진다. 좋은 판단은 경험에서 비롯된다. 그리고 경험은 잘못된 판단에서 비롯된다. 나는 많은 경험을 했다.

금융계에서 투자한 주식을 단단히 보유하라는 조언이 드문 이유는 무엇일까?

가장 중요한 이유는 그런 조언이 허락되지 않는다는 것이다. 분기별 또는 연도별로 성과를 평가해야 한다는 생각에 철저히 사로잡힌 투자자는 펀드매니저가 실적이 부진한 종목을 1~2년 넘게 처분하지 않으면 강력하게 불만을 제기할 것이다. 화이자는 1946년 8월~1949년 5월과 1951년 8월~1956년 9월에 시장(다우지수) 수익률을 하회했다. 성과 지향적인 고객이라면 화이자를 팔지 않은 자

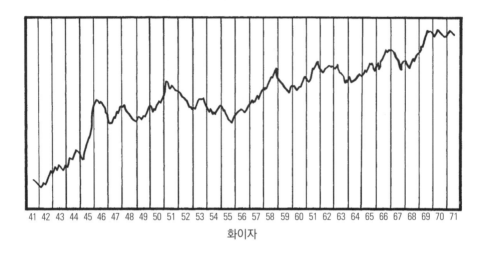

화이자

신의 투자상담사를 비난했을 것이다.

이론적으로 1951년 8월에 화이자를 팔고 1956년 9월에 다시 샀어도 좋았을 것이다. 그러나 1942년에 화이자를 사서 지금까지 보유했다면 투자 원금은 141배로 불어났을 것이다. 이보다 더 좋은 성과를 낸 트레이더가 있을 수도 있지만 다들 겸손한지 알려진 사례는 없다. 실적을 공개하는 펀드 중에서도 이런 성과를 기록한 펀드는 없다. 화이자의 지난 25년간 상대 주가 추이는 자본을 100배로 불리려면 용기와 인내심이 필요하다는 사실을 그 어떤 말보다 분명하게 보여준다.

화이자 주가의 이러한 움직임에는 어떤 배경이 있었을까?

지난 20년간 화이자의 주당 이익, 배당금, 매출, ROE는 오른쪽 표와 같다.

사업가라면 이러한 숫자에만 의존해 주식을 사고팔지는 않을 것이다. 100배 수익을 내는 투자에서 성공하는 비결은 가격보다 이

　　　　　　　　　　　　　100배 주식 불변의 법칙

	주당순이익 (달러)	주당 배당금 (달러)	주당 매출액 (달러)	자기자본 장부가치(달러)	ROE (%)
1970	1.28	0.63	13.68	7.67	16.6
1969	1.13	0.57	12.73	6.94	16.2
1968	1.03	0.50	11.85	6.77	15.6
1967	0.96	0.48	10.47	6.11	15.6
1966	1.02	0.48	10.32	5.49	18.6
1965	0.90	0.43	9.01	4.89	18.3
1964	0.76	0.38	8.04	4.48	16.8
1963	0.69	0.35	7.01	4.29	16.0
1962	0.64	0.32	6.64	4.16	15.3
1961	0.58	0.28	5.69	3.56	16.2
1960	0.52	0.27	5.37	3.34	15.7
1959	0.50	0.27	5.12	3.03	16.5
1958	0.49	0.25	4.56	2.73	18.0
1957	0.47	0.23	4.24	2.49	18.8
1956	0.37	0.19	3.75	2.25	16.5
1955	0.33	0.17	3.66	1.93	17.1
1954	0.33	0.15	3.29	1.75	18.8
1953	0.30	0.14	2.88	1.58	18.9
1952	0.24	0.13	2.44	1.53	15.7
1951	0.27	0.18	2.05	1.42	19.0

익 창출력에 집중하는 것이다. 투자자는 스스로 판단해야 한다. 나를 가장 잘 아는 것은 자기 자신이다.

이러한 자료를 직접 구하려면 어떻게 해야 할까? 기업 대부분은 정기적으로 실적을 보고한다. 그것을 연간 단위로 정리하기만 하면 된다. 무디스와 S&P의 기업 편람에서 숫자를 확인할 수 있다. 고객의 요청에 따라 중개인이 자료를 제공하기도 한다.

주당 매출액은 단순히 총매출액을 발행주식 수로 나눈 값이다. ROE는 단순히 주당순이익을 자기자본의 장부가치로 나눈 값이다(1.28달러÷7.67달러=0.166, 16.6%).

많은 투자자가 펀드매니저의 성과를 분기 단위로 확인하려는 이유는 무엇일까?

두 가지 답을 생각할 수 있다. 첫째, 슈퍼맨의 존재를 믿기 때문이다. 남보다 훨씬 똑똑해서 이번 달에 오를 주식과 다음 달에 내릴 주식을 찾아내는 능력이 있는 사람이 존재한다고 믿는 것이다. 그는 남보다 훨씬 더 영리해서, 모두가 잘못된 결정을 할 때 항상 옳은 결정을 내릴 것이다. 이런 슈퍼맨이 관리하는 포트폴리오라면 시장이 좋을 때 다른 모든 포트폴리오의 성과를 능가하는 것이 당연하다. 그러지 못할 경우 해결책은 간단하다. "내 슈퍼맨이 감을 잃었어. 새 슈퍼맨을 찾아야지."

둘째, 3개월 앞을 예상하지 못한다면 5년, 10년 앞도 내다볼 수 없을 것이라고 생각하기 때문이다. 그러나 이것은 테니스 경기에서 누가 다음 점수를 얻을지 알 수 없다면, 두 선수의 과거 성적을 전부 알아도 승자를 예측할 수 없다는 논리와 같다. 주식의 장기적 상승세에 영향을 미치는 것은 실적 성장과 배당금 증가다. 그러나 단기적인 가격 변동은 대형 포트폴리오의 부실 청산, 파업, 대대적으로 알려진 신규 경쟁자 출현 등 펀더멘털이 아닌 외부 요인과 예측할 수 없는 상황에 영향을 받을 수 있다.

개인 사업체를 수백만 달러에 매각하고 그 대금을 주식시장에 투자한 고객이 있었다. 깊은 고민에 시달리던 그는 어느 날 불안해서 잠을 잘 수 없을 정도라며 어려움을 토로했다. "하루는 5만 달러를 벌고 그다음 날에는 10만 달러를 잃습니다. 내가 무시한 조언은 늘 맞고 내가 받아들인 조언은 손실로 이어집니다. 재산을 전부 사업에 투자할 때 누렸던 마음의 평화를 되찾을 수 있다면 얼마나 좋겠습니까!"

"고객님의 회사는 주식시장에서 거래되지 않았는데 사업이 잘되고 있는지 여부를 어떻게 아셨나요?" 내가 물었다.

"간단합니다." 그가 대답했다. "월별 매출 대비 비용 비율을 보았습니다. 사업이 성장하고 이윤이 유지되면 단잠을 잘 수 있었죠."

"투자하신 포트폴리오에 대해 말씀하신 매출 대비 비용 정보가 포함된 보고서를 드릴 수 있습니다." 내가 말했다. "하지만 신문의 주식 시세 면을 보지 않겠다고 약속하지 않으면 아무 소용이 없을 겁니다."

그는 솔직하게 대답했다. "그렇게는 못 할 것 같습니다."

활발한 매매는 중개인에게만 좋을 뿐이다. 그런데도 투자자가 활발한 매매를 요구하는 이유는 또 있다. 활동과 성과를 구분하지 못하기 때문이다. 어릴 때 아버지 밑에서 일을 배운 어느 현명한 목수가 이렇게 말했다. "대팻밥을 많이 만들었다고 해서 일을 잘한다는 뜻은 아닙니다."

가만히 기다리는 사람도 훌륭한 일꾼이라는 사실을 투자자가 완전히 이해하기 전까지는 기존 투자를 유지하라고 권하는 재정 자문가에 대한 수요는 높지 않을 것이다.

물론 투자자만의 잘못은 아니다. 투자자가 좋은 주식을 오랫동안 보유하도록 금융계가 돕지 않는 것은 활발한 거래가 그들을 먹여 살리기 때문이다. 모든 거래에는 수수료가 붙는다. 고객이 활동을 요구하고 그 활동으로 돈을 벌어 임차료를 지불하는데 고객이 원하는 것을 제공하지 않을 이유가 있을까?

금융계에서는 제아무리 선한 의도를 가진 사람도 불확실성의 문제에서 자유로울 수 없다. 투자자는 알 수 없는 미래에 투자한다. 지나갈 위협이라고 생각해서 무시한 결정이 재앙으로 돌아올 수도 있다. 상황이 분명해질 때까지 위험에 처한 주식과 거리를 두는 것은 중개인이나 투자상담사로서 고객의 손실을 줄이는 결정이 될 수 있다. 그들이 매도를 권한다면 적어도 세상이 돌아가는 상황을 안다는 것이다. 가만있다가는 앞으로 1~2년 동안 주식의 상황이 나빠질 경우 고객을 아예 잃을 수도 있다고 생각해서 매도를 권유하는 것이기 때문이다.

1949년에 중개인으로 일할 당시, 나는 주가가 떨어졌다는 이유로 팔아서는 안 된다고 설득하다 수백만 달러 고객 계좌를 잃었다. 〈포천(Fortune)〉에 '1929년 거꾸로 뒤집기'라는 제목의 글을 기고한 후에는 거의 아무 일도 할 수 없었다.*

---

* 미국 주식시장은 1929년 이른바 검은 목요일에서 검은 화요일로 이어진 역사적인 대폭락을 경험했다. 1949년 중반에 시작된 강세장은 이후 약 7년간 지속되었다.

마지막 면담에서 고객이 말했다. "다들 현금을 확보해야 한다고 하는데 당신 말이 맞다고 생각하는 이유가 뭐죠?"

고객에게 동조하기만 하면 수천 주 매도 주문을 받을 수 있었다. 내가 거절하자 고객은 떠났고 다시 돌아오지 않았다.

나는 녹색 신호가 켜진 횡단보도에서 교통사고를 당한 사람이 된 것 같았다. "내가 옳았다. 전적으로 옳았다. 신호등을 잘못 본 것도 아닌데 결국 죽었다."

물론 다음번에는 내가 틀릴 수도 있다.

24장

제대로 사서 보유하기
- 실전

폴 개럿, 대럴의 익명 고객, 〈월스트리트저널〉의 옛 동료 등 몇몇 사람을 제외하고는 제대로 사서 보유하는 전략의 수익성을 증명하기 위해 인용할 만한 '성과'가 없다. 상장 펀드의 경영진이 이런 방식으로 펀드를 운용한다면 근무 태만으로 해고될 것이다. 극도로 특출한 개인만이 이 전략을 채택하고, 거의 모든 위대한 주식의 상승세가 꺾이는 하락장에도 계속해서 주식을 보유할 의지를 갖고 있다.

지난봄 로체스터대학교 투자위원회 위원장을 끝으로 은퇴한 헐버트 트립은 매수 후 보유 전략에 근접한 펀드매니저다.

트립은 제대로 사서 보유하는 것이 부를 쌓는 길이라는 생각에 전적으로 동의하지는 않는다. 그러나 말보다 행동으로 보여주는 사람이다. 1970년 로체스터대학교의 연례 투자 보고서에는 펀드가 보유한 보통주 27개 목록이 있다. 그중 절반 이상인 14개는

1966년 투자 보고서에 나온 것과 동일하다. 1966년 포트폴리오에는 29개 종목이 있었다.

보유 종목이 적은 것은 트립의 신념 때문이다. 그는 과도한 분산이 투자의 문제를 해결하는 것이 아니라 회피하게 만든다고 믿었다. 보유 종목 수가 1970년 연말 주식 포트폴리오의 가치에 영향을 미칠 때, 그가 강조한 선택의 중요성은 더욱 명확해진다. 대학이 투자한 보통주 한 종목당 평균 투자 금액은 1,000만 달러에 가까웠다.

이 전략은 효과가 있었을까? 회계연도 1970년(6월 30일 결산)의 소득은 기부기금의 역사적 장부가치의 11.12% 수준이었다. 20년 전에는 4.31%였다. 투자위원회의 보고에 따르면 이 기간 동안 기부기금의 역사적 장부가치는 59.5% 증가했고 실제 소득은 327.3% 증가했다.

1951년 초에는 대학 기부기금 투자액의 45% 미만이 보통주에 투자되었다. 20년 후에는 포트폴리오 시장가치의 72% 이상이 주식에 투자되었다.

1954년에야 비로소 대학이 투자한 자산의 시장가치가 1억 달러를 넘어섰다. 1969년 말에는 4억 1,500만 달러, 1970년 말에는 3억 7,600만 달러가 되었다.

투자 성과를 평가하기 위해 트립이 사용한 '주식 회계' 방식에 따르면 트립의 성적은 1957년 말 1.64달러에서 1970년 말 4.46달러로 증가했다. 새로운 자금의 유증과 보조금을 통해 추가로 받은 금액을 고려해서 조정했다.

포트폴리오를 보통주로만 구성해서 더 뛰어난 성과를 거둔 펀드도 있었다. 예를 들어 스커더, 스티븐스 앤드 클라크가 운용하는 스페셜펀드의 성적은 같은 기간 10.33달러에서 76.29달러로 증가했다. 자본이득 분배금으로 받은 주식의 가치는 로체스터대학교가 면세 대상 기관이기 때문에 자본이득세를 공제하지 않고 그대로 반영된다. 그러나 다른 펀드와 기관의 포트폴리오와 비교해도 로체스터대학교의 '매수 후 보유' 전략은 뛰어난 성과를 거두었다.

트립은 선택과 보유에만 전적으로 의존하지 않았고 나 역시 그렇다. 불확실하고 알 수 없는 미래에 투자하는 무한히 복잡한 이 세계에서는 경직되고 획일적인 접근 방식을 경계할 필요가 있다. 제대로 매수하고 보유해서 이익을 얻는다는 생각에 지나치게 집착할 필요는 없다. 골프 선수는 그립이나 자세를 미세하게 바꾸어 경기력을 향상시킨다.

매수할 때는 보유에 조금 더 중점을 두고, 가격이 올랐다고 해서 이익이 나는 주식을 처분하려는 유혹에 넘어가지 않겠다고 조금만 더 굳게 결심하면 포트폴리오의 수익을 개선할 수 있다. 내 경험상 매수 후 보유를 시도했을 때 상대적으로 적은 대가를 치렀다. 여러분도 그럴 것이다.

25장

스스로 할 수 있는가?

중이 제 머리 못 깎고 의사가 제 병 못 고친다는 말이 있다. 하지만 단순히 제대로 사고 싶을 뿐이라면 어째서 전문가의 도움이 필요할까? 폴 개럿은 혼자서도 큰돈을 벌었다. 우리는 불가능한 일일까?

어쩌면 가능할지도 모른다. 스스로 하는 이른바 'DIY 투자'를 결심하기 전에 자신에게 몇 가지 질문을 해야 한다.

첫째, 내가 받은 교육과 훈련, 금융계와 해당 업계 인맥을 이용해 투자로 평균 이상의 성과를 낼 수 있는가? 다른 사람의 전략을 맹목적으로 따르고 있지는 않은가?

삶은 무한히 복잡하다. 문명사회에서 돈을 버는 방법은 무수히 많다. 특별한 능력 없이 운 좋게 복권에 당첨되어 돈을 번 사람도 있다. 그러나 대부분 경쟁자보다 많이 알고 더 열심히 일하고 더

100배 주식 불변의 법칙

나은 생각을 하는 사람이 돈을 번다. 한 가지 분야에서 우위를 점한 그들은 우위가 없는 다른 분야에서 경쟁하는 위험을 감수하기보다는 해당 분야에 충실하게 임한다.

1940년대 어느 토요일 오후 5시경이었다. 아메라다페트롤리움(Amerada Petroleum)에 대해 궁금한 점이 있었다. 아메라다의 사장인 앨프리드 제이콥슨(Alfred Jacobsen)은 대단히 성실한 사람이었다. 나는 누군가 회사에 있을지도 모른다고 생각하고 본사에 전화를 걸었다. 교환원은 없었지만 제이콥슨 사장이 직접 전화를 받았다. 그는 서류를 참고하지도 않고 윌리스턴 분지의 개발 상황에 대한 질문에 대답해주었고 현재 시추 중인 여러 유정의 깊이와 쌓인 모래의 높이까지 알려주었다. 아메라다는 석유가 풍부한 신흥 지역에서 전략적으로 중요한 위치를 차지하는 토지를 확보하는 데 능숙했다. 그날의 통화는 그 비결을 이해하는 데 도움이 되었다.

스스로 할 수 있는가? 폴 개럿은 내 질문에 긍정적으로 대답할 수 있었을 것이다.

둘째, 100배 수익을 낼 잠재력이 있는 종목을 찾기 위해 필요한 방대한 탐색 작업을 할 준비가 되어 있는가?

개럿은 눈을 감고 〈뉴욕타임스〉의 시세 면 아무 곳이나 짚어 할로이드를 찾은 것이 아니다. 개럿은 금융업계에 종사하는 친구들의 도움을 받아 5만 개가 넘는 종목에서 50개를 골라냈다. 그런 다음 50개 종목을 집요하게 검토하고 분석해 3개로 범위를 좁혔다. 그리고 3개 종목을 철저히 분석한 끝에 지금의 제록스인 할로이드를 선택했다. 이렇게 분석하고 검토할 준비가 되어 있는가? 그렇게 할 수 있는가? 투자할 종목을 선택하는 것은 남들에게 맡기고 일과 취미에 집중하고 싶은가?

셋째, 직접 선택한 한 개 또는 두세 개 종목에 거액을 투자할 만큼 재정적, 정서적으로 탄탄한가? 100배 수익을 낸 다른 주식이 그랬듯이 초반에 주가가 하락하면 자신의 판단에 대한 믿음이 흔들릴 것 같은가?

폴라로이드는 1946년 주가가 50달러를 넘었지만 1949년에는 20달러 아래로 하락했다. 용기 있는 사람만이 수익을 얻는다.

"자동차를 가진 사람에게 물어보세요." 팩커드(Packard) 자동차의 오래된 광고에는 심리학적 근거가 있다. 투자자 대부분은 새로 투자할 기업에 대한 확신을 필요로 한다. 성공적인 DIY 투자자는 문자 그대로 과정 거의 대부분을 혼자서 실행해야 한다. 주식이 인기를 얻을수록 기회는 줄어들고 심지어 사라질 수 있다. 앞을 내다보는 일부 전문 투자자가 특정한 주식을 사 모으고 있다면, 자신의 고객도 아닌 우리에게 그 주식을 사라고 권해서 경쟁자를 늘리는 일은 없을 것이다.

스스로에게 다시 질문하라. 험난한 길을 혼자 걸어갈 수 있는가?

넷째, 제대로 선택해 매수하려고 철저히 노력했지만 결국 잘못된 선택이었다면 어떻게 할 것인가? 모든 것을 잃기 전에 실수를 발견할 수 있도록, 자신이 선택한 기업과 경쟁 기업을 관찰하고 점검할 장치와 방법이 있는가?

개럿이 선택한 할로이드는 처음부터 성공적이었다. 그러나 100배 수익을 낸 많은 주식이 큰 상승세를 시작하기 전 투자자의 용기와 인내심을 아프게 시험했다. 그리고 100배 주식이 될 수 있을 것 같았던 많은 주식이 전혀 수익을 내지 못했다.

투자에서 고집은 현명함을 대신할 수 없다.

스스로 질문해야 한다. 나는 신념을 지키는 용기와, 오류를 인정하고 바로잡는 행위를 주저하게 만드는 고집의 차이를 아는가?

그렇다고 답할 수 없다면 전문가의 조언을 구해야 한다. 그렇다면 어디서 조언을 구해야 할까?

변호사나 의사를 선택할 때는 어떻게 하는가? 친구들의 추천을 받을 수도 있다. 친구들이 오랫동안 일을 맡기거나 진료를 받았고 결과도 만족스러웠다면 아주 좋은 출발이다.

앞으로도 그 전문가와의 관계를 이어갈지 여부는 어떻게 결정할까? 그들에게서 무엇을 기대해야 할까?

재정 자문가의 투자 결정을 평가하는 간단한 방법이 있다. 첫 번째는 시장가격뿐만 아니라 기업의 실적과 배당금, 이자와 같은 요소를 고려해 '장점과 단점'을 평가하는 것이다. 투자 대상 변경이 타당한 것은 부를 늘리기 위해서일 때뿐이다.

두 번째, 매도한 주식을 계속해서 추적하라. 매도하지 않았을 때의 가상의 결과와, 매도 후 새롭게 보유한 자산의 성과를 비교하라. 그러나 이 비교를 하기 전에 최소 1년은 기다려야 한다. 좋은 투자 결정은 입증하는 데 시간이 필요한 경우가 많다. 때로는 2~3년 또는 그 이상이 필요할 수도 있다.

마지막으로 몇 년 동안의 전반적인 결과를 다우지수나 S&P지수 등 평판이 좋은 일반 시장 평균과 비교하라. 단, 채권 투자 결과를 주식시장 평균과 비교하거나, 주식 투자 결과를 채권시장 평균과 비교해서는 안 된다.

일정 기간이 지난 후 매수한 주식이 매도한 주식보다 성과가 좋지 않다면 재정 자문가에게 설명을 요청하라. 시장에서 아직 인지하지 못한 기업 실적과 배당금 증가에 관해 들을 수 있을 것이다.

투자자는 포트폴리오의 변동이 합리적인 기간 동안 궁극적으로 자신에게 유리할 것으로 기대할 권리가 있다. 그렇지 않다면 자신이 잘못된 제안이나 요구로 배를 흔들고 있는 것은 아닌지 돌아보아야 한다. 그런 적이 없다면 다른 재정 자문가가 필요하다는 결론을 내려도 좋다.

재정 자문가가 자기 일을 제대로 하고 있는지 확인하는 두 번째 방법은 그가 내게서 버는 수익과 나를 위해 버는 수익을 비교하는 것이다. 중개인이자 재정 자문가가 계좌에서 상당한 수수료를 가져가는 동안 재산의 절반을 잃은 미망인이 두 가지 기준, 즉 '장점과 단점' 그리고 '내게서 버는 수익과 나를 위해 버는 수익'을 활용해 자신의 재정 자문가를 평가했다면 고통을 일부라도 줄일 수 있었을 것이다.

재정 자문가의 효율성을 평가하는 세 번째 지표는 회전율이다. 앞서 살펴본 것처럼 주식시장에는 제대로 선택해 매수하고 보유

100배 주식 불변의 법칙

함으로써 1달러를 100달러로 불릴 수 있는 기회가 수백 개 있다. 또 다른 많은 주식이 근소한 차이로 100배 수익을 놓친다. 수백 개 종목이 50배 수익을 내고, 25배 이상 상승한 종목은 훨씬 더 많다.

앞으로 10년, 20년 동안 최대한 많은 자본이득을 달성하는 것이 목표라면 모든 매수는 보유할 의도에서 이루어져야 한다. 모든 매도는 실수를 자백하는 것이고 결국 기회가 사라진 것임을 인식해야 한다. 물론 이런 실수는 흔하다. 돈을 버는 것은 쉽지 않은 일이고 앞으로도 그럴 것이다. 그러나 돈을 벌고 싶다면 올바른 목표를 세우고 생각을 바로잡아야 한다.

최소한 40년 후 가치가 100배 오를 주식을 사려면 연평균 주가 상승률이 12.2%인 주식을 찾아야 한다. 주가 상승률이 이 수준에 못 미치는 해가 있었다면 다른 해에 만회해야 한다.

40년 후 가치가 50배 상승하는 주식의 연평균 주가 상승률은 10.25%다.

26장

가치에 대한 이해

모든 성공적인 투자는 선견지명을 바탕으로 하지만 그것만으로는 충분하지 않다. 또 다른 필수 요소는 가치를 이해하는 것이다. 많은 사람이 긍정적인 전망에 비싼 값을 지불하고도 자신의 예측이 맞았다는 것에 안도한다. 실적이 3배 성장할 것이라고 예측하고 현재 실적의 4배 가치의 가격을 지불한다면 어떤 이득이 있을까? 예측이 맞았을 때 그 주식의 가치보다 더 비싼 값에 사줄 사람을 찾을 수 없다면 아무런 이득이 없다.

시간은 가치에서 흔히 간과되는 요소다. 5년 후 1달러의 현재 가치는 78센트 정도다. 10년 후 1달러의 현재 가치는 61센트 정도일 수 있다. 모두 인플레이션은 고려하지 않은 수치다. 각각 지금부터 5년, 10년 후 1달러를 갖기 위해 세후 연복리 5%로 현재 투자해야 하는 금액이다. 5% 대신 할인율 9%를 적용하면 5년 후 1달러의 현재 가치는 78센트가 아니라 65센트다. 10년 후 갖게 될 1달러의 현재 가치는 61센트가 아니라 42센트에 불과하다. 1970년 장기 금리가 상승하면서 5년, 10년 후 예상 이익을 기준으로 거래되는 주식의 가격이 하락한 것은 당연하다.

정확한 예측을 너무 일찍 실행에 옮겨도 예측이 틀린 것만큼이나 고통스럽다. 사실 이것은 투자에 실패하는 여러 가지 원인 중 하나다.

투자자들은 전화, 텔레비전, 음성-텍스트 변환 장치 분야에서 상당한 수익을 거두었다. 그러나 이러한 분야에 너무 일찍 투자를 결정하면 크든 작든 잠재적인 손실이 발생할 수 있다. 이 세 가지 기술 발전은 모두 90년 이상 된 구상이다. 물리학자이자 발명가인 터프츠칼리지의 에이머스 돌베어(Amos E. Dolbear) 교수는 1878년에 출판된 작은 책에서 이미 이렇게 말했다.

"메커니즘은 인류와 항공 항법 사이에 존재하는 모든 것, 인간의 말을 글로 재현하는 데 필요한 모든 것, 그리고 전 세계 모든 도시의 청중을 대상으로 동시에 연설할 수 있는 미래를 상상하는 연설자의 예언적 그림을 완전하게 구현하는 데 필요한 모든 것이다."

다음은 투자에서 가장 중요한 질문이다.

1. 내가 예상하는 일이 실제로 일어날 때, 내가 사려는 자산의 현상 유지 가치(status quo value)는 지금보다 얼마나 상승할 것인가?
2. 그때까지 얼마나 오래 걸리는가?
3. 내가 예상하는 가치 상승분의 현재가치는 얼마인가?

4. 내가 지불하는 가격에는 예상하는 가치 상승분이 얼마나 반영되어 있는가?
5. 내가 예상하는 가치 상승분과 현재 내가 지불하는 가격에 반영된 가치 상승분 사이에 충분한 차이가 있는가? 내 예상이 맞는다면 충분한 수익을 낼 수 있는가? 예상이 실현되지 않을 경우에도 실수를 감당할 안전마진이 있는가?

현상 유지 가치는 현재 상태와 현재 시장 상황을 기준으로 한 자산의 현재가치를 의미한다. 그 이상의 금액을 지불하는 것은 아직 부화하지 않은 달걀, 즉 불확실한 미래 이익을 기준으로 높은 가격을 지불함으로써 불필요한 위험을 감수하고 미래의 이익을 희생하는 것이다.

"손안의 새 한 마리가 숲속의 새 두 마리보다 낫다"라는 조언은 단순하고 분명하다. 5번 질문의 답을 진지하게 생각한다면 손안의 새를 숲속의 새, 그것도 한 마리와 바꾸는 실수를 피할 수 있을 것이다. 그렇게 어리석은 사람이 있을까 생각하겠지만 주식시장에서 늘 벌어지는 일이다.

식료품점 직원에게 1달러를 건네면 직원은 어디서 구한 돈인지 묻지 않는다. 특정 주식이나 채권으로 번 1달러는 다른 주식이나 채권으로 벌어들인 1달러와 똑같은 가치가 있다. 그렇다면 특정 자산에서 얻을 것으로 기대되는 수익에 다른 자산보다 더 높은 값을 지불하는 이유는 무엇일까? 특정 자산으로 벌어들인 수익이 다른 자산의 수익을 따라잡고 결국 능가하리라고 기대한다는 점이 납득할 수 있는 유일한 이유다.

암탉과 달걀에 비유하면 더 쉬울 것이다. 첫 번째 암탉 100마리는 매일 달걀 80개를 생산한다. 두 번째 암탉 100마리는 매일 달걀 40개를 생산한다. 최소 비용으로 달걀을 최대한 얻는 것만 생각하자. 암탉은 스스로 먹이를 구하니 암탉을 돌보는 데 드는 비용은 고려하지 않는다. 그렇다면 첫 번째 암탉 100마리가 두 번째 암탉보다 2배 가치가 있는 것처럼 보일 수 있다. 달걀 생산량을 기준으로 닭의 값이 매겨진다면 어느 쪽 암탉 100마리를 사든 1달러로 얻는 달걀의 양은 같다.

그러나 달걀 40개를 생산하는 암탉들도 과거에는 80개를 생산했다고 가정해보자. 그렇다면 앞으로 산란율이 더 떨어질 수도 있다. 이러한 가능성에 대비해 달걀 40개를 생산하는 암탉에, 80개를 생산하는 암탉의 절반이 아니라 4분의 1 가격만 지불하겠다고 제안할 수 있다. 이 가격이라면 하루 생산량이 40개에서 20개로 줄어들더라도 1달러로 얻을 수 있는 달걀은 총 80개여서 비싼 암탉을 살 때와 같아진다.

달걀 40개를 생산하는 암탉 무리를 80개를 생산하는 암탉 무리의 4분의 1 가격에 살 수 있다면 판매자는 사실상 하루에 달걀 20개 이상을 생산하는 암탉 무리를 공짜로 주는 셈이다. 달걀 40개를 생산하는 암탉들의 산란율이 절반으로 떨어져도 구매자에게 추가되는 비용은 없다.

산란율이 떨어지지 않고 유지된다면 구매자는 지불한 값의 2배에 해당하는 달걀을 얻는다. 하루 생산량이 60개, 80개로 증가한다면 지불한 금액의 3배, 4배에 해당하는 달걀을 얻는다. 즉 산란율이 유지될 경우 하루 생산량 20개에 해당하는 값을 지불하고 40개를 얻을 수 있으므로 '달걀 투자 수익'은 100%가 된다.

암탉들이 하루에 달걀 80개를 생산할 확률과 산란을 완전히 중단할 확률이 같다고 가정할 경우 기회-위험 비율은 4 대 1이다. 즉 기회가 위험 대비 4배 크다.

누구도 미래를 확실히 예측할 수 없다. 따라서 판매자에게 불리한 상황이 발생할 가능성이 높을 때 매수하고, 구매자가 미래의 기대에 대한 값을 현재의 현금으로 지불할 의사가 있을 때 매도하는 것이 합리적이다.

자유사회에서 삶은 거래의 연속이다. 우리는 자신이 가지고 있거나 제공할 수 있는 것을 타인에게서 얻을 수 있는 것과 끊임없이 교환한다. 도랑을 파는 인부, 교향악단 지휘자, 복음 전도자, 콜걸모두 마찬가지다.

이런 교환에서 남들보다 훨씬 더 많은 것을 얻는 사람이 소수 있다. 그것은 어떻게 가능할까? 낡은 말을 타고 맨몸으로 박람회에 참가해서 하루 종일 이것저것 거래한 뒤 그날 밤 멋진 회색 말이 끄는 마차를 타고 집으로 돌아가는 사람이 있다. 인생은 그런 것이다. 소년들은 톰 소여(Tom Sawyer)에게 돈을 주고, 톰이 칠해야 했던 울타리를 대신 칠했다. 소년들은 노동력과 돈을 자발적으로 제공하고 그전에는 몰랐던 만족감을 얻었다. 이것이 영업 능력이다.

나쁜 거래를 한 적이 없다고 말할 수 있는 사람은 거의 없다. 거의 모든 사람이 누군가의 울타리를 칠해주는 특권을 사려고 돈을 지불한 적이 있다. 그런 거래를 하는 이유는 무엇일까?

어쩌면 생각을 멈추지 않기 때문일 것이다. 나쁜 거래를 하는 가장 흔한 경우는 싸다는 이유로 무언가를 사는 것이다. 영국 비평가이자 사회사상가인 존 러스킨(John Ruskin)은 말했다. "무엇이든 조금 더 나쁘게 만들어서 조금 더 싸게 팔 수 있다. 가격만 보고 사는 사람은 합법적인 먹잇감이다." 제품의 진정한 가치는 지불한 가격과 관계가 있다.

가격만 볼 때는 높은 가격에 현혹되기도 한다. 몇 년 전 비누를 단순히 절반으로 자르고 가격을 2배로 올려, 사양길에 접어든 비누사업에 새 생명을 불어넣은 젊은이에 관한 연극이 큰 인기를 끌었다. 비싼 비누가 피부에 더 좋을 것이라고 생각한 많은 사람이 그의 속임수에 열광했다.

가격 변동 역시 우리를 현혹한다. 오늘 가격이 어제보다 높으니 내일 가격도 오늘보다 높을 것이라고 생각하며 설탕, 주식, 플로리다 농지를 산다. 물고기도 이렇게 머리가 나쁘지는 않을 것이다. 물고기는 움직이는 물체를 자세히 살펴보지 않고 충동적으로 공격해서 낚시꾼에게 잡힌다. 그러나 물고기는 생존을 위해 확률을 따지는 것이다. 시야에서 움직이는 작은 사물을 하나하나 신중하게 평가하다가는 굶어 죽을 수도 있다. 인간은 다르다. 손실을 피하기 위해서 움직이는 모든 것을 물 필요는 없다. 오히려 그 반대다.

인생에서 나쁜 거래를 하는 또 다른 이유는 사람이 빵만으로 살 수는 없다는 점이다. 우리는 어떤 물건을 소유해서 자신의 분별력이나 취향을 보여줄 수 있다는 생각에, 진정으로 원하지도 않는 물건을 구입한다. 이런 소비는 자신이 닮고 싶은 사람의 소비 습관을 모방해서 흔들리는 자아를 강화하려는 욕구에서 비롯된 것이다. 자신이 무엇을 원하는지, 왜 원하는지 진정으로 알지 못하는 상태에서는 좋은 거래가 거의 불가능하다.

물론 인생은 무한히 복잡하다. 유행에 뒤처지지 않기 위해서 또는 남들보다 앞서기 위해서 한 거래는 비록 상품이나 서비스 자체의 가치가 지불하는 가격에 미치지 못할지라도 전체적으로는 좋은 거래가 될 수도 있다.

겉으로는 나쁜 거래로 보이더라도 영적 만족이나 속죄와 같은 동기가 더 중요한 거래도 있다. 주식시장에는 에고노미스트뿐만 아니라 마조히스트도 있다. 주식시장의 마조히스트는 반복되는 손실의 고통을 즐긴다. 더욱 야만적일수록 좋다. 다음은 그의 주제곡이다.

나는 불운한 사람, 가장 불운한 사람.
6월, 13일의 금요일 오후에 태어났어요.
하늘에서 수프가 비처럼 내려도
내가 가진 것은 포크뿐이겠죠.

그보다 훨씬 더 많은 것이 에고티스트(egotist, 자기중심주의자)다. 에고티스트는 다른 사람의 아이디어로 돈을 버는 것보다, 돈을 잃더라도 자신의 생각을 따르는 것을 더 좋아한다. 에고노미스트는 16장에서 설명했다.

다른 많은 분야와 마찬가지로 주식시장의 트레이딩 연구는 금융이나 경제학이라기보다는 심리학에 가깝다. 때로는 기질적으로 시장에서 성공하기에 가장 부적합한 개인이 가장 매력을 느끼는 것이 트레이딩이다.

몇 년 전 볼링장의 레인과 볼링 핀 자동 정렬 장치를 제작하는 브런즈윅(Brunswick)이 시장에서 사랑받던 시절, 대형 보험그룹의 투자 매니저인 피터 포크(Peter Falk)와 점심을 같이 먹었다. 그는 보유한 브런즈윅 주식을 주당 70달러에 매도했다고 말했다.

"어째서죠?" 내가 물었다. 브런즈윅에 대해서는 긍정적인 뉴스만 있었다.

포크는 "볼링장에 지나치게 불이 붙었기 때문입니다"라고 대답했다.

4년 후 브런즈윅은 주당 6달러에 거래되었다.

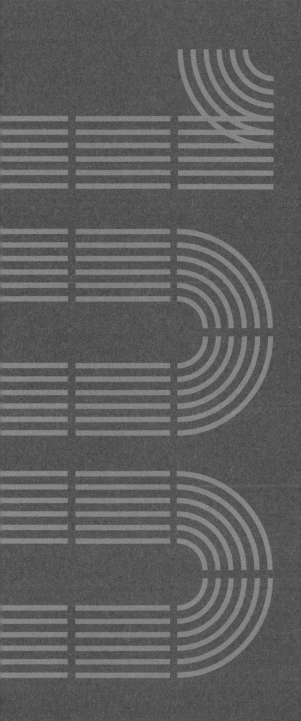

27장

무엇이 주식을 성장시키는가?

무엇이 주식의 가치를 성장시킬까? 다음과 같은 가능성이 있는 주식을 찾아라.

1. 이익을 영업에 재투자해 현재 시장 평균 수익률보다 높은 수익률을 꾸준히 달성하고 그 차이를 더욱 넓힌다. 현재 평균 수익률은 9%다. 오른쪽 그림을 참고하라.
2. 차입금을 투자해서 차입 비용보다 더 큰 수익을 올린다.
3. 주식 교환으로 기업을 인수한다. 인수하는 기업보다 피인수 기업의 PER이 낮은 것이 핵심이다.
4. 영업에 추가로 자본을 투입하지 않고 매출을 늘릴 수 있다. 생산량이 최대 생산 능력에 훨씬 못 미치는 기업에 큰 잠재력이 있다. 새로운 공정으로 효율성을 개선하는 것도 투하자본을 늘리지 않고 매출을 늘리는 방법이다.

5. 새로운 유전, 금광, 니켈광 등 천연자원을 발견했다.
6. 과거에는 충족되지 않았던 인간의 욕구를 충족하거나 기존의 필수 작업을 더 능숙하게, 더 빠르게, 더 적은 비용으로 수행하도록 하는 새로운 발명이나 절차, 공식이 있다.
7. 다른 사람, 일반적으로 정부를 대신하는 시설을 운영하는 계약을 체결했다.
8. PER이 상승한다.

주당 장부가치가 10달러이고 ROIC가 15%이며 회사가 배당을 지급하지 않을 경우, 1년 뒤 장부가치는 주당 11.50달러다. 2년 차 말에는 장부가치가 13.22달러, 3년 차 말에는 15.20달러가 된다. 장부가치가 5년 후 2배, 10년 후 4배, 33년 후 100배가 될 것이다.

동일한 회사가 이익의 3분의 1을 배당금으로 지급하고 매년 장부가치의 10% 비율로 이익을 영업에 재투자할 경우, 장부가치는 10년이 아니라 15년 만에 4배가 될 것이다. 33년 후에는 100배가 아니라 23.2배가 될 것이다.

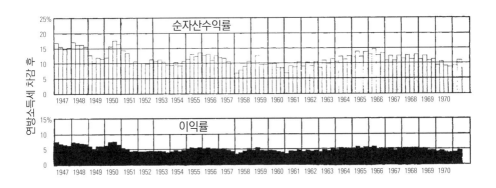

물론 최대 성장을 추구하는 투자자에게 배당금은 성장 잠재력을 제약하는 값비싼 사치다. 정기적인 소득이 반드시 필요한 투자자라면, 배당금을 지급하지 않을 때 달성 가능한 자본이득을 자신의 '재무 주치의'가 실현해주리라고 기대해서는 안 된다. 젖을 짜려고 젖소를 사면서 이웃집 말과 경주할 계획을 세워서는 안 된다. 즉 성장이든 소득이든 자신의 목표에 맞는 투자 전략이 필요하다.

투자자에게 차입금은 회사의 성장과 미래 전망을 가늠할 때 세 가지 측면에서 유의미하다.

첫째, 장부가치가 1억 달러이고 장부가치 대비 10% 이익을 달성하며 부채가 없고 단일 클래스의 주식을 발행한 회사가 있다고 가정하자. 회사는 5,000만 달러를 5% 이자율로 빌려서 10%, 즉 연간 500만 달러 추가 이익 달성을 목표로 하고 차입금을 영업에 투자한다. 차입금의 이자로 250만 달러를 지출하고 나머지 250만 달러는 이익에 반영된다. 따라서 자산 대비 이익률은 기존과 동일하지만 장부가치 대비 이익률은 10%에서 12.5%로 상승한다.

이것이 자본금에 차입금을 추가하는 첫 번째 의미다. 사업에 활용된 자산의 이익 창출력이 개선되지 않더라도 이익이 개선되는 것처럼 보일 수 있다.

둘째, 차입금을 자본금에 추가해서 발생하는 이익 개선은 반복적이지 않을 수 있다. 기업이 유리한 금리로 차입할 수 있는 금액에는 한계가 있다. 차입금이 그 한계에 다다르면 더 이상 차입을 통한 이익 개선을 기대하기 어렵다.

셋째, 모든 차입은 사업의 위험성을 높인다. 부채 만기가 도래할

100배 주식 불변의 법칙

때 금리가 상승해, 처음에 5%로 대출한 자금을 10%로 재융자해야 할 수도 있다. 또한 자산의 수익성이 차입 원가 이하로 하락하면 대출이 손실로 이어질 수 있다. 무엇보다 회사가 재융자를 하지 못하는 시기에 대출 만기가 도래할 수 있다는 것이 가장 위험하다. 그렇게 되면 파산이나 구조조정으로 이어져 회사가 채권자에게 넘어갈 수 있다.

부채를 늘려 달성한 이익 성장은 장부가치 상승으로 인한 이익 성장에 비해 분명히 가치가 덜하다.

PER 20배인 자사의 주식을 교환해 PER 10배인 기업을 인수하는 전략은 몇 년 전 대기업에 화려함을 더했다. 예를 들어 성장 기업이라는 명성을 바탕으로 주당순이익 1달러의 20배(PER 20배)에 거래되는 주식 500만 주를 보유한 A사가 주당순이익 2달러의 10배(PER 10배)에 거래되는 주식 200만 주를 보유한 B사와 주식을 교환한다고 가정하자.

동등한 시장가치를 기준으로 합병했다고 가정하면 합병 후 A사는 주식 교환으로 인해 이전보다 발행주식이 40% 증가한다. 그러나 새로운 합병 회사(A+B)의 이익은 합병 전에 비해 80% 증가한다. 두 기업 모두 합병 후 이익 창출력이 변하지 않는다고 가정하면 A사의 주당순이익은 합병 후 12.8% 증가했다고 보고된다. 이러한 주당순이익 성장은 실적에만 집중하는 투자자에게, 실제로는 기업의 근본적인 이익 창출력이 전혀 강화되지 않았는데도 불구하고 성장주 A가 계속 성장하고 있다는 착각을 일으킨다.

유휴 설비 가동에 따른 이익 성장은 가장 이해하기 쉬운 개념이다. 호텔이 객실 절반이 비어 있을 때보다 꽉 찼을 때 더 많은 수익을 올리는 것과 마찬가지다. 이러한 성장으로 돈을 벌 기회는 일반적으로 산업이나 경제가 전반적인 불황일 때만 찾을 수 있다.

천연자원을 발견해 돈을 벌기 위해서는 운이 따라야 하지만 운이 전부는 아니다. 앞서 말했듯이 적극적으로 탐사하는 기업은 탐사하지 않는 기업보다 더 나은 투자 대상이다. 남들보다 꾸준히 더 좋은 성과를 얻는 사냥꾼과 낚시꾼이 있듯이, 다른 기업보다 더 자주 탐사로 성공을 거두는 기업이 있다. 인생이 그렇듯 이 경우에도 승자의 편에 서는 것이 유리하다.

소코니배큠(현 모빌오일)은 연구 과제의 성공을 미리 장담할 수 있다면 그것은 연구가 아니라 제품 개발일 뿐이라고 했다. 기업 스스로도 연구 결과의 방향을 모르는데 투자자가 그 결과를 미리 아는 것은 당연히 불가능하다. 천연자원을 발굴하는 기업을 선택할 때와 같다. 투자자가 돈을 벌기 위해서는 끊임없는 혁신으로 성공을 거두었고 계속해서 혁신을 거듭할 것이라는 기대에 부응하는 기업을 찾아야 한다.

또한 자유사회는 예측할 수 없는 발명품, 절차, 공식을 끊임없이 만들어낸다. 투자자로서 이를 활용하는 유일한 방법은 새로운 발명품과 혁신의 소식을 듣자마자 최대한 신속하게 그 잠재력을 평가하는 것이지만, 그 기회를 직접 평가하는 데 필요한 지식과 기술을 개인이 갖추기는 어렵다.

PER이 상승하면 기업 이익 성장이(1~7번의 결과) 주식시장에 미치는 영향이 2배, 3배, 4배로 커질 수 있다. 투자자가 PER 상승으로 돈을 벌기 위해서는 운이 좋거나 현명한 판단으로 PER이 상대적으로 낮을 때 매수해야 한다. 일반 투자자라면 매주 월요일 〈월스트리트저널〉과 〈배런즈〉에 발표되는 다우지수의 PER을 보는 것이 도움이 될 것이다. 시장 PER이 15배이고 매수를 생각 중인 주식의 PER이 시장 PER과 같거나 그보다 낮다면 다른 사람들은 나만큼 이 주식에 열의를 갖고 있지 않다고 추측해도 안전하다. 기업의 이익 성장에 대한 투자자의 기대가 합당하다면 시간이 흐르면서 PER 상승을 기대할 수 있다.

주당순이익 1달러의 15배는 15달러다. 주당순이익 3달러의 45배는 135달러다. 이익은 1달러에서 3달러로 3배 증가하지만 주가는 15달러에서 135달러로 9배 뛴다.

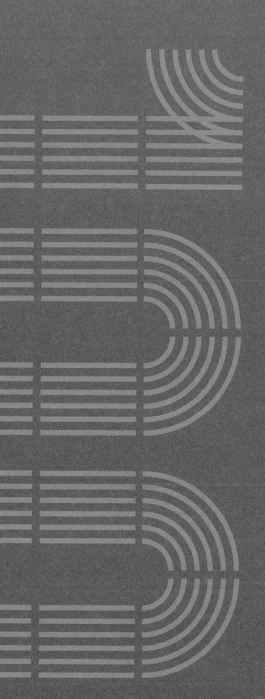

28장

진정한 성장을 알아보고 평가하는 방법

주가는 이익 창출력(earning power) 변화와는 무관한 여러 가지 이유로 오르내린다. 심지어 기업의 이익도 이익 창출력과는 무관한 여러 가지 이유로 달라질 수 있다. 주식시장에서 기업의 이익 성장을 통해 100배 수익을 달성하려는 사람은 이익 창출력에 초점을 맞춰야 한다.

이익과 이익 창출력은 어떻게 다른가?

기업의 이익은 보고된 이익이다. 어떻게 벌었는지는 상관이 없다. 앞서 살펴본 바와 같이 기업의 이익은 갑작스럽고 비경상적인 수요 급증, 가격 상승, 회계 관행 변화, 사업 전반의 개선으로 과거에는 과잉 상태였던 생산 설비를 활용하게 되면서 증가할 수 있다. 이 가운데 어느 것도 이익 창출력을 반영하지는 않는다.

이익 창출력은 곧 경쟁력이다. 평균 이상의 ROIC, 평균 이상의 매출 이익률, 평균 이상의 매출 성장률이 이익 창출력을 반영한다.

이익 창출력은 새로운 시장이나 확장하는 시장에서 가장 유리하게 실현된다.

이익의 일시적 변동과 이익 창출력의 근본적 변화를 구분하지 못하면 주식시장에서 100배 수익의 기회를 놓치기 쉽다.

그러나 증권가에서 기업을 분석할 때는 둘의 차이를 구분하는 데 초점을 맞추지 않는다. 어째서일까? 고객이 이해하지 못하기 때문일 수도 있고, 고객이 이해한다고 해도 이익 변동에 초점을 맞추는 것에 비해 분석에 따른 이득이 훨씬 적기 때문이다. 이익 창출력에 시간과 노력을 투자해서 돈을 벌려면 시간이 걸린다.

개인 투자자는 이익과 이익 창출력을 어떻게 구분할 수 있을까? 이 책은 증권 분석에 관한 교과서가 아니므로, 자세히 알고 싶다면 벤저민 그레이엄과 데이비드 도드(David Dodd)의 《증권분석(Security Analysis)》을 추천한다. 일반적으로 알아야 할 것은 다음과 같다.

1. 매출 성장
2. 이익률(profit margin)
3. 자기자본의 장부가치 대비 이익률(ROE)
4. 투하자본이익률(ROIC)
5. 투하자본 대비 매출액 비율
6. 장부가치 증가

이익과 이익 창출력을 구분해서 이해하는 투자자라면 위의 여섯 가지 자료를 연간으로 기록해서 중요한 추세 변화에 직접 주의를 기울일 수 있다.

스스로 하는 사람보다 재정 자문가에게 이익 창출력에 주목해달라고 요청할 사람이 많을 것이다. 조금 알면 위험하다고 했다. 고객이 할 일은 택시를 탄 승객처럼 어디로 가고 싶은지 말하고 운전기사에게 맡겨 그곳에 도착하는 것이다. 그러나 택시가 먼 길을 돌아가고 있다면 알아차릴 수는 있어야 한다.

재정 자문가가 내가 바라는 만큼 기업의 경쟁력에 집중하고 있는지 의심스럽다면 입증을 요청하거나 다른 재정 자문가를 찾아야 한다. 데이터는 각종 통계 서비스를 이용해 손쉽게 구할 수 있다. 필요한 자원과 지식을 갖춘 중개인이나 은행가, 재정 자문가는 그 비용을 상쇄할 만큼 충분한 이익이 발생하는 거래라면 고객의 요청에 따라 데이터를 제공할 것이다.

어느 한 해의 데이터만 보아서는 안 된다. 추세가 중요하다. 다우지수와 S&P 등 우량한 주식시장의 평균 대비 10년간의 상대 주가와 절대 주가 기록을 검토하는 것이 바람직하다.

주식의 장부가치가 이익잉여금에 의해 증가하고 ROIC가 일정하게 유지될 경우 실제 성장을 계산하는 방법은 단순하고 확실하다. 예를 들어 회사의 장부가치가 주당 10달러이고 선순위 증권이 없으며 ROIC가 15%라고 가정하자. 장부가치와 주당 투자자본은 동일하다. 배당금은 지급하지 않는다.

첫해 말 주당 장부가치는 10달러에 15%를 더한 11.50달러가 된다. 5년째가 되면 20달러, 10년째가 되면 40달러로 증가할 것이다. 향후 10년 동안 동일한 ROIC를 유지할 수 있다면 10년 후 이익은

　　　　　　　　　　　　　　　100배 주식 불변의 법칙

초기 이익의 4배가 된다.

회사가 이익의 3분의 1을 배당금으로 지급한다면 매년 주당 장부가치의 10%가 주주에게 돌아갈 것이다. 이 비율로 계산할 때, 장부가치와 이익이 4배가 되기까지는 10년이 아니라 약 15년이 소요된다.

ROIC가 15%이고 배당금을 지급하지 않는다면 투자한 주식의 가치는 33년 만에 100배가 될 것이다. ROIC가 15%이고 이익의 3분의 1을 배당금으로 지급한다면 자산과 이익이 100배로 증가하는 데 48년 이상이 걸릴 것이다.

탐팩스는 성장률을 계산하기에 매우 좋은 사례다. 부채나 우선주로 계산이 복잡해지지 않기 때문이다. 지난 15년간의 성장률은 다음 쪽에 제시하는 표와 같다.

ROIC가 안정적으로 유지되는 주식은 장부가치가 증가하는 만큼 빠르게 성장할 것이다.

1956년 말부터 1970년 말까지 탐팩스의 장부가치는 주당 2.18달러에서 17.89달러로 8.2배 증가했다. 같은 기간 이익은 7.6배 증가했다. 이 차이는 ROIC가 39.7%에서 1970년 36.7%로 하락한 데 기인한다. ROIC가 39.7%를 유지했다면 1970년 탐팩스의 주당순이익은 6.58달러가 아니라 7.10달러가 되었을 것이다. 주당순이익 7.10달러는 1956년 주당순이익 86센트의 8.2배로 장부가치의 증가폭과 같다. (주당순이익은 1962년 3 대 1 주식 분할을 반영해 조정했다.)

장부가치 증가분 15.71달러(정확히 14.46달러)의 거의 전부가 이익 잉여금, 즉 주당순이익과 배당금의 차이에서 발생했다. 만일 탐팩

	ROIC (%)	주당 장부가치(달러)	주당순이익 (달러)	주당 배당금 (달러)	재투자된 주당순이익(달러)
1970	36.7	17.89	6.58	4.10	2.48
1969	34.6	15.41	5.34	3.55	1.79
1968	35.3	13.62	4.82	3.10	1.72
1967	36.6	11.90	4.36	2.80	1.56
1966	36.8	10.34	3.81	2.50	1.31
1965	37.6	9.03	3.39	2.00	1.39
1964	36.0	7.63	2.15	1.75	0.40
1963	34.1	6.63	2.26	1.35	0.91
1962	37.4	4.92	1.84	1.18	0.66
1961	37.9	4.26	1.61	1.03	0.58
1960	38.8	3.67	1.42	0.93	0.49
1959	37.4	3.35	1.25	0.80	0.45
1958	37.5	2.90	1.08	0.70	0.38
1957	39.0	2.52	0.97	0.63	0.34
1956	39.7	2.18	0.86	0.56	0.30

스가 매년 배당금을 줄이고 이익잉여금을 50% 늘렸다면, 추가 자금을 동일한 수익률로 영업에 투자할 수 있었다고 가정할 때 탐팩스의 이익은 지금보다 50% 더 빠르게 성장했을 것이다.

또한 탐팩스는 투자 심리를 산술적으로 보여준다. 1956년 탐팩스 주식은 최저 9.5달러, 최고 11.66달러에 거래되었다. 각각 1956년 이익의 11배, 13.5배 수준이었다. 1970년 이익의 11배라면 탐팩스의 1970년 주가 최저가는 146달러가 아니라 76달러가 되었을 것이다. 1970년 이익의 13.5배라면 탐팩스의 1970년 주가 최고

100배 주식 불변의 법칙

가는 228달러가 아니라 89달러였을 것이다. 이 차이는 전적으로 투자자들이 탐팩스의 미래 성장 가능성에 과거보다 더 많은 대가를 지불할 의향이 있었다는 데 기인한다.

1971년 주가 고점인 329달러에서 탐팩스는 1970년 이익의 50배에 거래되고 있었다.

미래에 100배 수익을 올릴 주식을 찾을 때 특히 중요한 것이 매수 시점의 PER이다. PER이 10배에서 40배까지 상승한다면 이익이 25배만 성장해도 1달러를 투자해 100달러를 벌 수 있다. 반면에 PER 40배에서 매수했는데 20배까지 하락한다면 이익이 200배 성장해야 1달러로 100달러를 벌 수 있다.

주가의 추가 상승이 매출과 이익의 성장에 좌우되는 반면 PER의 추가 상승에 따른 도움은 거의 기대할 수 없다고 해서 탐팩스의 전망을 폄하하는 것은 아니다.

다음은 100배 수익을 위한 매수에서 가장 중요한 두 가지 질문이다.

1. 경쟁사 대비 얼마나 높고 튼튼한 '장벽'을 쌓았는가? 누구나 쉽게 진입할 수 있다면 평균 이상의 ROIC도 낮아질 수밖에 없다.
2. 매출 성장 전망이 밝은가? ROIC가 아무리 높은 기업이라도 이미 예측 가능한 모든 시장의 수요를 충족할 생산 능력을 갖추었다면, 이익을 사업에 재투자해도 추가 성장으로 이어지지 않을 수 있다.

탐팩스의 매출은 1964년부터 1970년까지 6년 동안 2배로 증가했다.

탐팩스의 마지막 교훈은 성장하는 주식을 매수해야 높은 투자 수익률이 가능하다는 것이다. 1956년 탐팩스의 배당수익률은 4.8%였다. 하지만 1956년에 탐팩스 주식을 사서 보유했다면 1970년 투자 수익률은 35%였을 것이다.

이런 주식을 평가하는 방법은 무엇일까?

수학에 능통한 업계 전문가들은 불확실한 미래에 대한 가정, 즉 금리와 산업 전반의 이익과 세금에 대한 가정을 정량화하는 데 도움이 되는 다양한 표를 개발했다. 이 표는 기본적으로 분석에 의한 추정치와 단순한 추측을 구분하고 소수점 넷째 자리까지 계산한 답을 내놓는다.

주식 트레이더의 매매 방식은 때때로 더욱 간단하다. 예를 들어 기업의 이익이 다음 해에 15% 성장할 것이라고 예측한다. 그 성장세가 지속되면 PER이 유지되거나 상승할 것이다. 이렇게 두 가지 가정을 세우면 당연히 1년 후 주가가 15% 이상 상승한다는 결론에 도달한다.

이러한 가정을 1년, 2년, 3년, 5년 심지어 10년으로 확대하는 것은 어렵지 않다. 가정에 동의한다면 추론에 반박할 수 없다.

중국의 현자가 연구 끝에 얻은 숫자에서 눈을 떼고 고개를 들어 "드디어 증명했다!"라고 외치는 그림이 생각난다. 그가 말했다. "몽골군은 만리장성을 뚫을 수 없다." 현자 뒤에서는 입을 굳게 다문 몽골 전사가 칼을 들고 그의 목을 칠 준비를 하고 있었다.

수학이 할 수 없는 일을 상식이 해낼 때가 있다. 많은 경우 100배 수익을 내는 주식은 크게 상승하기 전까지 시장에 비해 PER이 낮았다. 대부분의 경우 성장 잠재력이 큰 주식의 주가는 앞으로 1~2년 동안의 이익 증가를 할인해 반영한다. 이 기회를 알아보는 매수자가 있다. 수학적 분석이나 복잡한 계산이 필요하지 않을 만큼 상당히 큰 기회다. 매수자의 기대치와 현재 주식시장의 할인된 밸류에이션 사이의 격차는 매수자의 기대에서 발생 가능한 모든 오류를 상쇄할 수 있을 만큼 충분히 크다.

많은 일은 예측이 어렵고 상상조차 할 수 없다. 기업이 나빠져서 처분해야겠다는 생각이 들지 않도록 애초에 최고의 주식을 매수하는 것이 불확실성을 활용하는 한 가지 방법이다. 역사적으로 누군가는 결국 고액 자산가가 될 것이다.

멀리 돌아 결국 출발점으로 돌아왔다.

지난 40년 동안 주식시장에는 1만 달러를 100만 달러로 바꿀 기회가 수백 번 있었다.

현재 성장세를 지속한다면 앞으로 20년, 30년 또는 40년 후에 100배의 가치를 창출할 수 있는 또 다른 주식이 많을 것이다. 자유롭고 분석을 지향하는 사회에서 이러한 기회는 계속해서 나타날 것이다.

주식으로 100배 수익을 내는 사람이 거의 없는 이유는 크게 두 가지다. 첫째는 시도하지 않기 때문이고, 둘째는 현명하거나 운이 좋아서 주식을 사더라도 끝까지 보유하지 않기 때문이다.

주식을 제대로 사려면 좋은 주식을 알아보는 눈과 용기가 필요하다. 눈에 보이지 않고 수학적 증명의 대상이 아닌 증거를 알아보고 자신의 판단을 신뢰할 수 있어야 한다.

100배 수익을 실현하려면 인내심과 남다른 끈기, 즉 주식을 보유하겠다는 의지가 필요하다.

《이상한 나라의 앨리스》에서는 앞으로 힘껏 달려야 제자리를 지킬 수 있다. 주식시장에서는 제대로 사서 제자리를 굳게 지켜야 앞으로 나아갈 수 있다.

[표 1] 100배 주식 365개

(거래 시장, 가격, 1971년 시가평가액)

[표 1]은 표시된 연도에 1만 달러를 투자해 1971년까지 보유했다면 투자자를 백만장자로 만들었을 365개 주식이다. 종목명은 해당 연도에 시장에서 해당 가격에 구입할 수 있었던 유가증권의 명칭이고, 명칭이 바뀐 경우에는 1971년의 명칭을 괄호 안에 표시했다. 각 주식의 1971년 시가평가액은 최초 매수 가격의 100배 이상이다.

종목명	거래 시장	가격 (달러/주)	1971년 시장가격 (달러/주)
1932			
애트나 캐주얼티&슈어티 (애트나 라이프&캐주얼티)	하트포드증권거래소	15.00	1,998
애트나 라이프 (애트나 라이프&캐주얼티)	장외	8.25	934
아메리칸 비트 슈거 (아메리칸 크리스털 슈거)	뉴욕증권거래소	0.25	80
아메리칸 컨스티튜션 파이어 인슈어런스 (아메리칸 인터내셔널 그룹)	장외	6.00	1,105
아메리칸 사이아나미드	커브	1.63	303
아머&코(일리노이) 클래스 A (그레이하운드)	뉴욕증권거래소	0.63	109
아머&코(일리노이) 우선주 (그레이하운드)	뉴욕증권거래소	3.50	660
블리스(걸프&웨스턴)	커브	0.63	80
보그워너	뉴욕증권거래소	3.38	387
버틀러브러더스(맥코리)	커브	0.75	114
바이런 잭슨(보그워너)	샌프란시스코증권거래소	0.50	70
캐리어	커브	2.50	320
셀라니즈	뉴욕증권거래소	1.25	223
시카고 리벳&머신	커브	3.00	337

종목명	거래 시장	가격 (달러/주)	1971년 시장가격 (달러/주)
코퍼 레인지	커브	1.13	139
크라운 코르크&실	뉴욕증권거래소	7.88	935
크럼&포스터 인슈어런스 셰어즈(크럼&포스터)	장외	3.00	428
커틀러 해머	뉴욕증권거래소	3.50	362
더글러스항공(맥도넬더글러스)	뉴욕증권거래소	5.00	513
다우 케미컬	커브	21.13	2,854
던힐인터내셔널(퀘스터)	뉴욕증권거래소	0.63	72
팬스틸	커브	0.25	67
호놀룰루오일	샌프란시스코증권거래소	4.75	663
인스퍼레이션 콘솔리데이티드 코퍼	뉴욕증권거래소	0.75	102
존슨 모터(아웃보드 마린)	커브	0.50	126
마그마 코퍼(뉴몬트마이닝)	뉴욕증권거래소	4.25	467
매리언 스팀 쇼블 7% 우선주 (메리트 채프먼&스콧)	장외	5.25	581
멩겔(마코르)	뉴욕증권거래소	1.00	155
메리트 채프먼&스콧	커브	0.38	45
미들랜드 스틸 프로덕트 (미들랜드 로스)	뉴욕증권거래소	2.00	282
미네소타&온타리오 페이퍼 6% 시리즈 A 1931~1945 (보이시 캐스캐이드)	장외	40.00	5,501
내셔널 오토모티브 파이버 A (크리스 크래프트 인더스트리)	장외	0.50	55
내셔널 벨라 헤스 7% 우선주 (내셔널 벨라 헤스 보통주)	뉴욕증권거래소	0.13	28
내셔널 컨테이너 2달러 전환우선주 (오언스 일리노이 글라스)	커브	8.13	841

(다음 쪽에 이어짐)

종목명	거래 시장	가격 (달러/주)	1971년 시장가격 (달러/주)
내셔널 스탠더드	시카고증권거래소	7.25	978
나토마스	샌프란시스코증권거래소	9.00	1,013
노스아메리칸 애비에이션 (노스아메리칸 록웰 스페리 랜드)	뉴욕증권거래소	1.25	371
올드벤 콜 사채 1934 (스탠더드오일 오브 오하이오)	장외	30.00	10,994
팬아메리칸페트롤리엄 (캘리포니아) 6% 전환 1940(CD) (애틀랜틱리치필드)	뉴욕증권거래소	40.00	11,557
파커 펜	시카고증권거래소	2.50	273
JC페니	뉴욕증권거래소	13.00	1,395
필립스페트롤리엄	뉴욕증권거래소	2.00	277
HK포터 1차 6% 1946	장외	50.00	448,873
리퍼블릭가스 (리퍼블릭 내추럴 가스)	커브	0.13	26
리치필드오일 오브 캘리포니아 1차 6% 전환 1944(CD)(애틀랜틱리치필드)	뉴욕증권거래소	50.00	12,903
스컬린 스틸 3달러 우선주 (유니버설 매리언)	커브	1.00	124
샤프&돔 3.5달러 전환우선주 A(머크 보통주)	뉴욕증권거래소	11.50	1,171
쉘 유니언 오일(쉘 오일)	뉴욕증권거래소	2.50	251
슬로스 셰필드 스틸&아이언 (A-T-O)	뉴욕증권거래소	3.75	411
스타렛(L.S.)	뉴욕증권거래소	3.00	304
설리번 머시너리 (조이 매뉴팩처링)	커브	3.25	329
사이밍턴 클래스 A (드레서 인더스트리)	뉴욕증권거래소	0.50	52

종목명	거래 시장	가격 (달러/주)	1971년 시장가격 (달러/주)
대처 매뉴팩처링 (다트 인더스트리)	뉴욕증권거래소	2.00	252
트럭스 트래어 콜 (콘솔리데이션 콜)	뉴욕증권거래소	0.25	61
튀비즈 샤티용(셀라니즈)	커브	1.00	523
텅솔 일렉트릭 (스튜드베이커 워딩턴)	커브	1.00	100
US프레이트	뉴욕증권거래소	3.50	375
유나이티드 스테이트 러버 (유니로열)	뉴욕증권거래소	1.25	198
왈(쉬크)	시카고증권거래소	0.13	15
웨스턴 오토 서플라이 클래스 A(베네피셜)	커브	5.13	935
웨스트바코 케미컬(FMC)	뉴욕증권거래소	3.00	457
옐로 트럭&코치(제너럴모터스)	뉴욕증권거래소	1.38	182

1933			
앨런 인더스트리(데이코)	클리블랜드증권거래소	1.00	358
아메라다(아메라다 헤스)	뉴욕증권거래소	18.50	2,574
아메리칸 체인&케이블	뉴욕증권거래소	1.63	194
아메리칸 인베스트먼트 코퍼레이션 오브 일리노이	세인트루이스증권거래소	3.00	347
아메리칸 머신&메탈(아메텍)	뉴욕증권거래소	0.75	153
아메리칸 메탈 클라이맥스	뉴욕증권거래소	3.13	315
아메리칸 미터(싱거)	커브	5.00	573
아메리칸 시팅	뉴욕증권거래소	0.88	138
암스트롱 코르크	커브	4.13	550
아트 메탈 웍스(론슨)	커브	0.63	149

(다음 쪽에 이어짐)

종목명	거래 시장	가격 (달러/주)	1971년 시장가격 (달러/주)
어소시에이티드 텔레폰 유틸리티 시리즈 C 5.5% 전환사채(제너럴 텔레폰)	커브	50.00	5,087
버트먼 일렉트릭(월풀)	장외	3.75	410
브라쉬(E.J.)&선즈 (아메리칸 홈 프로덕트)	시카고증권거래소	3.75	789
브릭스&스트래튼	뉴욕증권거래소	725.00	888
불로바 워치	뉴욕증권거래소	0.88	271
뷔트 코퍼&징크(조녀선 로건)	뉴욕증권거래소	0.50	81
캐터필러 트랙터	뉴욕증권거래소	5.50	1,447
셀로텍스(짐 월터)	뉴욕증권거래소	0.50	97
시카고 뉴머틱 툴	뉴욕증권거래소	2.13	343
클리프(클리블랜드 클리프)	클리블랜드증권거래소	3.50	357
콜린스&에어맨	뉴욕증권거래소	3.00	372
콘솔리데이티드항공 (제너럴다이내믹)	커브	1.00	107
컨티넨털 캐주얼티 (CNA 파이낸셜)	장외	5.00	754
크라운 젤러바흐	뉴욕증권거래소	1.00	186
데이턴 러버 매뉴팩처링 클래스 A(데이코)	시카고증권거래소	1.00	119
디어&컴퍼니	뉴욕증권거래소	5.75	668
S.R. 드레서 매뉴팩처링 클래스 B(드레서 인더스트리)	뉴욕증권거래소	2.13	300
듀발 텍사스 설퍼 (펜조일 유나이티드)	커브	0.50	300
이스트먼코닥	뉴욕증권거래소	46.00	6,480
이튼 매뉴팩처링 (이튼 예일&타운)	뉴욕증권거래소	3.13	358

100배 주식 불변의 법칙

종목명	거래 시장	가격 (달러/주)	1971년 시장가격 (달러/주)
일렉트릭 보트(제너럴다이내믹)	뉴욕증권거래소	1.00	100
에반스 프로덕트	뉴욕증권거래소	0.88	367
페더레이티드 디파트먼트 스토어	뉴욕증권거래소	7.50	1,027
가드너 덴버	시카고증권거래소	7.50	1,012
제너럴 얼라이언스 (제너럴 리인슈어런스)	장외	5.00	656
제너럴 케이블 보통주	뉴욕증권거래소	1.25	131
제너럴 타이어	커브	23.00	3,209
갓쇼 슈거 (걸프 스테이트 랜드&인더스트리)	시카고증권거래소	0.25	62
굿리치(B.F.)	뉴욕증권거래소	3.00	315
핸콕오일(시그널)	로스앤젤레스증권거래소	3.75	436
호바트 매뉴팩처링	신시내티증권거래소	10.00	1,651
후다이유 허쉬 클래스 B (후다이유 인더스트리)	뉴욕증권거래소	1.00	142
인디안 리파이닝(텍사코)	뉴욕증권거래소	1.13	178
인터내셔널 컴버스천 엔지니어링 전환우선증서 (컴버스천 엔지니어링)	뉴욕증권거래소	11.00	1,332
인터내셔널 페이퍼&파워 클래스 A 보통주 (인터내셔널 페이퍼)	뉴욕증권거래소	0.50	170
인터타입(해리스-인터타입)	뉴욕증권거래소	1.88	450
러너 스토어	커브	4.00	1,233
머천트계산기(SCM)	샌프란시스코증권거래소	0.50	100
메소나이트	커브	8.25	1,214
맥코리 스토어(맥코리)	뉴욕증권거래소	0.38	63
맥레란 스토어(맥코리)	뉴욕증권거래소	0.25	37

(다음 쪽에 이어짐)

종목명	거래 시장	가격 (달러/주)	1971년 시장가격 (달러/주)
맥레란 스토어 우선주 (맥코리 보통주)	뉴욕증권거래소	2.13	341
멜빌슈 내셔널 디파트먼트 스토어 7% 1차 우선주 (인터내셔널 마이닝)	뉴욕증권거래소	8.75	1,222
내셔널 디파트먼트 스토어 7% 1차 우선주(인터내셔널 마이닝)	뉴욕증권거래소	1.25	268
뉴몬트마이닝	커브	11.50	1,413
노블릿-스파크 인더스트리 (아빈 인더스트리)	시카고증권거래소	9.50	955
퍼시픽 밀(벌링턴 인더스트리)	뉴욕증권거래소	6.00	721
피트니보스	커브	2.00	215
릴라이어블 스토어	커브	0.88	123
레밍턴 랜드(스페리 랜드)	뉴욕증권거래소	2.50	263
새비지 암즈(엠하트)	뉴욕증권거래소	2.25	275
시어스 로벅	뉴욕증권거래소	12.50	2,499
세톤 레더(세톤)	커브	1.50	155
스미스(하워드) 페이퍼 밀 (돔타르)	캐나다	1.13	218
스나이더 패킹 푸드(제너럴푸드)	뉴욕증권거래소	0.63	279
스페리(스페리 랜드)	뉴욕증권거래소	2.13	278
슈피겔 메이 스턴(베네피셜)	뉴욕증권거래소	1.00	402
선레이 오일(선 오일)	커브	0.25	52
선스트랜드 머신 툴(선스트랜드)	장외	1.50	233
유니언 백&페이퍼(유니언 캠프)	뉴욕증권거래소	5.50	1,005
유나이티드 카 패스트너(TRW)	뉴욕증권거래소	1.63	380
유나이티드 페이퍼보드 (유나이티드 보드&카톤)	뉴욕증권거래소	0.50	57

100배 주식 불변의 법칙

종목명	거래 시장	가격 (달러/주)	1971년 시장가격 (달러/주)
US&포린 시큐리티 (US&인터내셔널 시큐리티)	커브	0.32	53
반 라알테(클루엣 피보디)	뉴욕증권거래소	1.63	198
월커(히람) 구더햄&워츠	커브	3.50	1,014
웨스턴 일렉트리컬 인스트루먼트(슐럼버거)	뉴욕증권거래소	2.50	350

1934			
애보트 래버러토리	시카고증권거래소	40.00	4,302
알로에(A.S.)(브런즈윅)	세인트루이스증권거래소	9.00	1,073
아메리칸 하이드&레더 7% 우선주(탠디 보통주)	뉴욕증권거래소	17.75	1,912
밥콕&윌콕스	커브	18.50	2,135
컨테이너 클래스 A(마코르)	뉴욕증권거래소	6.13	777
에디슨 브러더스 스토어	커브	8.00	1,199
엠포리움 캡웰 (브로드웨이-헤일 스토어)	샌프란시스코증권거래소	5.00	527
엔지니어 퍼블릭 서비스 (버지니아 일렉트릭&파워, 걸프 스테이트 유틸리티, 엘패소 유틸리티)	뉴욕증권거래소	3.15	387
엑셀오	커브	3.75	389
페더럴 모굴	디트로이트증권거래소	3.00	377
푸드 머시너리(FMC)	뉴욕증권거래소	10.50	1,226
그레이하운드	시카고증권거래소	5.25	777
후버 볼&베어링	디트로이트증권거래소	1.13	237
허스먼 리고니에(펫)	장외	1.00	177
록히드	로스앤젤레스증권거래소	0.90	102

(다음 쪽에 이어짐)

종목명	거래 시장	가격 (달러/주)	1971년 시장가격 (달러/주)
맥그로 일렉트릭(맥그로에디슨)	시카고증권거래소	3.75	692
내셔널 셔츠 숍(맥코리 보통주)	장외	1.00	224
필립모리스	뉴욕증권거래소	11.50	1,323
리스 버튼 홀 머신(리스)	보스턴증권거래소	10.00	1,140
테네시(시티서비스)	뉴욕증권거래소	3.13	372
텍사스퍼시픽 콜&오일	뉴욕증권거래소	2.50	385
유니언 가스 오브 캐나다	캐나다	2.00	241
유니버셜 와인딩(리소나)	장외	11.00	1,275
휘트먼&반스(TRW)	디트로이트증권거래소	1.88	200

1935			
아메리칸 매뉴팩처링	커브	3.50	712
아메리칸 파워&라이트 6달러 우선주	뉴욕증권거래소	10.13	1,160
안호이저부시	장외	98.00	13,610
시카고 플렉시블 샤프트(선빔)	시카고증권거래소	13.50	1,622
컨티넨털 베이킹 (인터내셔널 텔레폰)	뉴욕증권거래소	4.50	491
닥터 페퍼	세인트루이스증권거래소	16.00	1,938
일렉트릭 파워&라이트 6달러 우선주 (미들 사우스 유틸리티, 펜조일)	뉴욕증권거래소	2.50	966
일렉트릭 파워&라이트 7달러 우선주	뉴욕증권거래소	3.00	1,062
제너럴 케이블 클래스 A (제너럴 케이블 보통주)	뉴욕증권거래소	4.00	525
김벨브러더스	뉴욕증권거래소	2.13	364
그래나이트빌 매뉴팩처링 (그래나이트빌)	장외	34.00	6,170

100배 주식 불변의 법칙

종목명	거래 시장	가격 (달러/주)	1971년 시장가격 (달러/주)
라인 머티리얼(맥그로 에디슨)	장외	3.63	536
라이언 오일(몬산토)	커브	3.50	400
미들 스테이트 페트롤리엄 클래스 A(테네코)	커브	0.88	97
미니애폴리스 허니웰(허니웰)	뉴욕증권거래소	58.00	6,660
무어	캐나다	17.00	1,842
올드벤 콜 보통주 신주 (스탠더드오일 오브 오하이오)	장외	0.05	460
올드벤 콜 퍼스트 골드 6% 1944 (스탠더드오일 오브 오하이오)*	뉴욕증권거래소	137.50	15,732
아웃보드 모터 클래스 B (아웃보드 마린)	커브	0.63	120
러스트리스 아이언&스틸 (암코 스틸)	장외	0.75	111
샴록 오일&가스 (다이아몬드 샴록)	피츠버그증권거래소	0.75	113
시그널 오일&가스 클래스 A (시그널)	로스앤젤레스증권거래소	5.50	728
스켈리오일	뉴욕증권거래소	6.50	770
스퀘어D 클래스 B 보통주	커브	17.00	3,361
스톤&웹스터(스톤&웹스터, 걸프 스테이트 유틸리티, 엘패소 일렉트릭, 시에라 퍼시픽 파워)	뉴욕증권거래소	3.76	421
윌콕스(H.F.) 오일&가스 (테네코)	뉴욕증권거래소	1.00	112

(다음 쪽에 이어짐)

---

* 비과세 펀드는 1946년 채권 상환 수익금을 1946년 최고가인 50달러에 올드벤 콜 보통주에 재투자하는 것으로 가정. 채권 수익에 자본이득세 25%를 납부하는 개인이 1971년에 보유하는 수익금은 1만 3,754달러에 불과함.

종목명	거래 시장	가격 (달러/주)	1971년 시장가격 (달러/주)
1936			
홀로판(존즈맨빌)	커브	6.50	752
로이어 타이틀 인슈어런스 (리치먼드)	장외	50.00	5,830
네히(로열 크라운 콜라)	커브	4.25	861
아웃보드 모터 클래스 A (아웃보드 마린)	커브	11.00	1,269
1937			
벌링턴 밀(벌링턴 인더스트리)	뉴욕증권거래소	5.75	656
쿠퍼 인더스트리	커브	3.50	375
제너럴 아메리칸 오일	러셀 맥과이어(공모)	6.50	825
플레이서 디벨롭먼트	캐나다	2.00	231
1938			
아메리칸 에어라인	커브	8.00	877
아메리칸 홈 프로덕트	뉴욕증권거래소	30.75	3,384
비치에어크래프트	커브	1.25	231
브런즈윅 발케 콜렌더 (브런즈윅)	뉴욕증권거래소	5.50	751
카네이션	커브	17.88	1,872
페어차일드 에비에이션 (페어차일드 카메라)	커브	2.00	320
제너럴 아메리카(세이프코)	장외	46.00	4,686
로프트(펩시코)	뉴욕증권거래소	0.75	427
네슬레 르무르	커브	0.25	29
톰슨 프로덕트(TRW)	뉴욕증권거래소	8.13	1,003

100배 주식 불변의 법칙

종목명	거래 시장	가격 (달러/주)	1971년 시장가격 (달러/주)
1939			
볼드윈(D.H.)	신시내티증권거래소	2.88	463
클락 이큅먼트	뉴욕증권거래소	15.00	1,637
컬럼비아 리버 패커스(캐슬&쿡)	샌프란시스코증권거래소	4.00	429
하트 샤프너&마르크스	장외	10.00	1,105
린제이 케미컬(커맥기)	시카고증권거래소	1.88	285
린넨 서비스 오브 텍사스 (내셔널 서비스 인더스트리)	공모	1.00	115
뉴욕 도크(퀘스터)	뉴욕증권거래소	1.75	220
유나이티드 케미컬(FMC)	커브	3.25	436
1940			
아비티비 파워&페이퍼 6% 우선주, 액면가 100달러 (아비티비 페이퍼 보통주)*	캐나다	2.00	355
시카고 록 아일랜드&퍼시픽 4.5% 전환사채, 1960 (유니언퍼시픽)	뉴욕증권거래소	5.00	554
에디 페이퍼(바이어하우저)	시카고증권거래소	11.50	1,245
팔콘브리지 니켈**	캐나다	1.43	153
인디애나 스틸 프로덕트 (일렉트로닉 메모리&마그네틱)	시카고증권거래소	1.50	166
리하이 밸리 콜 6% 전환우선주, 액면가 50달러 (리하이 밸리 인더스트리)***	뉴욕증권거래소	2.00	205

(다음 쪽에 이어짐)

---

* 1954년 6월 30일 수령한 주당 현금 100달러를 1주일 뒤 고점에 아비티비 보통주에 재투자하는 것으로 가정.
** 미국 펀드
*** 1946년에 수령한 주당 현금 7.50달러 포함, 5% 복리

종목명	거래 시장	가격 (달러/주)	1971년 시장가격 (달러/주)
머크	장외	43.00	7,087
밀러 홀세일 드러그 (아메리칸 홈 프로덕트)	클리블랜드증권거래소	4.38	695
팬핸들 프로듀싱&리파이닝 8% 우선주 (아메리칸 페트로피나 클래스 A)	장외	13.00	1,598
피츠버그 레일웨이 (시티즌 트랙션 보통주)(피트웨이)	장외	1.00	161
파이렌 매뉴팩처링 (베이커 인더스트리)	커브	4.75	543
US보빈&셔틀 우선주 (베이커 인더스트리)	장외	20.00	2,073
벤처스(팔콘브리지 니켈)*	캐나다	1.57	159

1941			
앨리게이니 보통주	뉴욕증권거래소	0.13	18
에이펙스 일렉트릭 MFG. (화이트 콘솔리데이티드 인더스트리)	커브	6.25	646
브로드웨이 디파트먼트 스토어(브로드웨이 헤일 스토어)	로스앤젤레스증권거래소	3.63	489
세스나 에어크래프트	커브	3.75	418
케미컬 리서치 (제너럴 디벨롭먼트)	캐나다	0.41	43
도벡먼(다우 케미컬)	커브	2.50	313
인터내셔널 비타민 (아메리칸 홈 프로덕트)	커브	3.13	423
소스 매뉴팩처링 (SOS 콘솔리데이티드)	커브	1.13	133

---

* 미국 펀드

100배 주식 불변의 법칙

종목명	거래 시장	가격 (달러/주)	1971년 시장가격 (달러/주)
사우스 코스트(짐 월터)	커브	1.00	124
트라이컨티넨털 보통주	뉴욕증권거래소	0.63	64
US보빈&셔틀 (베이커 인더스트리)	장외	1.00	128
아메리칸 스토어 7달러 퍼스트 우선주(소로페어 마켓)	커브	3.25	683
베네수엘라 페트롤리엄 (애틀랜틱 리치필드)	커브	0.75	83
베네수엘라 페트롤리엄 (싱클레어 오일)	커브	0.75	90
워너브러더스 픽처스 (키니 내셔널 서비스)	뉴욕증권거래소	2.75	278
워런브러더스 (애슐랜드 오일&리파이닝)	뉴욕증권거래소	0.38	39

1942			
아비티비 파워&페이퍼 보통주 (아비티비 페이퍼 보통주)	캐나다	0.50	52
에어 인베스터스 (아메리칸 매뉴팩처링)	커브	0.94	111
어소시에이티드 드라이굿	뉴욕증권거래소	4.25	535
오스틴 니콜스(리겟&마이어스)	뉴욕증권거래소	1.25	138
에어셔 파토카 콜리어리즈 (아메리칸 메탈 클라이맥스)	커브	4.00	504
버리 비스킷(퀘이커 오츠)	커브	0.25	50
시카고&서던항공(델타항공)	장외	2.00	575
시티서비스	커브	2.13	282
클로록스	샌프란시스코증권거래소	24.00	2,696
델타항공	장외	8.00	1,443

(다음 쪽에 이어짐)

종목명	거래 시장	가격 (달러/주)	1971년 시장가격 (달러/주)
닷지 매뉴팩처링 (릴라이언스 일렉트릭)	시카고증권거래소	9.13	953
이슨오일	장외	0.38	100
일렉트릭 본드&쉐어 (보이즈 캐스케이드)	커브	0.88	115
일렉트릭 쇼블 콜 우선주 (아메리칸 메탈 클라이맥스)	장외	6.00	1,012
에버샤프(워너 램버트)	시카고증권거래소	2.25	262
제너럴 셰어홀딩스 (트라이컨티넨털)	커브	0.19	35
굿이어 타이어&러버	뉴욕증권거래소	10.25	1,029
그로서리 스토어 프로덕트 (클로록스)	커브	0.88	152
휴스턴오일	뉴욕증권거래소	2.25	340
인더스트리얼 억셉턴스*	캐나다	5.90	644
인터내셔널 텔레폰&텔레그래프	뉴욕증권거래소	1.50	282
인터내셔널 유틸리티 클래스 B	커브	0.04	5
자넷 글래스	커브	0.82	97
켄달	장외	6.50	695
레인 브라이언트	뉴욕증권거래소	8.38	970
나인틴 헌드레드(월풀)	커브	5.00	799
노스아메리칸 카 (플라잉 타이거 라인)	시카고증권거래소	3.88	409
파멜리 트랜스포테이션 (체커 모터스)	뉴욕증권거래소	3.32	81
필립스 존스(필립스-반 호이센)	뉴욕증권거래소	6.13	690

---

* 미국 펀드

100배 주식 불변의 법칙

종목명	거래 시장	가격 (달러/주)	1971년 시장가격 (달러/주)
세인트로렌스(돔타르)	커브	0.75	85
셀렉티드 인더스트리 1.50달러 전환사채(트라이컨티넨털)	커브	1.00	145
시그노드 스틸 스트래핑 (시그노드)	시카고증권거래소	9.75	995
스위트 코퍼레이션 오브 아메리카(투시 롤 인더스트리)	뉴욕증권거래소	3.13	444
텍사스 걸프 프로듀싱**	뉴욕증권거래소	2.00	239
버지니아 캐롤라이나 케미컬 (모빌오일)	뉴욕증권거래소	1.00	144
버지니아 아이언, 콜&코크 5% 우선주(베이츠 매뉴팩처링)	뉴욕증권거래소	14.00	2,007
윈&로벳 그로서리(윈 딕시 스토어 클래스 B 전환사채)	장외	18.00	3,105

1943

아비티비 파워&페이퍼 7% 우선주, 액면가 100달러 (아비티비 페이퍼 보통주)***	캐나다	12.50	1,606
코네티컷 제너럴 라이프 인슈어런스 (코네티컷 제너럴 인슈어런스)	장외	27.63	3,756
컨티넨털 어슈어런스 (CNA 파이낸셜)	장외	40.50	4,403
이스턴 가스&퓨얼 6% 우선주	커브	19.75	2,322
일렉트릭 파워&라이트 보통주 (미들 사우스 유틸리티, 펜조일)	뉴욕증권거래소	1.25	151

(다음 쪽에 이어짐)

** 1964~1967년 청산 지불금. 이후 이자는 포함되지 않음.
*** 1949년 8월 1일에 수령한 주당 현금 187.50달러를, 1949년 8월 5일에 마감한 일주
일 최고가인 주당 12.25달러에 아비티비 보통주에 재투자하는 것으로 가정.

종목명	거래 시장	가격 (달러/주)	1971년 시장가격 (달러/주)
일렉트릭 파워&라이트 7달러 2차 우선주 (미들 사우스 유틸리티, 펜조일)	커브	7.00	1,034
엠파이어 트러스트 (돔 페트롤리엄)	장외	43.50	4,681
제너럴 파이어 익스팅귀셔 (인터내셔널 텔레폰&텔레그래프)	장외	10.63	1,096
질레트	뉴욕증권거래소	4.75	610
인터내셔널 유틸리티 클래스 A (인터내셔널 유틸리티 보통주)	커브	3.75	753
컬린오일 클래스 A(커맥기)	장외	3.13	861
키니(G.R.)(브라운 슈)	뉴욕증권거래소	1.88	256
링컨 내셔널 라이프 인슈어런스 (링컨 내셔널)	장외	28.50	3,630
루이지애나 랜드	커브	5.13	624
메이태그	뉴욕증권거래소	2.50	336
맥코드 래디에이터& 매뉴팩처링(맥코드)	커브	1.25	160
맥그로힐	뉴욕증권거래소	8.50	868
머캔타일 스토어	커브	21.00	2,702
메사비아이언(메사비 트러스트)	커브	1.00	121
미시간 범퍼(걸프&웨스턴)	커브	0.32	46
퍼시픽 웨스턴 오일(게티오일)	뉴욕증권거래소	9.00	1,023
화이자(찰스) (화이자)	장외	29.00	3,493
피츠턴	뉴욕증권거래소	1.75	572
래피드 일렉트로타입 (래피드 아메리칸)	신시내티증권거래소	2.38	413
레이시온	커브	2.75	420

100배 주식 불변의 법칙

종목명	거래 시장	가격 (달러/주)	1971년 시장가격 (달러/주)
샤프&돔(머크)	뉴욕증권거래소	8.63	885
스타렛(레크리온)	커브	0.32	66
트레인	시카고증권거래소	8.00	1,125
유나이티드 피스 다이 웍스 보통주	장외	0.10	51
유나이티드 피스 다이 웍스 우선주(유나이티드 피스 다이 웍스 보통주)	장외	1.88	724
US포일 B(레이놀즈 메탈)	커브	2.63	342
버지니아 아이언 콜&코크 (베이츠 매뉴팩처링)	장외	1.00	143
화이트 소잉 머신(화이트 콘솔리데이티드 인더스트리)	뉴욕증권거래소	2.63	287

1944			
블랙&데커	뉴욕증권거래소	16.50	1,835
이스턴 스테이트 (세인트 레지스 페이퍼)	커브	0.63	67
헌트 브러더스 패킹 (노튼 사이먼)	로스앤젤레스증권거래소	5.75	1,045
내셔널 파이어프루핑 (푸쿠아 인더스트리)	피츠버그증권거래소	0.50	82
녹스제마 케미컬(녹셀)	장외	4.50	501
퍼시픽 포틀랜드 시멘트 (아이디얼 베이직 인더스트리)	장외	2.75	374
셀렉티드 인더스트리 (트라이컨티넨털 보통주&워런트)	커브	0.75	93
트라이컨티넨털 워런트	커브	0.69	72
웨스트버지니아 콜&코크 (이스턴 가스&퓨얼)	커브	5.13	553

(다음 쪽에 이어짐)

종목명	거래 시장	가격 (달러/주)	1971년 시장가격 (달러/주)
1945			
페더	커브	9.50	1,000
미네소타 마이닝&매뉴팩처링	커브	60.00	6,480
내셔널홈	카이저, 콘&슈에이커, 인디애나폴리스 공모	6.75	917
필라델피아 라이프 인슈어런스	장외	4.00	714
프라우(쉐링프라우)	커브	13.25	1,392
프렌티스 홀	커브	51.00	5,452
1946			
에어 프로덕트&케미컬	레이놀즈 공모	1.00	144
존슨&존슨	뉴욕증권거래소	44.00	5,174
키르시 보통주 B(키르시 보통주)	장외	5.00	671
키르시 우선주(키르시 보통주)	장외	14.00	1,686
1948			
아메렉스 홀딩 (아메리칸 익스프레스)	장외	21.50	2,443
인터내셔널 비즈니스 머시너리	뉴욕증권거래소	125.50	13,898
모토로라	뉴욕증권거래소	11.25	1,184
뉴잉글랜드 라임(화이자)	장외	4.50	582
제니스 라디오	뉴욕증권거래소	19.75	1,975
1949			
아메리칸 홈 파이어 어슈어런스 (아메리칸 인터내셔널 그룹)	장외	7.00	1,043

100배 주식 불변의 법칙

종목명	거래 시장	가격 (달러/주)	1971년 시장가격 (달러/주)
에머슨 일렉트릭	뉴욕증권거래소	8.50	912
피델리티 유니언 라이프 인슈어런스	장외	42.00	4,425
플라잉 타이거 라인	장외	1.00	123
글로브&럿거스 파이어 인슈어런스 (아메리칸 인터내셔널 그룹)	장외	27.00	3,140
거번먼트 임플로이 라이프 인슈어런스	장외	5.00	670
마그나복스	뉴욕증권거래소	5.00	841
탐팩스	장외	16.50	2,961

1950			
다이볼드	장외	11.63	1,594
맥도넬 에어크래프트 (맥도넬 더글라스)	장외	17.00	1,924
밴 던 아이언웍스(밴 던)	미드웨스트증권거래소	6.25	714

1951			
거번먼트 임플로이 인슈어런스	장외	38.00	3,938
오그덴 (신텍스, 오그덴, 벙커 라모)	커브	0.94	174

1952			
인터컨티넨털 러버 (텍사스 인스트루먼트)	뉴욕증권거래소	3.00	322

(다음 쪽에 이어짐)

종목명	거래 시장	가격 (달러/주)	1971년 시장가격 (달러/주)
1953			
조지아 퍼시픽	뉴욕증권거래소	9.25	957
헨리 홀트 (컬럼비아 브로드캐스팅 시스템)	아메리카증권거래소	7.88	835
1954			
디즈니(월트) 프로덕션	장외	3.63	1,630
심플리시티 패턴	아메리카증권거래소	4.88	772
1955			
에이본프로덕트	장외	83.00	9,430
에머리 에어 프레이트	아메리카증권거래소	7.88	829
뉴프로세스	커브	58.00	7,380
폴라로이드	장외	42.88	5,622
1956			
백스터 래버러토리	장외	11.25	1,260
옥시덴탈 페트롤리엄	샌프란시스코증권거래소	0.45	84
1958			
할로이드 제록스(제록스)	장외	47.50	7,605
1959			
먼로 오토 이큅먼트	장외	10.50	1,346
1961			
매스코스크루 프로덕트(매스코)	디트로이트증권거래소	6.25	729

종목명	거래 시장	가격 (달러/주)	1971년 시장가격 (달러/주)
1963			
스카이라인홈(스카이라인)	아메리카증권거래소	11.00	1,183
1964			
아메리칸 래버러토리 (아메리칸 메디컬 인터내셔널)	장외	0.75	129
1965			
오토매틱 데이터 프로세싱	장외	7.00	704
1966			
US홈&디벨롭먼트	장외	0.63	78
1967			
디벨롭먼트 코퍼레이션 오브 아메리카	장외	0.38	74

[표 2] 100배 주식과 주가

지난 30년간 최소 4센트~최대 137.50달러에 매수해서
100배 수익을 달성할 수 있었던 주식

일반적인 인식과 달리 1만 달러를 투자해 100만 달러를 버는 것은 비상장 저가주가 아니어도 가능하다. 365개 이상의 유가증권을 각각 해당 연도에 해당 가격에 사서 1971년까지 보유했다면 100배 이상 수익이 가능했다. 표 위에서부터 12개 증권은 매수 당시 가격이 50달러 이상이었다. 영문 대문자는 매수 당시 기업 또는 증권의 이름이다. 기업이 명칭을 변경했거나 다른 기업과 주식을 교환한 경우에는 1971년의 명칭을 괄호 안에 표시했다.

종목명	가격(달러/주)	매수 연도
올드벤 콜 퍼스트 골드 6% 1944(스탠더드오일 오브 오하이오)	137.50	1935
인터내셔널 비즈니스 머시너리	125.50	1948
안호이저부시	98.00	1935
에이본프로덕트	83.00	1955
미네소타 마이닝&매뉴팩처링	60.00	1945
미니애폴리스 허니웰(허니웰)	58.00	1935
뉴프로세스	58.00	1955
프렌티스 홀	51.00	1945
어소시에이티드 텔레폰 유틸리티 시리즈 C 5.5% 전환사채(제너럴 텔레폰)	50.00	1933
로이어 타이틀 인슈어런스(리치몬드)	50.00	1936
HK포터 1차 6% 1946	50.00	1932
리치필드오일 오브 캘리포니아 1차 6% 전환 1944(CD) (애틀랜틱리치필드)	50.00	1932
할로이드 제록스(제록스)	47.50	1958
이스트먼코닥	46.00	1933
제너럴 아메리카(세이프코)	44.00	1946
존슨&존슨	46.00	1938
엠파이어 트러스트(돔 페트롤리엄)	43.50	1943

종목명	가격(달러/주)	매수 연도
머크	43.00	1940
폴라로이드	42.88	1955
피델리티 유니언 라이프 인슈어런스	42.00	1949
컨티넨털 어슈어런스(CNA 파이낸셜)	40.50	1943
애보트 래버러토리	40.00	1934
미네소타&온타리오 페이퍼 6% 시리즈 A 1931~1945 (보이즈 캐스케이드)	40.00	1932
팬아메리칸페트롤리엄(캘리포니아) 6% 전환 1940(CD) (애틀랜틱리치필드)	40.00	1932
거번먼트 임플로이 인슈어런스	38.00	1951
그래나이트빌 매뉴팩처링(그래나이트빌)	34.00	1935
아메리칸 홈 프로덕트	30.75	1938
올드벤 콜 7.5% 사채 1934(스탠더드오일 오브 오하이오)	30.00	1932
화이자(찰스)(화이자)	29.00	1943
링컨 내셔널 라이프 인슈어런스(링컨 내셔널)	28.50	1943
코네티컷 제너럴 라이프 인슈어런스 (코네티컷 제너럴 인슈어런스)	27.63	1943
글로브&럿거스 파이어 인슈어런스(아메리칸 인터내셔널 그룹)	27.00	1949
클로록스	24.00	1942
제너럴 타이어	23.00	1933
아메렉스 홀딩(아메리칸 익스프레스)	21.50	1948
다우 케미컬	21.13	1932
머캔타일 스토어	21.00	1943
US보빈&셔틀 우선주(베이커 인더스트리)	20.00	1940
이스턴 가스&퓨얼 6% 우선주	19.75	1943
제니스 라디오	19.75	1948
아메라다(아메라다 헤스)	18.50	1933
밥콕&윌콕스	18.50	1934

(다음 쪽에 이어짐)

종목명	가격(달러/주)	매수 연도
윈&로벳 그로서리(윈 딕시 스토어 클래스 B 전환사채)	18.00	1942
카네이션	17.88	1938
아메리칸 하이드&레더 우선주(탠디 보통주)	17.75	1934
맥도넬항공(맥도넬 더글라스)	17.00	1950
무어	17.00	1935
스퀘어D 클래스 B 보통주	17.00	1935
블랙&데커	16.50	1944
탐팩스	16.50	1949
닥터 페퍼	16.00	1935
애트나 캐주얼티&슈어티(애트나 라이프&캐주얼티)	15.00	1932
클락 이큅먼트	15.00	1939
키르시 우선주(키르시 보통주)	14.00	1946
버지니아 아이언 콜&코크 5% 우선주(베이츠 매뉴팩처링)	14.00	1942
아메리칸 하이드&레더 7% 우선주(탠디 보통주)	13.50	1933
시카고 플렉시블 샤프트(선빔)	13.50	1935
프라우(쉐링프라우)	13.25	1945
팬핸들 프로듀싱&리파이닝 8% 우선주 (아메리칸 페트로피나 클래스 A)	13.00	1940
JC페니	13.00	1932
아비티비 파워&페이퍼 7% 우선주,액면가 100달러 (아비티비 페이퍼 보통주)	12.50	1943
시어스 로벅	12.50	1933
아메리칸 하이드&레더 6% 전환우선주(탠디 보통주)	12.00	1938
다이볼드	11.63	1950
에디 페이퍼(바이어하우저)	11.50	1940
뉴몬트마이닝	11.50	1933
필립모리스	11.50	1934

종목명	가격(달러/주)	매수 연도
샤프&돔 3.50달러 전환우선주 A(머크 보통주)	11.50	1932
백스터 래버러토리	11.25	1956
모토로라	11.25	1948
인터내셔널 컴버스천 엔지니어링 전환우선주 CTFS (컴버스천 엔지니어링)	11.00	1933
유니버셜 와인딩(리소나)	11.00	1934
아웃보드 모터 클래스 A(아웃보드 마린)	11.00	1936
스카이라인홈(스카이라인)	11.00	1963
제너럴 파이어 익스팅귀셔(인터내셔널 텔레폰&텔레그래프)	10.63	1943
푸드 머시너리(FMC)	10.50	1934
먼로 오토 이큅먼트	10.50	1959
굿이어 타이어&러버	10.25	1942
아메리칸 파워&라이트 6달러 우선주	10.13	1935
하트 샤프너&마르크스	10.00	1939
호바트 매뉴팩처링	10.00	1933
리스 버튼 홀 머신(리스)	10.00	1934
시그노드 스틸(시그노드)	9.75	1942
페더	9.50	1945
노빌릿–스파크 인더스트리(아빈 인더스트리)	9.50	1933
조지아 퍼시픽	9.25	1953
닷지 매뉴팩처링(릴라이언스 일렉트릭)	9.13	1942
알로에(A.S.)(브런즈윅)	9.00	1934
밀턴 브래들리	9.00	1957
나토마스	9.00	1932
퍼시픽 웨스턴 오일(게티오일)	9.00	1943
멜빌슈	8.75	1933
샤프&돔 3.50달러 전환우선주 A(머크)	8.63	1943

(다음 쪽에 이어짐)

종목명	가격(달러/주)	매수 연도
에머슨 일렉트릭	8.50	1949
맥그로힐	8.50	1943
레인 브라이언트	8.38	1942
애트나 라이프(애트나 라이프&캐주얼티)	8.25	1932
홀리데이 인	8.13	1958
메소나이트	8.25	1933
내셔널 컨테이너 2달러 전환우선주(오언스 일리노이 글래스)	8.13	1932
톰슨 프로덕트(TRW)	8.13	1938
아메리칸 에어라인	8.00	1938
델타항공	8.00	1942
에디슨 브러더스 스토어	8.00	1934
트레인	8.00	1943
크라운 코크&실	7.88	1932
에머리 에어 프레이트	7.88	1955
헨리 홀트(컬럼비아 브로드캐스팅 시스템)	7.88	1953
페더레이티드 디파트먼트 스토어	7.50	1933
가드너 덴버	7.50	1933
브릭스&스트래튼	7.25	1933
내셔널 스탠더드	7.25	1932
아메리칸 홈 파이어 어슈어런스(아메리칸 인터내셔널 그룹)	7.00	1949
오토매틱 데이터 프로세싱	7.00	1965
일렉트릭 파워&라이트 7달러 2차 우선주 (미들 사우스 유틸리티, 펜조일)	7.00	1943
내셔널홈	6.75	1945
제너럴 아메리칸 오일	6.50	1937
홀로판(존즈맨빌)	6.50	1936
켄달	6.50	1942

100배 주식 불변의 법칙

종목명	가격(달러/주)	매수 연도
스켈리오일	6.50	1935
에이펙스 일렉트릭 매뉴팩처링(화이트 콘솔리데이티드)	6.25	1941
매스코스크루 프로덕트(매스코)	6.25	1961
밴 던 아이언웍스(밴 던)	6.25	1950
컨테이너(마코르)	6.13	1934
필립스 존스(필립스 반 호이센)	6.13	1942
아메리칸 컨스티튜션 파이어 인슈어런스 (아메리칸 인터내셔널 그룹)	6.00	1932
일렉트릭 쇼블 콜 우선주(아메리칸 메탈 클라이맥스)	6.00	1942
퍼시픽 밀(벌링턴 인더스트리)	6.00	1933
인더스트리 억셉턴스	5.90	1942
벌링턴 밀(벌링턴 인더스트리)	5.75	1937
디어	5.75	1933
헌트 브러더스 패킹(노튼 사이먼)	5.75	1944
브런즈윅 발케 콜렌더(브런즈윅)	5.50	1938
캐터필러 트랙터	5.50	1933
시그널 오일&가스 클래스 A(시그널)	5.50	1935
유니언 백&페이퍼(유니언 캠프)	5.50	1933
그레이하운드	5.25	1934
매리언 스팀 쇼블 7% 우선주(메리트 채프먼&스콧)	5.25	1932
루이지애나 랜드	5.13	1943
웨스트버지니아 콜&코크(이스턴 가스&퓨얼)	5.13	1944
웨스턴 오토 서플라이 클래스 A(베네피셜)	5.13	1932
아메리칸 미터(싱거)	5.00	1933
시카고 록 아일랜드&퍼시픽 4.5% 전환사채, 1960 (유니언 퍼시픽)	5.00	1940
컨티넨털 캐주얼티(CNA 파이낸셜)	5.00	1933

(다음 쪽에 이어짐)

종목명	가격(달러/주)	매수 연도
더글러스항공(맥도넬 더글러스)	5.00	1932
엠포리움 캡 웰(브로드웨이 헤일 스토어)	5.00	1934
제너럴 얼라이언스(제너럴 리인슈어런스)	5.00	1933
거번먼트 임플로이 라이프 인슈어런스	5.00	1949
키르시 보통주 B(키르시 보통주)	5.00	1946
마그나복스	5.00	1949
나인틴 헌드레드(월풀)	5.00	1942
심플리시티 패턴	4.88	1954
질레트	4.75	1943
호놀룰루오일	4.75	1932
파이렌 매뉴팩처링(베이커 인더스트리)	4.75	1940
컨티넨털 베이킹(인터내셔널 텔레폰)	4.50	1935
뉴잉글랜드 라임(화이자)	4.50	1948
녹스제마 케미컬(녹셀)	4.50	1944
인터스테이트(호스트 인터내셔널)	4.38	1955
밀러 홀세일 드러그(아메리칸 홈 프로덕트)	4.38	1940
어소시에이티드 드라이굿	4.25	1942
마그마코퍼(뉴몬트마이닝)	4.25	1932
네히(로열 크라운 콜라)	4.25	1936
리얼티 오퍼레이터(사우스다운)	4.25	1944
암스트롱 코르크	4.13	1933
에어셔 파토카 콜리어리즈(아메리칸 메탈 클라이맥스)	4.00	1942
컬럼비아 리버 패커스(캐슬&쿡)	4.00	1939
제너럴 케이블 클래스 A(제너럴 케이블 보통주)	4.00	1935
러너 스토어	4.00	1933
필라델피아 라이프 인슈어런스	4.00	1945

종목명	가격(달러/주)	매수 연도
노스 아메리칸 카 (플라잉 타이거 라인, 스톤&웹스터, 걸프 스테이트 유틸리티)	3.88	1942
스톤&웹스터 (엘패소 일렉트릭, 버지니아 일렉트릭&파워, 시에라 퍼시픽 파워)	3.76	1935
버트먼 일렉트릭(월풀)	3.75	1933
브라쉬(E.J.)&선(아메리칸 홈 프로덕트)	3.75	1933
세스나 에어크래프트	3.75	1941
엑셀오	3.75	1934
핸콕오일(시그널)	3.75	1933
인터내셔널 유틸리티 클래스 A(보통주)	3.75	1943
맥그로 일렉트릭(맥그로 에디슨)	3.75	1934
슬로스 셰필드 스틸&아이언(A-T-O)	3.75	1932
브로드웨이 디파트먼트 스토어(브로드웨이 헤일 스토어)	3.63	1941
디즈니(월트) 프로덕션	3.63	1954
라인 머티리얼(맥그로 에디슨)	3.63	1935
아메리칸 매뉴팩처링	3.50	1935
아머(일리노이) 우선주(그레이하운드)	3.50	1932
클리프(클리블랜드 클리프)	3.50	1933
쿠퍼 인더스트리	3.50	1937
커틀러 해머	3.50	1932
라이언 오일(몬산토)	3.50	1935
US프레이트	3.50	1932
월커(히람) 구더햄&워츠	3.50	1933
웨스턴 일렉트릭 인스트루먼트(슐럼버거)	3.50	1932
보그워너	3.38	1932
유나이티드 케미컬(FMC)	3.25	1939
US스토어 7달러 퍼스트 우선주 (소로페어 마켓, 버지니아 일렉트릭&파워)	3.25	1941

(다음 쪽에 이어짐)

종목명	가격(달러/주)	매수 연도
엔지니어 퍼블릭 서비스 (엘패소 일렉트릭, 걸프 스테이트 유틸리티)	3.15	1934
아메리칸 메탈 클라이맥스	3.13	1933
이튼 매뉴팩처링(이튼 예일&타운)	3.13	1933
인터내셔널 비타민(아메리칸 홈 프로덕트)	3.13	1941
컬린오일 클래스 A(커맥기)	3.13	1943
스위프트 코퍼레이션 오브 아메리카(투시 롤 인더스트리)	3.13	1942
테네시(시티서비스)	3.13	19334
아메리칸 인베스트먼트 코퍼레이션 오브 일리노이	3.00	1933
시카고 리벳&머시너리	3.00	1932
콜린스&에이크먼	3.00	1933
일렉트릭 파워&라이트 7달러 우선주 (미들 사우스 유틸리티, 펜조일)	3.00	1935
페더럴 모굴	3.00	1934
굿리치(B.F.)	3.00	1933
인터컨티넨털 러버(텍사스 인스트루먼트)	3.00	1952
스타렛(L.S.)	3.00	1932
웨스트바코 케미컬(FMC)	3.00	1932
볼드윈(D.H.)	2.88	1939
제너럴 아메리카(세이프코)	2.75	1934
퍼시픽 포틀랜드 시멘트(아이디얼 베이직 인더스트리)	2.75	1944
레이시온	2.75	1943
워너브러더스 픽처스(키니 내셔널 서비스)	2.75	1941
US포일(레이놀즈 메탈)	2.63	1943
화이트 소잉 머신(화이트 콘솔리데이티드 인더스트리)	2.63	1943
캐리어	2.50	1932
도벡먼(다우 케미컬)	2.50	1941

100배 주식 불변의 법칙

종목명	가격(달러/주)	매수 연도
일렉트릭 파워&라이트 6달러 우선주 (미들 사우스 유틸리티, 펜조일)	2.50	1935
메이태그	2.50	1943
파커 펜	2.50	1932
레밍턴 랜드(스페리 랜드)	2.50	1933
쉘 유니언 오일(쉘 오일)	2.50	1932
텍사스퍼시픽 콜&오일	2.50	1934
래피드 일렉트로타입(래피드 아메리칸)	2.38	1943
에버샤프(워너램버트)	2.25	1942
휴스턴오일	2.25	1942
새비지 암즈(엠하트)	2.25	1933
시카고 뉴머틱 툴	2.13	1933
시티서비스	2.13	1942
S.R. 드레서 매뉴팩처링 클래스 B(드레서 인더스트리)	2.13	1933
김벨브러더스	2.13	1935
맥레란 스토어 우선주(맥고리 보통주)	2.13	1933
스페리(스페리 랜드)	2.13	1933
아비티비 파워&페이퍼 6% 우선주, 액면가 100달러 (아비티비 페이퍼 보통주)	2.00	1940
시카고&서던항공(델타항공)	2.00	1942
페어차일드 에비에이션(페어차일드 카메라)	2.00	1938
리하이 밸리 콜 6% 액면가 50달러 전환우선주 (리하이 밸리 인더스트리)	2.00	1940
미들랜드 스틸 프로덕트(미들랜드 로스)	2.00	1932
필립스페트롤리엄	2.00	1932
피트니보스	2.00	1933
플레이서 디벨롭먼트	2.00	1937
텍사스 걸프 프로듀싱	2.00	1942

(다음 쪽에 이어짐)

종목명	가격(달러/주)	매수 연도
대처 매뉴팩처링(다트 인더스트리)	2.00	1932
유니언 가스 오브 캐나다	2.00	1934
인터타입(해리스 인터타입)	1.88	1933
키니(G.R.)(브라운 슈)	1.88	1943
린제이 케미컬(커맥기)	1.88	1939
유나이티드 피스 다이 웍스 6.5% 우선주 (유나이티드 피스 다이 웍스 보통주)	1.88	1943
휘트먼&반스(TRW)	1.88	1934
뉴욕 도크(퀘스터)	1.75	1939
피츠턴	1.75	1943
아메리칸 체인&케이블	1.63	1933
아메리칸 사이아나미드	1.63	1932
유나이티드 캐리어 패스너(TRW)	1.63	1933
반 라알테(클루엣 피보디)	1.63	1933
벤처스(팔콘브리지 니켈: 미국 펀드)	1.57	1940
인디애나 스틸 프로덕트(일렉트로닉 메모리&마그네틱)	1.50	1940
인터내셔널 텔레폰&텔레그래프	1.50	1942
세톤 레더(세톤)	1.50	1933
선스트랜드 머신 툴(선스트랜드)	1.50	1933
팔콘브리지 니켈(미국 펀드)	1.43	1940
옐로 트럭&코치(제너럴모터스)	1.38	1932
오스틴 니콜스(리겟&마이어스: 미국 펀드)	1.25	1942
비치에어크래프트	1.25	1938
셀라니즈	1.25	1932
일렉트릭 파워&라이트 보통주(미들 사우스 유틸리티, 펜조일)	1.25	1943
제너럴 케이블 보통주	1.25	1933
맥코드 라디에이터&매뉴팩처링(맥코드)	1.25	1943

100배 주식 불변의 법칙

종목명	가격(달러/주)	매수 연도
내셔널 디파트먼트 스토어 7% 1차 우선주(인터내셔널 마이닝)	1.25	1933
노스아메리칸 에비에이션(노스아메리칸 록웰)	1.25	1932
US러버(유니로열)	1.25	1932
코퍼 레인지	1.13	1932
후버 볼&베어링	1.13	1934
인디언 리파이닝(텍사코)	1.13	1933
스미스(하워드) 페이퍼 밀(돔타르)	1.13	1933
소스 매뉴팩처링(SOS 콘솔리데이티드)	1.13	1941
에어 프로덕트&케미컬	1.00	1946
앨런 인더스트리(데이코)	1.00	1933
콘솔리데이티드항공(제너럴 다이내믹스)	1.00	1933
크라운 젤러바흐	1.00	1933
데이턴 러버 매뉴팩처링 클래스 A(데이코)	1.00	1933
일렉트릭 보트(제너럴 다이내믹스)	1.00	1933
플라잉 타이거 라인	1.00	1949
후다이유 허쉬 클래스 B(후다이유 인더스트리)	1.00	1933
허스먼 리고니에(펫 밀크)	1.00	1934
리넨 서비스 코퍼레이션 오브 텍사스(내셔널 서비스 인더스트리)	1.00	1939
메겔(마코르)	1.00	1932
메사비아이언(메사비 트러스트)	1.00	1943
내셔널 셔츠 숍(맥코리 보통주)	1.00	1934
피츠버그 레일웨이(시티즌 트랙션 보통주)(피트웨이)	1.00	1940
스컬린 스틸 3달러 우선주(유니버설 매리언)	1.00	1932
셀렉티드 인더스트리 1.50달러 전환가능 주식(트라이컨티넨털)	1.00	1942
사우스 코스트(짐 월터)	1.00	1941
슈피겔 메이 스턴(베네피셜)	1.00	1933
튜비즈 샤티옹(셀라니즈)	1.00	1932

(다음 쪽에 이어짐)

종목명	가격(달러/주)	매수 연도
텅솔 일렉트릭(스튜드베이커 워딩턴)	1.00	1932
US 보빈&셔틀(베이커 인더스트리)	1.00	1941
버지니아 캐롤라이나 케미컬(모빌오일)	1.00	1942
버지니아 아이언 콜&코크(베이츠 매뉴팩처링)	1.00	1943
윌콕스(H.F.) 오일&가스(테네코)	1.00	1935
에어 인베스터스(아메리칸 매뉴팩처링, 신텍스)	0.94	1942
오그덴(오그덴, 벙커 라모)	9.94	1951
록히드	0.90	1934
아메리칸 시팅	0.88	1933
부로바 워치	0.88	1933
일렉트릭 본드&셰어(보이즈 캐스케이드)	0.88	1942
에반스 프로덕트	0.88	1933
그로서리 스토어 프로덕트(클로록스)	0.88	1942
미들 스테이트 페트롤리엄 클래스 A(테네코)	0.88	1935
릴라이어블 스토어	0.88	1933
자넷 글래스	0.82	1942
아메리칸 래버러토리(아메리칸 메디컬 인터내셔널)	0.75	1964
아메리칸 머신&메탈(아메텍)	0.75	1932
버틀러브러더스(맥코리)	0.75	1932
인스퍼레이션 콘솔리데이티드 코퍼	0.75	1932
로프트(펩시코)	0.75	1938
러스트리스 아이언&스틸(암코 스틸)	0.75	1935
세인트 로렌스(돔타르)	0.75	1942
셀렉티드 인더스트리(트라이컨티넨털 보통주&워런트)	0.75	1944
샴록 오일&가스(다이아몬드 샴록)	0.75	1935
베네수엘라 페트롤리엄(퍼시픽 리치필드)	0.75	1941
베네수엘라 페트롤리엄(싱클레어 오일)	0.75	1941

　　　　　　　　　　　　　　　　　　　　　100배 주식 불변의 법칙

종목명	가격(달러/주)	매수 연도
트라이컨티넨털 워런트	0.69	1944
아머(일리노이) 클래스 A(그레이하운드)	0.63	1932
아트 메탈 웍스(론슨)	0.63	1933
블리스(E.W.)(걸프&웨스턴)	0.63	1932
던힐 인터내셔널(퀘스터)	0.63	1932
이스턴 스테이트(세인트 레지스 페이퍼)	0.63	1944
아웃보드 모터 클래스 B(아웃보드 마린)	0.63	1935
스나이더 패킹 푸드(제너럴 푸드)	0.63	1933
트라이컨티넨털 보통주	0.63	1941
US홈&디벨롭먼트	0.63	1967
아비티비 파워&페이퍼 보통주(아비티비 페이퍼 보통주)	0.50	1942
뷔트 코퍼&징크(조녀선 로건)	0.50	1933
바이런 잭슨(보그 워너)	0.50	1932
셀로텍스(짐 월터)	0.50	1933
듀발 텍사스 설퍼(펜조일 유나이티드)	0.50	1933
인터내셔널 페이퍼&파워 클래스 A 보통주(인터내셔널 페이퍼)	0.50	1933
존슨 모터(아웃보드 마린)	0.50	1932
머천트 캘큘레이팅 머신(SMC)	0.50	1933
내셔널 오토모티브 파이버(크리스 크래프트 인더스트리)	0.50	1932
내셔널 파이어프루핑(후쿠아 인더스트리)	0.50	1944
사이밍턴(드레서 인더스트리)	0.50	1932
유나이티드 페이퍼보드(유나이티드 보드&카톤)	0.50	1933
옥시덴탈 페트롤리엄	0.45	1956
케미컬 리서치(제너럴 디벨롭먼트)	0.41	1941
디벨롭먼트 코퍼레이션 오브 아메리카	0.38	1967
이슨오일	0.38	1942
맥코리 스토어(맥코리)	0.38	1933

(다음 쪽에 이어짐)

종목명	가격(달러/주)	매수 연도
메리트 채프먼&스콧	0.38	1932
워런브러더스(애슐랜드 오일&리파이닝)	0.38	1941
미시간 범퍼(걸프&웨스턴)	0.32	1943
파멜리 트랜스포테이션(체커 모터스)	0.32	1942
스타렛(레크리온)	0.32	1943
US&포린 시큐리티(US&인터내셔널 시큐리티)	0.32	1933
아메리칸 비트 슈거(아메리칸 크리스털 슈거)	0.25	1932
버리 비스킷(퀘이커 오츠)	0.25	1942
팬스틸	0.25	1932
갓쇼 슈거(걸프 스테이트 랜드&인더스트리)	0.25	1933
맥레란 스토어(맥코리)	0.25	1933
네슬레 르무르	0.25	1938
선레이 오일(선 오일)	0.25	1933
트럭스 트래어 콜(콘솔리데이션 콜)	0.25	1932
제너럴 셰어홀딩스(트라이컨티넨털)	0.19	1942
앨리게이니 보통주	0.13	1941
내셔널 벨라스 헤스 7% 우선주 (내셔널 벨라스 헤스 보통주)	0.13	1932
리퍼블릭가스(리퍼블릭 내추럴 가스)	0.13	1932
왈(쉬크)	0.13	1932
유나이티드 피스 다이 웍스 보통주	0.10	1943
올드벤 콜 보통주 신주(스탠더드오일 오브 오하이오)	0.05	1935
인터내셔널 유틸리티 클래스 B	0.04	1942

100배 주식 불변의 법칙

100배 주식 불변의 법칙

초판 1쇄 | 2024년 7월 10일
　　2쇄 | 2024년 7월 30일

지은이　 | 토머스 펠프스
옮긴이　 | 김인정

펴낸곳　 | 에프엔미디어
펴낸이　 | 김기호
편집　　 | 오경희, 양은희
기획관리 | 문성조
디자인　 | 채홍디자인

신고　　 | 2016년 1월 26일 제2018-000082호
주소　　 | 서울시 용산구 한강대로 295, 503호
전화　　 | 02-322-9792
팩스　　 | 0303-3445-3030
이메일　 | fnmedia@fnmedia.co.kr
홈페이지 | http://www.fnmedia.co.kr
ISBN　　 | 979-11-88754-98-4
값　　　 | 20,000원